Theodor Brandt

Kirche im Wandel der Zeit

Teil II
Reformation bis Gegenwart

R. BROCKHAUS VERLAG WUPPERTAL

Diese in den dreißiger Jahren erstmalig im MBK-Verlag erschienene Kirchengeschichte wurde vom
Verfasser völlig überarbeitet und ergänzt.

1978
Die Karten auf S. 30, 52, 64, 67, 69, 81, 108, 176, 187 wurden dem Macmillan Atlas »History of Christianity« entnommen; die Karten auf S. 133, 134, 135 dem »Atlas zur Bibel« von Rowley, R. Brockhaus Verlag Wuppertal
Umschlaggestaltung: Ralf Rudolph, Ratingen
Gesamtherstellung: Breklumer Druckerei Manfred Siegel

ISBN 3-417-24557-5

Vorwort

Hatte der erste Band bis zum Beginn der Reformation geführt, so will der zweite für die folgenden Jahrhunderte zeigen, welche Bedeutung die neue Erkenntnis des Evangeliums für die Beurteilung der mannigfachen Geistesströmungen hat. Orthodoxie, Pietismus, Aufklärung und Idealismus stehen alle in Auseinandersetzung mit den Reformatoren. Das gilt auch für das zwanzigste Jahrhundert. Man wird verstehen, daß die letzten Jahrzehnte nur in Umrissen dargestellt sind. Hier ist alles noch in Bewegung.

Bei der Durchsicht dieses Bandes hat mir Herr Dr. Egelkraut, Dozent an der Predigerschule in Unterweissach (Württg.) durch viele Einzelbeobachtungen und Hinweise geholfen. Für diesen Bruderdienst danke ich ihm sehr.

Möchte im Unterricht wie im persönlichen Studium der Geschichte der Blick in ihre Zusammenhänge für den uns heute aufgetragenen Dienst Grund, Einsicht und Kraft geben.

Bad Salzuflen, Herbst 1978 — Theodor Brandt

Inhalt

Zeittafel

Päpste von 1522–1644 zur Zeit der Reformation und Gegenreformation

Hadrian VI.	
1522–1523	letzter nicht italienischer Papst
Clemens VII.	
1523–1534	»ohne geistliche und ohne weltliche Autorität« (Ranke)
Paul III.	
1534–1549	Erneuerung des Kardinalkollegiums, Trienter Konzil beginnt 1545
Julius III.	
1550–1555	Errichtung des Collegium Germanicum in Rom
Marcellus II.	
1555	frei von Nepotenwirtschaft (Vetternwirtschaft)
Paul IV.	
1555–1559	Reformer, Reinigung der Stadt Rom
Pius IV.	
1559–1565	beendet das Konzil von Trient
Pius V.	
1566–1572	Errichtung scharfer Inquisition
Gregor XIII.	
1572–1585	versucht Elisabeth von England abzusetzen
Sixtus V.	
1585–1590	Papsttum als absolute Autorität

Kurze Pontifikate von 1590–1591 Urban VII., Gregor XIV., Innocenz IX.

Clemens VIII.	
1592–1605	er gibt dem konvertierten Heinrich IV. von Frankreich nachträglich Absolution
Leo XI.	
1605	
Paul V.	
1605–1621	unterstützen im
Gregor XV.	30-jährigen Krieg Frankreich gegen die
1621–1623	Habsburger
Urban VIII.	
1623–1644	

Römisch-deutsche Kaiser von 1556–1806. (1556–1740 Habsburg; ab 1745 Habsburg-Lothringen)

1556 – 1564	Ferdinand I.: Gegen die Reformation mit Hilfe der S.J.
1564 – 1576	Maximilian II.: Protestantenfreundlich
1576 – 1612	Rudolf II.: Geistesschwach, Einsiedler
1612 – 1619	Matthias: Beginn des 30jährigen Krieges
1619 – 1637	Ferdinand II.: Jesuitenschüler
1637 – 1657	Ferdinand III.: Jesuitenschüler
1658 – 1705	Leopold I.: Bis 1711 Joseph I., bis 1740 Karl VI.
1740 – 1745	Karl VII. von Bayern: verzichtet auf die Kaiserkrone
1745 – 1765	Franz I.: Römischer Kaiser, Gemahl der Maria Theresia
1765 – 1790	Joseph II.: Römischer Kaiser, reformfreundlich, Toleranzedikt für die Protestanten und Orthodoxen
1790 – 1792	Leopold II.: Römischer Kaiser
1792 – 1806	Franz II.: Römischer Kaiser. Legt die Kaiserkrone des römisch-deutschen Reiches nieder

Teil III (Fortsetzung)

Reformation und Gegenreformation

24. Kapitel

Zwingli, Luther, die Humanisten, Revolutionäre und Täufer

Zwingli, Ulrich (Huldreich), 1484–1531

geb. am 1.1.1484 in Wildhaus (Toggenburg).
Studium in Wien und Basel.
Erasmus-Anhänger.
1506–18 Priester in Glarus und Einsiedeln.
Paulusstudien, Schriften des jungen Luthers.
1518 »Leut-Priester« in Zürich.
1522 schreibt er **»Vom Erkiesen und Freiheit der Speisen«.**
Trennung von Rom, zusammen mit dem Rat von Zürich, der 1523 Zwinglis **»Schlußreden in 67 Thesen«** zum Gesetz erhebt.
1525 erscheint der **»Commentarius de vera et falsa religione«** (in 29 Abschnitten behandelt er alle Hauptstücke der christlichen Glaubenslehre).
1529 Marburger Gespräch mit Luther.
1531 Tod in der Schlacht bei Kappel.

1. Zwinglis Weg zur Reformation

Was von Ulrich Zwinglis Lebenswerk zu sagen ist, reicht über sein persönliches und landschaftlich begrenztes Wirken hinaus. Er ist nur um einige Wochen jünger als Luther, empfängt aber durch ihn entscheidende Eindrücke. Dennoch wird er nicht Schüler seines großen Anregers.

Der Humanist und Pazifist

Die Jugend des Reformators in Zürich ist nicht belastet mit der Kargheit und Strenge, die Luthers erste Jahrzehnte begleitet haben. Der am 1.1.1484 geborene Sohn des angesehenen Gemeindevorstehers von Wildhaus (Toggenburg) wächst in bäuerlicher Umgebung unter acht Brüdern und zwei Schwestern auf und wird schon früh zum geistlichen Stande bestimmt. Gradlinig weisen ihn Schule und Studium in Bern, Wien und Basel zum Humanismus, wo er 1506 Magister artium wird, führt ihn sein Weg *1506 ins Pfarramt von Glarus.* Nie hat er den Gegensatz zur griechischen Bildung so stark empfunden wie Luther. Er war eine Künstlernatur, besonders auf musikalischem Gebiet, und hat manches zu verbinden gewußt, worin ein anderer eher gehemmt gewesen wäre. *Charakteristisch aber ist für Zwingli schon in seiner Glarner Zeit das starke politische Interesse.* Brennend liebt er sein freies Schweizerland, als er (in den italienischen Kämpfen) die Jungmannschaft seines Ortes als Feldprediger begleitet.

Da wird im Jahre *1515 die Niederlage der Schweizer bei Marignano* durch den Sieg des französischen Königs Franz I. ein erster folgenschwerer Eindruck für Zwingli. Seine harmonische Gedankenwelt wird noch mehr *zum Humanismus und jetzt zu Erasmus,* den er 1515 kennenlernt, und dessen Pazifismus getrieben. Gleichzeitig muß er unter französischem Druck – die Glarner hielten zu Frankreich, er selbst zum Papst, der seine Treue mit einem jährlichen Ehrensold belohnte – das Amt in Glarus mit dem stilleren Dienst als *»Leutpriester« in Mariä-Einsiedeln* vertauschen. *1518* wird er in gleicher Funktion an das *Züricher Großmünsterstift* berufen. Erst hier erreicht ihn nach seiner nationalen und humanistischen Phase das reformatorische Wort.

Erasmus, Desiderius, von Rotterdam, 1469–1536

Führender Humanist.
Nach Studien in Paris geht E. nach Italien, später nach Basel (1521), nach Freiburg i.Br. (1529).
Herausgeber des ersten griechischen Neuen Testaments mit eigener lateinischer Übersetzung und Anmerkungen im Druck (1516).
(Bisher nur lateinische Vulgata). Auf dessen 2. Ausgabe ruht Luthers Übersetzung.
Trennung von Luther in der Schrift **»De libero arbitrio Diatribe«,** (»Vom freien Willen«) (1524).
Luthers Gegenschrift: **»De servo arbitrio«** (»Vom unfreien Willen«) (1525).

Die Umkehr

Zwingli nahm Luthers Schriften offenen Sinnes auf. Was ihm das Studium der Kirchengeschichte, besonders auch bei Augustin, erschlossen hatte, kam nun zur Reife. *In schwerer Pestzeit,* von der Krankheit selbst 1519 ergriffen, *wurde es ihm* in Zürich *gewiß, daß er Gott sein Leben ohne Vorbehalt auszuliefern habe und in Gottes Wort allein die Kraft zu einem neuen Wirken liege.* Er war damals etwa fünfunddreißig Jahre alt. Seit 1520 finden sich in seinen Randglossen Bemerkungen über Gnade als Rechtfertigung, Sündenerkenntnis, Ausschluß eigenen Verdienstes.

Ein starker Aktivismus spannte ihn zu äußerster Anstrengung. Von Rom wußte er sich seit 1520 gelöst. Dem Ziel einer gereinigten Kirche galt von nun an sein Einsatz, einer Kirche, die sein Volk umfaßte und die ihm auch in seiner politischen Lage eine Hilfe wider die Fremdmächte sein sollte. Ihn erfüllte das straffe Verantwortungsbewußtsein, wie es in seinen Predigten und Briefen immer wieder zum Ausdruck kommt:

> »Ja, so jung ich war, ich habe in meinem Gewissen das Wächteramt mehr gefürchtet, denn daß ich mich gefreut habe, da ich weiß, daß der Schäflein Blut, so aus meiner Umsorge umkommen, von meinen Händen erfordert werden.«

2. *Zwingli will mit dem Rat von Zürich eine gereinigte Kirche gründen*

Die Züricher Disputationen 1523

Von vornherein hat Zwingli in Zürich die reformatorische Aufgabe mit der sittlichen Erneuerung aller Lebensordnungen verknüpft. Die Armenpflege – er selbst verzichtet 1520 auf die päpstliche Pension (Ehrensold) – und 1522 das Verbot des Reislaufens (in fremdem Kriegsdienst als Söldner) waren ihm ebenso wichtig wie die Reinigung der Kirchen von Bildern und Orgeln sowie die Befreiung von den Fastengeboten (»*Vom Erkiesen und Freiheit der Speisen*«). Dazu kam die Forderung der evangelischen Predigt, die sich lediglich an den Text der Schrift zu halten habe. Die Verbundenheit der verschiedenartigen Gebiete – humanitärer, politischer und theologischer – läßt vor allem erkennen, wie weit für Zwingli das humanistische Ideal, die Hochschätzung des Altertums und seiner Tugendlehre, im Einklang blieb mit dem Evangelium. Er konnte die biblischen wie die klassischen Helden, Abraham, Herkules und Sokrates, in seiner »*Darlegung des christlichen Glaubens*«* in einem

* an König Franz I. 1531

Atem nennen. Das Anliegen der Predigt und der Aufklärung, das glaubenweckende und erzieherische Ziel ergaben in ihrer Einheit für den Pfarrer vom Großmünster den Schluß, daß die Obrigkeit in der Durchführung der Reformation das entscheidende Wort zu sprechen habe. Wenn der Rat der Stadt im Jahre 1523 Zwinglis *»67 Schlußreden«*, geschrieben als Vorbereitung der *ersten Züricher Disputation* am 29.1.1523, billigte und zum Gesetz erhob, so war damit die Errichtung einer Theokratie, einer Gottesherrschaft gegeben, die Kirche und Obrigkeit fest miteinander einte. Die *zweite Disputation* im gleichen Jahr betraf die Messe, die Kultbilder. Auch diese Verordnungen erfolgten vom Rat der Stadt, worauf die Täufer den Vorwurf erhoben, Zwingli habe die Gemeinden der Autonomie beraubt. Zwingli war zu sehr Politiker, um dieser Gefahr steuern zu können.

Von dieser Stunde an war die Sache der Reformation auch in der Schweiz eine höchst politische Angelegenheit. Zwingli arbeitet im außenpolitischen Ausschuß der Stadt mit. Er betreibt antihabsburgische Bündnispolitik zugunsten der protestantischen Sache. *Der Unterschied zu Wittenberg bestand darin, daß dort der Staat Friedrichs des Weisen durchaus nicht sofort gewillt war, sein Siegel zu Luthers Werk zu geben, und umgekehrt der Reformator von seinem Landesfürsten keine Bewilligung für seine einzelnen Maßnahmen erbat.* Zwingli selbst wurde durch dies Ineinander schon sehr bald in eine politische Stellung gedrängt, die sein gesamtes Unternehmen zur Katastrophe geführt hat. Man vergleiche aus den *»Schlußreden«*, die in erweiterter Ausgabe als »Auslegung und Begründung der Schlußreden« die erste evangelische Dogmatik in deutscher Sprache und Zwinglis bedeutendstes Werk waren, die beiden aufeinander folgenden Sätze:

> »Die sogenannte geistliche Gewalt hat für ihre Herrschaft in der Welt keinen Grund in der Lehre Christi. Aber die weltliche Gewalt hat Kraft und Bestätigung in der Lehre Christi und in seiner Tat.«

Wird der zweite Satz nicht gar zu oft dahin führen, daß die Kirche das letzte Wort auch über die Entscheidungen der Obrigkeit hat?

3. *Luther, Zwingli und Karlstadt: Das geistliche oder gesetzliche Anliegen der Reformation*

Die Grenzen der weltlichen Gewalt nach Luther

An diesem Punkt entstand für Luther sofort die Frage, ob etwa der Eingriff seines Landesherrn, der ihn zur Wartburg verwies, eine dauernde Verfügung bedeuten sollte. Gerade die *Übersetzung des Neuen Testamentes*, die große Tat des Jahres 1521/22, warf ihn aus dem Getriebe des Tages wieder auf das Wort und schied ihn von beiden Gruppen, von den Schwärmern, die mit allen Mitteln die neue Zeit herbeiführen wollten, und von denen, die mit allem Nachdruck das alte Geschichtsbild beibehalten und im Gebot der Fürsten die Regel für ihr Handeln erkennen zu müssen glaubten. Jener prachtvolle Brief Luthers an seinen Kurfürsten beim Verlassen der Wartburg – er war nach Wittenberg wegen der dort um sich greifenden Unruhen zurückgerufen worden – gibt darüber Aufschluß, wie er diese Doppelfront der angeblich Freien und tatsächlich Gebundenen durchbrach:

> »Ich komme gen Wittenberg in gar einem höheren Schutz denn des Kurfürsten. Ich hab's auch nicht im Sinn, von E.K.G. Schutz zu begehren. Ja, ich halt, ich wolle E.K.G. mehr schützen, denn sie mich schützen könnte . . . Dieser Sachen kann noch soll kein Schwert helfen oder raten« (5. März 1522).

Wittenberg zwischen Reformation und Schwärmerei

So scharf Luther hier die Grenzen der weltlichen Gewalt im Unterschied zu Zwingli erkennt, so deutlich weiß er auch den geistlichen Hintergrund der Bewegung von 1521/22 zu beurteilen, die mit seinem Kollegen *Karlstadt* (eigentlich Andreas Bodenstein, aus Karlstadt, 1480–1541) in Wittenberg aufgebrochen ist. Und hier ist sofort die Frage zu stellen, inwieweit Geist von Zwinglis Geist am Werk ist. Hier wie in Zürich handelt es sich um kirchliche und soziale Reformen, die vor aller Augen die neue Zeit anzeigen sollten.

Karlstadt und bald mit ihm der Augustinermönch *Gabriel Zwilling* glaubten, den Gedanken Luthers dadurch am besten Eingang zu verschaffen, wenn sie den Bruch mit Rom in sinnfälliger Weise zum Ausdruck brachten. An der Aufhebung der Mönchsgelübde, an der Verdeutschung der Messe und der Abendmahlslehre unter beiderlei Gestalt, an der Beseitigung der Bilder aus den Kirchen wie aus der Errichtung einer Armenordnung mußte weiterhin deutlich werden, daß das Evangelium zu einer neuen Form drängte. Am 25.12.1521 hatte Karlstadt mit Billigung von Rat und Bürgern Wittenbergs eine »evangelische Abendmahlsfeier« ohne liturgische Gewänder, ohne vorangehende Beichte und Absolution gehalten, zu der 2000 Teilnehmer geströmt waren.

Als nun zwei Tage später *angeblich prophetische Männer aus Zwickau* diese Entwicklung beschleunigten und der Rat der Stadt von ihnen in manchen Stücken bestimmt wurde, sah es einen Augenblick so aus, als triebe die Bewegung ins Phantastische. Luther aber rief gegen diese Gruppe weder den Kurfürsten noch den Rat der Stadt an. *Die acht Fastenpredigten im März*

1522 stehen unter dem Motto: Das Wort allein muß es tun! Nicht daß die Mißstände bleiben sollen! Aber:

»Predigen soll man's, schreiben und verkündigen soll man's, daß die Messe, auf solche Weise gehalten, sündlich ist. Aber niemand soll man mit den Haaren davon reißen, sondern man soll es Gott heimgeben und sein Wort allein wirken lassen ohne unser Zutun und Werke« (2. Predigt).

Luther lag alles daran, daß die evangelische Freiheit nicht unter das Joch einer sich prophetisch dünkenden Richtung kam und daß man die schwachen noch zurückhaltenden Gewissen schone. Im übrigen würden die Mißstände von selber verschwinden, wenn das Leben aus dem Wort zum Durchbruch gelangt. Reformerisches Handeln von außen her und Reformation sind zwei grundverschiedene Dinge.

Karlstadt wurde nun auf seine Lehrtätigkeit an der Universität beschränkt, Zwilling beugte sich und ging nach Altenburg/Thür., die Zwickauer »Propheten« verließen die Stadt.

4. Gesetz und Evangelium bei Luther und Zwingli

Das Zürcher Sittenmandat von 1530

Gewiß, auch Zwingli lehnt in den Glaubensfragen Gewaltmaßnahmen ab, zugleich aber ist er von einem so starken Reformwillen beherrscht, daß ein innerer Kampf und Sieg des Wortes wie in Wittenberg schwer aufkommen kann. Die reine Lehre ist vom Zürcher Stadtrat garantiert. *Klöster* werden aufgehoben, die *Profezei, ein Seminar für Altes Testament,* gegründet, das *Abendmahl* in der evangelischen Gestalt geregelt, die evangelische Predigt wird 1525 erstmals gehalten. Das Gesetz des Alten Bundes entscheidet – wie etwa in der Bilderfrage – und schließt damit schwärmerische Entgleisungen von vornherein aus. Wenn der Rat der Stadt in einem *Sittenmandat* (1530) den sonntäglichen Kirchgang wie die Zeiten für die Wirtshäuser, die Behandlung der Wiedertäufer wie das Spielen um Geld regelt, so muß man doch fragen, ob die Gefahr der Heuchelei, des Glaubenszwanges hierbei nicht gesehen wird. Die Gründe dafür müssen gewichtigere sein und auf das Verhältnis von Gesetz und Evangelium hinweisen.

Die Erwählung

Obwohl Zwingli sehr viel daran lag, mit der deutschen Reformation in Einklang zu bleiben, besteht doch am zentralen Punkt der Rechtfertigung des

Sünders ein nicht zu übersehender Unterschied. Zwingli war nicht durch die Tiefen der innersten Not gegangen wie Luther. Das Gericht über unser natürliches Denken und Vermögen fällt bei Zwingli nie so radikal aus wie etwa in Luthers Auslegung des Galaterbriefes oder gar in der Schrift »*Vom unfreien Willen*« (1525). Gottvertrauen als »gänzlich ungeschwankte« Wendung zu Christus, Einordnung in die alles umfassende Vorsehung Gottes, Ergebung in den Willen Gottes ist stark begründet durch den Gedanken der persönlichen Erwählung. Darin besteht für den Schweizer Reformator in erster Linie das Evangelium. Es treten dabei die paulinischen Hauptmomente in den Hintergrund, vor allem das Wort von der Vergebung in der Rechtfertigung. Von seinem Verständnis her findet Zwingli die Brücke zur Erziehung, zur Zucht, zur obrigkeitlichen Verfügung auch innerhalb der Kirche.

5. Zwingli sucht politische Bündnisse

In wenigen Jahren haben sich die Schweizer Kantone für oder wider Zwingli entschieden und damit für oder wider die Reformation. Nach Zürich werden Basel, Konstanz, Appenzell, St. Gallen, Schaffhausen und Bern reformiert. Katholisch bleiben die Urkantone Uri, Schwyz, Unterwalden, Zug, Luzern sowie Freiburg und Solothurn. Auf beiden Seiten bilden sich nun Schutz- und Trutzbündnisse, die katholischen Kantone überdies mit Erzherzog Ferdinand von Österreich; die evangelischen mit den deutschen Fürsten und Ständen. In herber Entschlossenheit, gestützt und getrieben durch die *immer stärkere Betonung des Erwählungsgedankens* (Prädestination), sieht Zwingli schon sehr früh keinen anderen Ausweg als den einer gewaltsamen Auseinandersetzung. *Der religiöse Gegensatz wird sofort zu einer wirtschaftspolitischen Existenzfrage der sich nun boykottierenden Städte.* Es fehlt in den folgenden Jahren nicht an dramatischen Augenblicken, bei denen das ausgeprägte Nationalgefühl der Schweizer auf beide Gruppen ausgleichend wirkt und das Bündnis mit Österreich oder dem evangelischen Deutschland zeitweilig zurücktreten läßt. Aber schließlich siegt bei Zwingli doch die Erkenntnis, daß ohne einen politischen Bund von der Adria bis zur Ostsee die Sache des Protestantismus nicht zu retten sei. Das ist der Weg, der zu jenem denkwürdigen Gespräch in Marburg führt (1529 s.S. 22), zum Zusammentreffen der beiden Reformatoren. Zwischen den evangelischen Zentralen Wittenberg und Zürich war die Frage nach dem Verhältnis von Obrigkeit und Evangelium spruchreif geworden. Dahinter aber stand eine noch grundlegendere Frage, und in ihr kam die Gesamtdifferenz zum Ausdruck: *Der*

Abendmahlsstreit in Marburg ist kein Theologengezänk, er offenbart vielmehr den tiefsten Gegensatz der beiden Männer.

Wir greifen auf Luther in den Jahren vor Marburg 1529 zurück:

6. Luther greift den Humanismus (Erasmus) und die Schwarmbewegung an

Der Weg von Worms nach Marburg ist für Luther durch eine Reihe von Ereignissen bestimmt, die man unter dem Sammelnamen der »zweiten Front« als einheitliche Erscheinung zu sehen hat. Wohl bleibt Rom der Gegner. Hinter ihm erkannte der unentwegte Kämpfer je länger je mehr *die Macht der griechischen Philosophie*, vor allem die Ethik des Aristoteles, die dem Menschen Tugend und Verdienst, Vernunft und Freiheit zuschrieb. Gegen diese Front stößt Luthers mächtigste Schrift: *De servo arbitrio* (Vom unfreien Willen, 1525). Die Welt, die ihn von Erasmus scheidet, ist in diesem Werk grundlegend ans Licht getreten. Man darf wohl sagen, daß hier der Reformator, von seiner Grundposition der Rechtfertigung aus, den üblichen Gebrauch der gesamten neutestamentlichen Sprache einer Reinigung, einer Entschlackung unterzieht, einer Befreiung aus dem heillosen Kompromiß zwischen Gott und Mensch, Gnade und Verdienst, Offenbarung und Vernunft. Kennt Erasmus den verborgenen Gott nicht, dann weiß er auch nichts vom Geheimnis des Kreuzes in Gericht und Gnade.

Nun aber regt sich in wachsender Kraft der zweite Gegner, *das Schwärmertum*. Die ersten Begegnungen mit ihm hatten die Wittenberger Unruhen im Winter 1521/22 gebracht. Eine Fülle verschiedener Strömungen folgt, immer mit dem einen Unterton: Wir müssen das Werk Luthers noch ganz anders radikalisieren. Es muß von den Hemmungen befreit werden, von der Rücksicht auf die Obrigkeit und ihre unsozialen Ordnungen.

7. Die deutschen Ritter

Sickingen, Franz von, 1481–1523

Feldhauptmann Karls V.
National-humanistische Gedanken (durch Hutten).
Der Reformation zugeneigt.
Er gewährt Bucer und Oekolampard Zuflucht auf der Ebernburg.
Vorkämpfer für die deutsche Freiheit in der Lösung von Rom.
Im Kampf gegen den Bischof von Trier erliegt er und stirbt.

Hutten, Ulrich von, 1488–1523

Humanist, von Kaiser Maximilian I. gekrönter Dichter.
Ablehnung des Papstes, Zuneigung zu Luther, besonders nach der Leipziger Disputation. Findet bei der Verfolgung durch die Kurie ebenfalls bei Franz v. Sickingen Schutz. Nach Sickingens Tod von Zwingli beschützt.
Wirksamer, sprachmächtiger Schriftsteller gegen die Papstkirche.
Als Lyriker wichtigste Erscheinung zwischen Walther v. d. Vogelweide und der deutschen Klassik.

Inzwischen meldete sich eine gegen Rom gerichtete Gruppe, die sich aus nationalen Gründen der Reformation näherte: Das deutsche Rittertum, geführt von *Franz von Sickingen,* dem Feldhauptmann erst Maximilians I., dann Karls V. Er kämpfte gegen die französisch gesinnten Bischöfe im Rheinland, aber ohne Erfolg. Im Volk wurde besonders *Ulrich von Hutten* als Anhänger Luthers begrüßt. Aber der Reformator erwartete keine Hilfe von den Rittern. Mit Sorge nahm er wahr, wie die nationale mit der antirömischen Bewegung verschmolz und wuchs. Mußte deshalb nicht im katholischen Lager eine Verbindung zwischen Revolution und Reformation gesehen werden? Und dies um so mehr, als im Bauernaufstand die Revolution aufbrach?

8. Die Bauern kämpfen um ihr Recht (1524–1525)

Man darf schon sagen, daß sich in dieser fast ganz Süd- und Mitteldeutschland ergreifenden Bewegung alle Elemente fanden, die seit den apokalyptischen Stimmungen eines *Joachim von Floris* († 1201) und den wilden Zügen der *Hussiten* (1420– ca. 1430) im Gange waren. Hinzu kamen die sozialen Mißverhältnisse, besonders die seit Jahrhunderten auf der Landbevölkerung lastende Leibeigenschaft. In der Erkenntnis, daß die Stunde da sei, um endlich den an ihre Gutsherrn gebundenen Bauern die Freiheit durch ein neues Recht zu verschaffen, erhebt sich nun ein ganzer Stand, schließt sich zu Bünden (»Bundschuh«, »Christl. Vereinigung im Schwarzwalde« u.a.) zusammen und gibt seine Forderungen 1525 in den »*Zwölf Artikeln gemeiner Bauernschaft*« kund. Die »Gelehrten deutscher Nation«, Luther, Melanchthon, Zwingli u.a., sollten über die Rechtmäßigkeit der »Zwölf Artikel« befinden. Unter Berufung auf die Freiheit des Evangeliums, das Martin Luther gepredigt, wird vor aller Welt das »göttliche Recht« betont. Die innere Verbindung mit Zwingli ist deutlich: Soll es nicht möglich und notwendig sein, vom Evangelium her eine neue Lebensordnung zu gestalten?

9. Luthers Stellung zur revolutionären Bewegung

Es bleibt für die Gesamtbeurteilung der Frage wichtig, daß Luther zu keiner Stunde die Gefahr der revolutionären Bewegung übersah. Auch als er zu Beginn des Kampfes den Fürsten und Herren sehr ernst ins Gewissen redete, griff er doch die Bauern da an, wo sie von einem »göttlichen Recht« sprachen. Er verwies sie auf das natürliche Recht, das von der Sache des Evangeliums streng zu scheiden sei. Dieses Naturrecht aber gebe ihnen auf keinen Fall das Recht zu Aufruhr und Gewalt. Lassen sich die Bauern davon nicht zurückhalten, muß sie das Schwert der Obrigkeit rücksichtslos treffen, wie das die Schrift *»Wider die räuberischen und mörderischen Rotten der Bauern«* (1525) unmißverständlich darlegt. Mit dem Rebellentum hat das Evangelium nichts zu tun. Der Geist, der hier zum Vorschein kommt, ist vom Teufel und reißt alles nieder, was gerade soeben in Gottes Garten, in seiner Kirche, aufblühen will.

Hoch aufgerichtet hat damit Luther *die Autorität des Staates in seiner von Gott geordneten Stellung.* Es bedarf keiner Bevormundung von seiten der Kirche, wohl aber zuweilen einer Stärkung, Ermunterung oder auch Warnung, sich seiner Aufgaben vor Gott bewußt zu werden. Diese Abgrenzung des weltlichen und geistlichen Bereichs – und wiederum dieses Füreinander von der einen und letzten Instanz aus – bleibt für das lutherische Verständnis charakteristisch. Die viel umstrittene *Zweireiche-Lehre Luthers* will nicht so verstanden werden, als hätten beide Seiten nichts miteinander zu tun. Wohl aber soll der Herrschaftsanspruch der Kirche ausgeschaltet werden, der das Mittelalter so notvoll bestimmt hatte. Erkennen beide Reiche ihre Bestimmung wie ihre Grenze an, dann ist jene Freiheit vorhanden, die dem Ganzen dienlich ist.

Es darf aber nicht verschwiegen werden, daß Luther bei seiner konservativen Haltung die notvolle Lage der Bauern nicht immer verstand. Es kamen einige seiner Schriften, vielleicht zum Glück, zu spät in den Druck, als die Kämpfe schon beendet waren.

Mit dem Aufstand der Bauern verband sich der Anhänger Luthers *Thomas Münzer* (1468–1525), ein gelehrter Theologe, der unter den Einfluß der Zwickauer »Propheten« gerät. Wegen seiner aufrührerischen Predigten aus Zwickau vertrieben, geht er nach Thüringen und tritt an die Seite der bewaffneten Bauern. Vergeblich sucht Luther den Frieden herzustellen. Aber Münzer wird nach der Niederlage der Bauern bei Frankenhausen hingerichtet (1525). Weitere Schlachten finden bei Zabern, Böblingen, Königshofen statt. Die Niederlage der Bauern ist besiegelt.

Nach der Niederwerfung der Bauern entstehen zwei Fürstenbündnisse: Am 19.6.1525 der katholische *Dessauer Bund* zur Ausrottung der ev. Bewegung; 27.2.1526 der *Torgauer Bund* der evangelischen Fürsten.

10. Die Katastrophe von Münster

Wes Geistes Kind die so jäh zertrümmerte Aufruhrbewegung der Bauern war, zeigte in noch stärkerem Maße die zur Katastrophe führende Aufrichtung eines »Königsreiches Christi« im westfälischen Münster. Trotz Luthers Mahnschreiben von 1532 ziehen niederländische und friesische Wiedertäufer in die Stadt. Sie wollen ein neues Reich mit göttlicher Gerechtigkeit errichten, mit Abschaffung der Sonn- und Feiertage, mit Gütergemeinschaft, Polygamie, Verbrennung aller Bücher, ausgenommen die Bibel. Die Niederwerfung dieses Schwärmertums mit Waffengewalt am 25.6.1535 macht auch der Reformation in der dortigen Gegend fast ein Ende, nachdem sich zunächst sämtliche Pfarrgemeinden der Reformation angeschlossen hatten. Der Adel blieb bis zur 2. Hälfte des 17. Jahrhunderts in der Mehrzahl evangelisch.

11. Die Täufer

Wir müssen die Ereignisse um Thomas Münzer und die von Münster klar von den »Täufern« unterscheiden. Sie kommen zuerst in Zürich in kleinen Kreisen zusammen am Wort und im Gebet. Weil sie die Kindertaufe ablehnen und die Glaubenstaufe an ihre Stelle setzen, werden sie von der Obrigkeit als Feinde der staatlich geschätzten Volkskirche verfolgt, ins Gefängnis geworfen und in manchen Fällen hingerichtet oder verbrannt.

Schwenckfeld, Caspar 1489–1561

Aus altem schlesischen Adel. Jurist.
Für die Reformation seines Landes wirkend.
1525 keine Einigung mit Luther in der Abendmahlsfrage. Theologisch beeinflußt von Täufern, Mystikern, dem jungen Luther; gnostische Überfremdung. Laienprediger mit einem Flüchtlingsleben in Augsburg, Ulm, schließlich in den Häusern seiner Freunde. Von seinem »königlichen Mittelweg« her nicht anerkannt, findet er dennoch Freunde.
Bis heute besteht in Amerika eine kleine Gemeinde.
Seine Erbauungsbücher werden auch von Katholiken benutzt.

Denck, Hans ca. 1500–1527

Humanist, dann Täufer, Mystiker.
Die Hauptlehren der Reformation lehnt er ab;
das »innere Wort« genügt als Kraft Gottes.
Bedeutender Einfluß in Süddeutschland.

Menno, Simons 1496–1561

Katholischer Priester zu Witmarsum in Friesland.
1536 Täufer-Anhänger, wirkt als ihr Bischof im Norden, Anhänger am Niederrhein, im Holsteinischen und in Preußen. Hauptwerk »**Fundamentbuch**« 1539.
Er ist ein Mann des Friedens, lehnt die revolutionären Bewegungen von Münster ab.
Nach ihm werden die »Mennoniten« genannt.

Die bleibende Bedeutung der Täufer als Frage an die Kirche

Felix Mantz und Konrad Grebel finden mit einem Kreis von Zwingli-Schülern zur Glaubenstaufe und gründen 1524 die erste Täufergemeinde, die sie als Konsequenz reformatorischen Denkens verstehen.

Man darf deshalb keinen Augenblick den Ernst der Frage verkennen, den die Täufer an die Volkskirche stellen. Die Bahnbrecher des Täufertums, Männer wie Hans Denck († 1527), Hans Hut († 1527), aber auch ein Mann wie Caspar Schwenckfeld († 1561) und vor allem Menno Simons († 1561) haben unter unsagbaren Verfolgungen ihren Glauben bezeugt. Sie sind, den Waldensern ähnlich, ein Stachel für eine Christenheit geworden, die nur zu bald in ihrer Lehre erstarrte, sich mit einer kirchlichen Sitte begnügte und im Dienst der Liebe versagte. Man darf aber auch die andere Seite nicht vergessen: Die Reformatoren sahen die Gefahr der Schwärmerei. Es hat auch in der Geschichte der Täufer daran nicht gefehlt. Aber die Spannung zwischen dem Neuen Testament und der Volkskirche durch die Täuferbewegung ist eine heilsame Korrektur geblieben. Im Pietismus und später in der Erweckungsbewegung hat sie neuen Antrieb bekommen, besonders bei den nach ihrem Gründer genannten Mennoniten – bei ihnen war das Nein zur Kindertaufe und zum Eid ein Bekenntnis zum Wort Gottes – und im 19. Jahrhundert bei den Baptisten.

Die reine Lehre gegen die Geistesbewegungen

Die Orthodoxie stand der Taufbewegung im großen und ganzen ratlos gegenüber. Hier gab es bald kein echtes Ringen mehr umeinander. Menschen, die sich auf die gleiche Bibel beriefen, trennten sich für immer. Lutherische und reformierte Kirchen bauten die Lehre der Väter weiter aus und legten sie in ihren Bekenntnissen fest. Niemand darf auch ihnen den Ernst absprechen, mit dem sie dem Zerfall der Kirche in vielen Gruppen zu wehren suchten. Die »reine Lehre«, wie sie in der Rechtfertigung und in der Prädestination auf den Schild erhoben wurde, mußte aber in dem Augenblick versagen, als sie zum methodisch gehandhabten Prinzip wurde. Damit hatte die Vernunft die Führung ergriffen.

Gewalt gegen Bekenner bis zur Hinrichtung

Zwingli sowohl wie die Wittenberger Theologen sind gegen die Täufer hart vorgegangen, die dann auf der Flucht ihre Ideen über ganz Mitteleuropa ausbreiteten. Während Luther sich immer wieder bemüht, zu unterscheiden, ob ihr Angriff gegen die Obrigkeit oder nur gegen die Kirche gerichtet ist, sieht Zwingli in ihnen eine Bedrohung des Amtes und glaubte in ihrem Tod (durch Ertränken und Enthaupten) die gerechte Strafe für ihre Irrlehre zu erkennen. Noch ein Jahr vor dem Marburger Gespräch lesen wir von Luther den Satz: *»Mit der Schrift und Gottes Wort sollte man ihnen wehren und widerstehen. Mit Feuer wird man wenig ausrichten.«**

Zwingli und Luther denken verschieden über die Sakramente

Schon in der Tauflehre hat Zwingli eine eigene Auffassung. Während Luther die zuvorkommende Gnade betont, kann sie der Zürcher nur als Unterscheidungs- und Pflichtzeichen ansehen.

Ernster wird der Kampf bei der Abendmahlslehre werden. Zwingli will jede »fleischliche« Deutung vermeiden:

> »Vielmehr sind wir nach der Regel und dem einfachen Verständnis des Glaubens dessen gewiß, daß uns Christus nichts Leibliches gegeben hat, da die Gerechtigkeit nicht durch leibliche Vermittlung geschenkt werden kann. Die verdienen den Vorwurf, die dem Fleisch zuschreiben, was nur dem Geist zukommt und gegen die Worte Christi wieder eine äußerliche Gerechtigkeit einführen.«**

Von hier aus ist es zu verstehen, daß Luther in Marburg das Wort sprach: *»Ihr habt einen anderen Geist als wir.«*

* Von der Wiedertaufe 1528
** Freundliche Auslegung der Herrenworte an Martin Luther 1527

12. *Das Marburger Gespräch (1529) und Zwinglis Tod*

Die politische Spannung nach 1529

Nach den Reichstagen zu Speyer (1526 und 1529), besonders nach dem zweiten mit dem mannhaften Protest der evangelischen Fürsten und Städte, schien alles zu einem politischen Bündnis zu zwingen. Zwingli sah dabei die Rettung aus seiner besonders schwierigen, isolierten Lage, wenn es ihm glückte, den deutschen Anschluß zu finden. Die Auseinandersetzung mit Luther beginnt er mit seiner Schrift »Amica exegesis« 1527. Daß ihm die Einigung weder politisch noch im Bekenntnis gelang, hat zur Schlacht von Kappel (die katholischen Kantone siegen über das protestantische Zürich) und da zum Tod Zwinglis als Mitkämpfer geführt (1531).

Bleibender Unterschied in der Sakramentslehre

Über *Marburg* ist damals und heute viel nachgedacht worden. War Luthers Haltung zu starr? Konnte er seine Abendmahlslehre derart in den Mittelpunkt rücken? Ging es nicht um ganz andere, wirklichkeitsnähere Momente im Ernst der Stunde? Und hat nicht Zwingli die Größe dieser Begegnung besonders stark empfunden, wenn er unter Tränen um ein Verstehen mit Luther rang, auch im Gedanken daran, wie kommende Geschlechter über diesen Streit urteilen würden? Sah er nicht die katholische Gefahr der kaiserlichen Politik klarer als die Wittenberger, die ihm kleinbürgerlicher, im Untertanenverstand befangener erschienen?

Fragen wir lieber: Was stieß Luther an den Gedanken Zwinglis im tiefsten Grunde ab? Abgerundeter, logisch klarer in seinem ganzen Denken stand der Schweizer dem hart angefochtenen Reformator der Deutschen gegenüber. An einem Punkt aber durchbrach der Wittenberger das System seines Gesprächspartners. *War dieser nicht doch noch das Opfer des scholastisch-humanistischen Denkens, wenn er Geist und Leib, Himmel und Erde in räumlichen Gegensätzen dachte?* War es nicht gerade das Wunder, daß diese beiden Gebiete zueinander kamen? »Das Wort ward Fleisch« und »das *ist* mein Leib« – diese beiden Worte bezeugen einmütig die geistleibliche Gegenwart Christi. Er handelte nicht nur einst in seinen Erdentagen, sondern ständig in Wort und Sakrament an uns. Das ist die Hemmung Zwingli gegenüber, über die er vor und in Marburg nicht hinweggekommen ist. Es ist zu wenig, im Abendmahl nur an Christi Tod *erinnert* zu werden.

Luther verstand gewiß die Situation der Fürsten, die um ihrer evangelischen Haltung willen in schwierige Lagen kamen. Und dennoch, er wies die Versuchung für seine Kirche von sich, aus irgendeiner politischen Konjunktur Vorteil zu ziehen und etwa den Türkenkrieg oder eine andere Not Kaiser Karls für die eigene Sache auszunützen. Er hat sich von den politischen Unionsplänen Philipps von Hessen (1504–1567) getrennt, während Zwingli sie nach Kräften zu fördern suchte. Er hielt aber auch den Tod des Zürchers für eine ernste Warnung, die ihn an das ihm ähnlich erscheinende Ende Münzers erinnerte. Schon die erste Bitte des »Unser Vater« war ihm das unmißverständliche Nein zu jeglicher Vermischung des Evangeliums mit einem politischen Bündnis. Schließlich aber trennte ihn von Zwingli die Theologie des Kreuzes, die Erkenntnis:

> »Christus will schwach sein und leiden auf Erden mit den Seinen, auf daß er die Gewaltigen zu Narren und zuschanden mache. Er braucht ihres Wütens nicht dazu, daß sie ihm, wiewohl unwissend, den Himmel voll Märtyrer und Heiligen machen, damit sein Reich desto eher voll werde und er zu Gericht komme und den Tyrannen ihren Lohn gebe, eh' sie sich's versehen.« (W.A. 30 II, 174)

Zwinglis Grundbekenntnis

Man halte diesen Worten Luthers eine Stelle entgegen, in der sich Zwingli zu Jeremia 38 über die Möglichkeit eines frühen Todes ausspricht (1531):

> »Wenn der Fuhrmann zum Ziele kommen will, darf er nicht darauf achten, wieviel von seinem Geschirr auf der Reise abgenutzt wird. Wir sind Gottes Werkzeuge; es gibt keines, das nicht abgenutzt, zerbrochen oder ermüdet wird. Trotzdem führt der himmlische Wagenlenker den Rat, den er sich vorgenommen, durch solche Mittel zum Ziel, auch wenn wir zusammenbrechen und für die Welt verlorengehen . . . Wird uns nicht vergönnt, den Ausgang zu schauen, so wollen wir denken, daß uns nichts anderes widerfährt als denen, die auf dem Schlachtfeld kämpfen . . .«

Mit dem Einsatz seines ganzen Lebens für die Sache Gottes hat Zwingli Wort gehalten. Seine Kirche hat ihn nicht vergessen. Nichts drückt seine gesamte Haltung straffer aus als sein Lied:

»Herr, nun selbst den Wagen halt,
bald abseits geht sonst die Fahrt,
das brächt Freud dem Widerpart,
der dich veracht't so freventlich.

Gott, erhöh' deins Namens Ehr,
mehr und straf der Bösen Grimm,
weck die Schaf mit deiner Stimm,
die dich lieb haben inniglich.

Hilf, daß alle Bitterkeit
scheid, o Herr, und alte Treu
wiederkehr und werde neu,
daß wir ewig lobsingen dir.«

Luthers Ehe

Einsamer wurde es um Luther. Der eben noch umjubelte Mann stand jetzt im Kreuzfeuer der Nation. Wo waren die Reichsritter und die Humanisten, wo die Bauern, wo endlich die »Innerlichen« und die »Äußerlichen«, die Mystiker und die Fanatiker, die Weltflüchtigen und die Welteroberer?

Er ging seinen Weg, und es war ihm genug, wenn das Wort das Licht auf dem Wege blieb.

Gerade in dieser bewegten Zeit heiratete Luther am 13.6.1525 Katharina von Bora. Sechs Kinder gingen aus dieser Ehe hervor, zwei starben vor ihren Eltern. Der Tod der zwölfjährigen Magdalena war ein tiefer Schmerz für die Eltern.

Daß sich ein früherer Mönch mit einer früheren Nonne verband, hat damals und später harte Kritik ergeben. Luther war sich seines Schrittes gewiß. Er vollzog ihn, nachdem schon viele Amtsbrüder die Ehe geschlossen hatten.

Literatur:

Walther Köhler, Die Geisteswelt Huldreich Zwinglis, 1920

Erich Seeberg, Der Gegensatz zwischen Zwingli, Schwenckfeld und Luther, 1929

Georg Merz, Glaube und Politik im Handeln Luthers, Zwischen den Zeiten, 1933

A. M. Schwindt, Hans Denck, ein Vorkämpfer undogmatischen Christentums, 1924

F. Blanke, Brüder in Christo. Die Geschichte der ältesten Täufergemeinden, 1955

O. Farner, H. Zwingli, 1943–1960

H. Junghans, Die Reformation in Augenzeugenberichten, 1973

Wichtige Ereignisse in Zahlen in Wiederholung:
Zwingli (1484–1531), seit 1518 »Leutpriester« am Zürcher Großmünster, wendet sich pestkrank vom Humanismus zum biblischen Glauben, reformiert Zürich mit seinen »Schlußreden« für die Zürcher Disputation 1523. Reformierte und katholische Schweizer Städte stehen sich bei Kappel gegenüber, Zwingli fällt hier 1531.

Luther erwehrt sich der Schwärmerei: Wittenberg und Münster 1521/22–35 Karlstadt, Zwilling und die Zwickauer Propheten drängen auf Befreiung von allen römischen Zwängen, Luther wehrt ihnen mit den acht Fastenpredigten von 1522. Die Bewegung schäumt in **Münster** über, wo sich ihr die Wiedertäufer anschließen und sie schließlich 1535 mit Waffengewalt niedergeworfen wird.

Die Täufer: Die ersten Täufer versammeln sich in Zürich und verstehen sich als Zwinglianer (seit 1520 nachweisbar). Radikale Elemente (Thomas Münzer) suchen die Erwachsenentaufe gegen Obrigkeit und Kirchenleitungen durchzusetzen und werden erbarmungslos verfolgt. Ihr Ende ist Münster, während **Menno Simons** und die nach ihm benannten **Mennoniten** sich als Taufgesinnte in aller Stille durchsetzen.

Der Bauernkrieg: Apokalyptische Stimmung und soziale Mißverhältnisse verbünden sich zum Aufstand von 1524/25. Luthers Schrift »Wider die mörderischen und räuberischen Rotten der Bauern« 1525 fordert die Obrigkeit zu schonungslosem Kampf gegen die Bauern auf.

Die Ritter: Franz v. Sickingen, Ulrich v. Hutten begünstigen den Verschmelzungsprozeß von Revolution und Reformation, gegen den sich Luther auch Zwingli gegenüber um der Reinerhaltung der kirchlichen Reformation willen in Briefen und Gesprächen (Marburg 1529) wehrt.

Luther und Zwingli – das Marburger Gespräch 1529: Die Teilnehmer waren Luther und Melanchthon, Zwingli und Ökolampad, Bucer und Hedio, Veranstalter Philipp von Hessen. In 14 von den 15 »Marburger Artikeln« war man sich einig, der 15. betraf die Realpräsenz Christi im Abendmahl. Die von A. Osiander vorgeschlagene Einigungsformel wird schließlich von Zwingli abgelehnt.

25. Kapitel

Das Bekenntnis der Kirche – die Zeit bis zum Augsburger Religionsfrieden 1555

1. Die Notwendigkeit des Bekenntnisses

Das Ereignis der Reformation, das die Nation bis ins Innerste beschäftigte, drängte zu einem deutlichen Bekenntnis. Es galt, den mancherlei Strömungen gegenüber klar zum Ausdruck zu bringen, was es um diese Reformation der Kirche sei. Denn auf den ersten Blick war es durchaus nicht verständlich, wie eine Bewegung, deren Führer mit dem Bannstrahl getroffen war, sich auf dem Boden der neutestamentlichen Kirche wisse. Daß nicht Wittenberg, sondern Rom von den Grundlagen der Urgemeinde abgewichen sei, war unmißverständlich unter Beweis zu stellen.

Weiter kam es darauf an, nicht nur dem prüfenden Urteil der katholischen Theologen, sondern auch den staatsrechtlichen Bedenken der Obrigkeit bis hinauf zum Kaiser zu bezeugen: *Reformation ist* kein wildes Gewächs, kein Einfall einiger Männer, sondern *das Lebensbedürfnis einer Kirche, die den Staub und Schutt der Jahrhunderte abtut, um in Wahrheit Kirche zu bleiben.* Wenn aber allenthalben die Gruppen der Schwärmer glaubten, nun sei ihre Stunde gekommen, um das Dogma und alle geschichtlichen Klammern der Vergangenheit zu zerbrechen, dann mußten die Reformatoren auch hier zum Bekenntnis gelangen.

Das Bekenntnis war nicht in einer ruhigen Stunde erarbeitet worden. Vulkanartig stieg es auf wie ein Notschrei hart am Abgrund. Auf das Wormser Bekenntnis Luthers folgt das Blutzeugnis der Antwerpener Augustinermönche Heinrich Vos und Johann Esch in Brüssel (1523). Luther hat ihnen ein Denkmal in seinem Lied gesetzt, das bis heute nicht vergessen ist:

> Die Aschen will nicht lassen ab,
> sie stäubt in allen Landen,
> hie hilft kein Bach, Loch, Grub noch Grab,
> sie macht den Feind zuschanden . . .

und dann schließt er:

> Die laß man lügen immer hin,
> sie haben's keinen Frommen (Nutzen),
> wir sollen danken Gott darin,
> sein Wort ist wiederkommen.
> Der Sommer ist hart vor der Tür,
> der Winter ist vergangen,
> die zarten Blumen gehn herfür,
> der das hat angefangen,
> der wird es wohl vollenden.

2. *Im Ringen um die Gestalt der Kirche: Luthers Katechismus und das Augsburger Bekenntnis*

Die Verfassung der Kirche in Bindung an die Obrigkeit

Zum Bekenntnis der Kirche gehört das unter dem Eindruck von Worms 1521 entstandene erste umfassende theologische Zeugnis der Reformation: die »*Loci communes*« (etwa »Hauptstellen« der Schrift) aus des jungen Melanchthon Hand. Was hier als Ertrag eindringenden Schriftstudiums im Sinne Luthers ans Licht gestellt ist, die Rechtfertigung allein aus dem Glauben, bleibt der Grundakkord für die weitere Konfessionsbildung.

Als sich auf den *Reichstagen zu Nürnberg* (1524) und *Speyer* (1526) unter Einwirkung der politischen Lage ergab, daß in Sachen des Wormser Ediktes (I, 234/5) *jeder Reichsstand mit seinen Untertanen »also leben, regieren und sich halten wolle, wie ein jeder solches gegen Gott und kaiserliche Majestät hoffe und vertraue zu verantworten«*, war für die Reformation wiederum eine Schonzeit angebrochen. *Die Organisation lutherischer Landeskirchen nahm hier ihren Anfang.*

Kaiser, Papst, Franzosen (Franz I.) und Türken müssen dazu dienen, sich gegenseitig so in Schach zu halten, daß Karl V. zum Eingreifen in die deutschen Verhältnisse unfähig bleibt: Franz I. von Frankreich, 1525 in der Gefangenschaft Karls V., kommt 1526 frei und eröffnet mit Papst Clemens VII. den 2. italienischen Krieg 1526/29. Karl plündert Rom am 6.5.1527. In dieser Warte- und Übergangszeit entsteht für die evangelischen Fürsten und Ratsherren zum erstenmal das Gefühl, diese wenn auch schwache Rechtslage sei eine Gnadenfrist, die man nicht ungenützt verstreichen lassen dürfe. Dreifach entwickelt sich in diesen Jahren bis zum Augsburger Reichstag (1530) die junge Kirche. Es werden festgelegt:

1. *Die Verfassung der Landeskirchen,*
2. *die Ordnung des Gottesdienstes* und
3. *die rechtliche Stellung der neuen Gliederungen.*

Dabei erhebt sich sofort die Frage nach dem Verhältnis von Obrigkeit und Reformation.

Im Gegensatz zu den Täufern, die von einer Einmischung der weltlichen Regenten nichts wissen wollen, *hat Luther den Bund mit der evangelischen Obrigkeit geschlossen.* Er stand damit im Zuge einer Entwicklung, die schon seit den vergeblichen Reformkonzilien des 15. Jahrhunderts mehr und mehr die Ordnung der kirchlichen Angelegenheiten den Fürsten und Ratsherren der freien Städte übergab. Nicht leichten Herzens willigt der Reformator in diese Entscheidung. Wer anders aber sollte der Lage entsprechend hier führend eingreifen als die Männer, die sich seit Worms vor allen öffentlichen Gewalten bekennend und helfend erwiesen hatten! Gewiß sah Luther in dieser Lösung der Frage einen Notbehelf. In seiner »*Deutschen Messe*« (1526) tauchte vorübergehend das Bild einer anderen Gemeinde auf, einer »Ecclesiola«, die im wesentlichen ihre Belange selbst zu erledigen hatte. Luther hielt dem entgegen, daß er nicht die Leute dazu habe.

Das Bekenntnis der evangelischen Fürsten und Städte in Speyer 1529

Es hieße auch hier zu kurz sehen, wollte man den Reformator nur konservativer Neigungen bezichtigen, die dem Sturm der ersten Jahre ein allzu schnelles Ende bereitet hätten. Er hatte gelernt, auf die Führungen Gottes zu achten und bereit zu sein, eigenen Wünschen und Ideen zu entsagen. Der Kaiser konnte trotz seiner politischen Erfolge und des erhofften Friedens mit Clemens VII. und trotz der katholischen Übermacht in Speyer seine Absichten gegen das Werk der Reformation nicht zur Ausübung bringen. Der Protest der fünf Reichsfürsten (Johann v. Sachsen, Philipp v. Hessen, Georg v. Brandenburg-Ansbach, Wolfgang v. Anhalt, Ernst v. Lüneburg) und vierzehn oberdeutschen Städten (Straßburg, Nürnberg, Ulm, Konstanz, Lindau, Memmingen, Kempten, Nördlingen, Heilbronn, Reutlingen, Isny, St. Gallen, Weißenburg, Windsheim) auf diesem zweiten Reichstag zu Speyer, das feierliche Nein (»Protestation«, daher »Protestanten«) gegen den katholisch-politischen Willen, nunmehr mit der Reformation gründlich aufzuräumen, mußte vor aller Augen deutlich machen, daß das evangelische Anliegen die Frage an die Nation und ihre höchsten Vertreter war: Was soll aus Deutschland werden, wenn zur politischen Zerklüftung die religiöse Spaltung tritt?

Die bedeutsamsten Bekenntnisse vor 1530

Dies alles wirkte zusammen, um zur Stunde des Bekenntnisses zu führen. Der *große* und der *kleine Katechismus Luthers* (1529) waren nach Melanchthons »*Loci communes*« ein erster Ansatz. Der »kleine Katechismus« diente bei den nunmehr durch Melanchthon eingeführten *Visitationen* und sonderlich im Unterricht der Schulen. Er ist bis heute das volkstümlichste Bekenntnis der Kirche Luthers und hat auch durch seine Beibehaltung die Union des 19. Jahrhunderts davor bewahrt, zu einer Sonderkirche zu werden.

Zwischen den 10 Geboten und den beiden Sakramenten steht im Katechismus das Glaubensbekenntnis und in ihm die kostbare Erklärung des zweiten Artikels – »*Der mich verlorenen und verdammten Menschen erlöst hat –!*«

Das Augsburger Bekenntnis

Bedeutsamer noch für die politische Lage ist die *Confessio Augustana* (1530) als das grundlegende Bekenntnis der Reformation. Noch einmal wie in Worms stand im Mittelpunkt eines deutschen Reichstages – Augsburg im Sommer 1530 – die Glaubensfrage zur Verhandlung. An jenem denkwürdigen 25. Juni 1530 hatte Karl V. zu entscheiden, ob er sein Reich und allen seinen Willen wirklich dransetzen wollte, die Sache Luthers zu bekämpfen. Als strenger Katholik hoffte er durch zähes Bemühen, sowohl der protestantischen Opposition Herr zu werden, als auch über den Papst und dessen politische Ziele zu siegen. Als ein zweiter Schirmherr der gesamten Christenheit glaubte er, wie einst sein großer Namensvorgänger, des alten Kaisertuns Glanz erneuern zu können. Clemens VII. hatte Karl V. im Februar 1530 mit der lombardischen und mit der Kaiserkrone gekrönt. Er hatte Frieden mit Franz I. von Frankreich in Cambrai geschlossen und war nun nach längerer Abwesenheit wieder in Deutschland. Da trat ihm das Bekenntnis von Augsburg entgegen – anders als es die Römischen erwartet hatten und dennoch wirksamer in der Folge, als es selbst die Freunde zu hoffen wagten.

Melanchthon (eigentl. Schwarzerd), **Philipp**

geb. zu Bretten in der Pfalz am 16.2.1497 als Sohn eines angesehenen Waffenschmiedes. Seine Erziehung vollzog sich unter den Augen seines Großonkels, des Humanisten **Reuchlin.** Er besucht die Lateinschule in Pforzheim. 1509 bezieht er die Universität Heidelberg, wo er sich mit **Joh. Brenz** und **Martin Bucer** befreundet; 1514 schließt er das Studium mit dem Magister in Tübingen ab. Seit diesem Jahr steht er unter dem Einfluß des Erasmus. 1518 wird er nach Wittenberg als Professor für Hebräisch und Griechisch berufen. Die Zahl der Studenten schnellt auf das Zehnfache. (Luther: »**Er hat seinen Lehrsaal gestopft voll.**«) Ein Jahr später holt ihn Luther an die Theologische Fakultät. Nun steht er an der Seite Luthers im Ringen um die Reformation. Er beteiligt sich an der Leipziger Disputation gegen Eck, schreibt 1521 die berühmten »Loci communes«, seine Glaubenslehre, richtet im eigenen Hause eine Privatschule ein für alte Sprachen, Geschichte, Geographie, Naturkunde. »**Die Kirche ist bisher von den Sprachen und damit von der Wissenschaft verlassen gewesen und hat darum die rechte Frömmigkeit eingebüßt und Menschensatzung statt Gottes Gebot eingetauscht. Wenn wir unseren Geist zu den Quellen lenken, so lernen wir Christum verstehen.**« Philipp von Hessen ruft ihn nach Marburg, wo er die erste Hochschule nach Wittenberger Muster einrichtet. Heinrich VIII. von England bemüht sich um ihn. Seine erfolgreiche Arbeit im Bildungswesen machen auch katholische Fürsten auf ihn aufmerksam: der Erzbischof von Köln, Franz I. von Frankreich rufen ihn.

Das **Augsburgische Bekenntnis** trägt seine Handschrift. 1536 folgt mit der »**Wittenberger Konkordie**« der Einigungsversuch zwischen Wittenberg und Bucer. Melanchthon nimmt an den Religionsgesprächen in Marburg (1529), Leipzig (1534), Hagenau (1540), Worms (1542) und Regensburg (1541, 1545, 1546) teil (»Ich lebe auf Konferenzen und muß auf ihnen noch sterben«). Nach Luthers Tod flieht Melanchthon mit Luthers Witwe und seiner Familie vor dem Zugriff des Kaisers im »Schmalkaldischen Krieg«, kann aber nach Wittenberg zurückkehren, wo er 1560 stirbt.

Melanchthon hat an die 700 Druckschriften verfaßt. Er wurde wegen seiner vermittelnden Bemühungen oft mißverstanden. Im Blick auf den nahen Tod schreibt er: **»Du wirst frei von Sünde, Mühsal und der Wut der Theologen.«**

Philipp Melanchthon 1497-1560

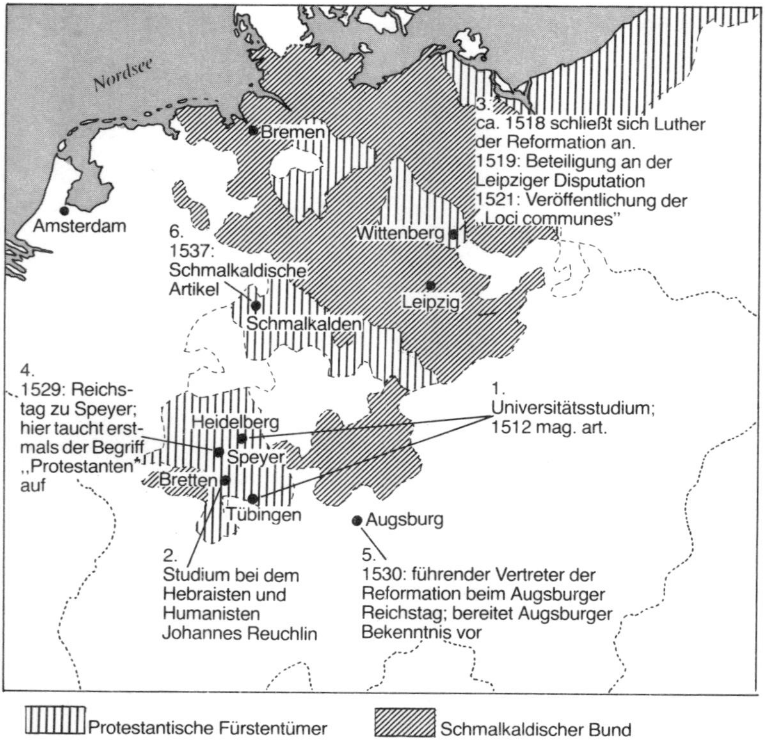

Nicht Luther, sondern *Melanchthon* trägt die Verantwortung für dieses Dokument, obwohl es der sorgende Freund von der Coburg aus nicht an ernsten Mahnungen fehlen ließ. Er konnte ja als Gebannter und in der Reichsacht Befindlicher nur brieflich an den Verhandlungen teilnehmen.

Im ersten Teil der Confessio, an der Luthers Mitkämpfer, die Juristen und Theologen, Jonas, Spalatin und Agricola mitgearbeitet haben, wird die breite Basis in der Einheit mit Rom bezeugt. *Das apostolische Bekenntnis zu Christus sollte keinen Widerspruch ergeben.* Um so unmißverständlicher deckt der zweite Teil die Gegensätze auf. *Was hier von Glaube und Wort, vom neuen Gehorsam und von der Kirche gesagt ist, läßt keine Vermittlung zu.* Das hat Melanchthon in seiner »*Apologie*« (latein. Ausgabe Mai 1531, deutsche Übersetzung im Herbst 1531), die Antwort auf die katholische Gegenschrift »*Confutatio*«, noch einmal klar bekannt. Daß es nicht ohne Anfechtung für ihn geschah, kann man aus Luthers Seelsorgebriefen an ihn erkennen:

> »Das Ende und der Ausgang der Sache zermartert Euch darum, daß Ihr's nicht begreifen könnt. Aber wenn Ihr es begreifen könntet, so wollte ich an der Sache nicht teilhaben und noch viel weniger ihr ›Haupt‹ sein. Gott hat sie unter einen Gesichtspunkt gestellt, den Ihr in Eurer Rhetorika nicht findet, auch nicht in Eurer Philosophia, und der heißt Glauben, unter dem alle Dinge stehen, die unsichtbar sind und nicht scheinen, Hebr. 11,1.3.«

Und dennoch wird man urteilen müssen: Eben diesen Kampf zwischen Glauben und Geschichtsgebundenheit mußte Melanchthon durchkämpfen. Die *Augustana* ist kein würdeloses Bekenntnis, sie gibt die Ehre der neuen Überzeugung nicht preis, aber sie sucht noch einmal bis zur äußersten Grenze das Ohr der anderen Seite zu finden.

3. Katholische und evangelische Bündnisse. Entspannungsversuche

Bucer, Martin 1491–1551

Priester, 1518 bei der Heidelberger Disputation für Luther gewonnen. Teilhaber an der hessischen Reformation.
1529 Pfarrer an St. Thomas in Straßburg. Besucht 1530 Luther auf der Veste Coburg, um die oberdeutschen Protestanten mit Luther zusammenzuführen.
1536 Konvent oberdeutscher und Wittenberger Theologen in Wittenberg; Wittenberger Konkordie.
1538 Schrift **»Von der wahren Seelsorge und vom rechten Hirtendienst«**.
1549 wegen des Interims nach England. Professor in Cambridge.

Die Frage nach dem Recht der konfessionellen Bündnisse

Man war jedoch inzwischen auf der römischen Seite hellhörig geworden und ließ sich auf keinerlei Verhandlungen ein. Die schroffe Antwort Ecks und auch die Zurückweisung der beiden anderen Bekenntnisse, Zwinglis »Fidei ratio ad Carolum imperatorem«, und das der oberdeutschen Städte, Bucers »Confessio Tetrapolitana«, sind das entschlossene kaiserliche Nein. In gefährlicher Spannung stehen sich seitdem in den folgenden Jahren die nun gebildeten katholischen und evangelischen Bünde gegenüber. Je mehr der Gedanke an ein Konzil sich als aussichtslos erwies, um so näher rückte der Religionskrieg. Die Straßburger um Bucer waren dazu schon länger bereit, und die im *Schmalkaldischen Bund* (am 27.2.1531 geschlossen) vereinten deutschen Fürsten und Städte sahen dem Kaiser gegenüber keinen anderen Weg, als sich durch ein solches Trutzbündnis zu schützen. Daß man im gemeinsamen Gegensatz zu Habsburg neben Frankreich und England auch die katholischen Bayernherzöge in die Reihen der Schmalkaldener aufnahm, erweist wohl die Größe des Kampfes, der Europa umspannte, aber auch die Preisgabe der Glaubensbasis des Bundes. Weiter noch drängten die Juristen, indem sie das Recht der Landesfürsten über das des Kaisers setzten, da er nur durch Wahl, nicht erblich zu seiner Würde gelangt sei.

Luthers Ja zur Möglichkeit des Krieges

Gegen diesen Lauf der Dinge haben sich Luther und seine theologischen Freunde zunächst auf das schärfste gewehrt. Wie er den Weg Zwinglis ablehnte, so auch diese Entscheidung der Fürsten. Dennoch mußte er sich überzeugen lassen, daß zwischen dem Kaiser im alten Rom und dem Wahlkaiser seiner Zeit ein grundsätzlicher Unterschied bestehe: *»Die Stände regieren mit dem Kaiser, und der Kaiser ist kein Monarch.«* In wachsendem Maße erkannte der Reformator, *daß sich die habsburgischen und katholischen Ziele Karls durchaus nicht trennen ließen.* Darum ist es nicht zu beanstanden, wenn sich die evangelische Gruppe gegen eine Obrigkeit schützt, sobald diese in das Lebensgefüge ihres Landes eingreift. *»Sie – unsere Gegner – hoffen, daß man sich nicht wehren werde; wollen sie aber Ritter werden an der Unseren Blut, so sollen sie es mit Gefahr und Blut werden.«* Mit diesem Urteil hat Luther es bezeugt, daß er mit der Möglichkeit einer kriegerischen Auseinandersetzung rechnete. Den Unterschied zu Zwingli hielt er aber gleichwohl fest. Nicht er war verantwortlich für diesen Bund, sondern die politischen Stellen.

Die vorläufige Duldung der Evangelischen im »Nürnberger Anstand«

Wie nach Worms, so warf ihn auch jetzt der Gang der Ereignisse in die noch größere Stille. Weil es Stille am Wort war, bedeutete dieser Rückzug keine Schwächung, sondern Stärkung seines Dienstes. Wie der Herr der Kirche auch durch die Fürsten seiner Kirche Hilfe zuteil werden ließ, das blieb seiner Macht vorbehalten. Ihn sah Luther auch als Herrn über den Kaiser, der nun wieder fast zehn Jahre von Deutschland fern sein mußte, um mit den Türken und Franzosen zu streiten. Nicht durch, aber auch nicht ohne den Schmalkaldischen Bund war es gekommen, *daß* sich *Karl* zu einer neuen Zwischenlösung entschließen mußte, indem er *durch den »Nürnberger Anstand«* (Waffenstillstand, 1532) *die Duldung der evangelischen Sache aussprach*. Er folgte damit nicht seiner katholischen, wohl aber seiner politischen Einsicht. Trotz des kaiserlichen Nein empfing das *Augsburger Bekenntnis* nachträglich seine Würdigung. Es wurde der Sammelpunkt aller im Schmalkaldischen Bund vereinigten Evangelischen. Es diente auch den beiden hinzukommenden Kirchen Württembergs und Pommerns als Signal. Brenz wie Bugenhagen standen treu zur Lehre Luthers.

Jetzt versuchte auch Martin Bucer in Straßburg seine Oberdeutschen mit den Wittenbergern zu vereinen. Zur »Wittenberger Konkordie« kam es jedoch nicht. Das ist auch für Luther ein Schmerz gewesen.

Dagegen eine Freude muß es für ihn gewesen sein, daß die vollständige Bibel in seiner Übersetzung im Jahre 1534 erscheinen konnte.

4. Kämpfe und Krisen

Luthers Bekenntnis zu Schmalkalden (1537)

Man sprach damals von einem Konzil, das in Mantua stattfinden sollte. Die in Schmalkalden Versammelten lehnten eine Teilnahme ab, da es zu keiner freien Aussprache kommen würde. Damals schrieb Luther, der, schwer erkrankt, nicht am Konvent teilnehmen konnte, sein eigenes, nicht von Melanchthons Milde bestimmtes Bekenntnis, seine »*Schmalkaldischen Artikel*« (1538 veröffentlicht). Wie ein Posaunenstoß wirken die scharfen Sätze. Hier hat der Reformator wider den Papst und sein ganzes System das unwiderrufliche Nein gesagt: »*Das Papsttum ist nicht iure divino* (göttlichen Rechts) *oder aus Gottes Wort das Haupt der ganzen Christenheit. Das gehört allein dem zu, der heißt Jesus Christus*« (14).

In diesen Artikeln hat Luther den Schlußstrich gezogen, um jeder Vermittlung mit dem römischen Sauerteig zu wehren. Der Stoß geht gegen Aristoteles und seine ethische Zuversicht zum Menschen. Diese ist schuld an der falschen Bußlehre mit ihrer Ungewißheit. Ebenso klar wird auch das Papsttum selbst getroffen:

»Denn das Papsttum auch eitel Enthusiasmus ist, darin der Papst rühmet, ›alle Rechte sind im Schrein seines Herzens . . .‹ Das ist der alte Teufel und alte Schlange, der Adam und Eva auch zu Enthusiasten machte, vom äußerlichen Wort Gottes auf Geisterei und eigenen Dünkel führt . . . gleichwie auch unsere Enthusiasten das äußerliche Wort verdammen und doch sie selbst nicht schweigen.« (Von der Beichte. Bekenntnisse der ev. Kirche I 453).

Melanchthons Stellung zur Obrigkeit des Papstes

Der Sache nach in gleicher Schärfe hat sich – angesichts der zur Vermittlung drängenden Gefahr – bei den Religionsgesprächen Melanchthon ausgedrückt in seinem Traktat »*Von der Gewalt und Obrigkeit des Papstes*«. Dieses Bekenntnis, das später in die Sammlung der lutherischen Bekenntnisschriften aufgenommen wurde, sagt es mit freiem Mut:

»Darum, weil doch die verordneten Bischöfe das Evangelium verfolgen und tüchtige Personen zu ordinieren sich weigern, hat eine jegliche Kirche in diesem Falle gut Fug und Recht, sich selbst Kirchendiener zu ordinieren. Denn wo die Kirche ist, da ist jeder Befehl, das Evangelium zu predigen. Darum müssen die Kirchen die Gewalt behalten, daß sie Kirchendiener fordern, wählen und ordinieren« (a.a.O. I 491).

Das Konzil kommt nicht zustande. Weitere Länder öffnen sich der Reformation

Das für Mantua geplante Konzil kam unter so klaren Gegensätzen nicht zustande. Wie eine Antwort, sich auf keine Verhandlung einzulassen, erschien der Übertritt des Herzogstums *Sachsen* nach dem Tod Herzog Georgs und des Kurfürstentums *Brandenburg* unter Joachim II. zur Lehre Luthers im Jahre 1539. Inzwischen hatte sich auch die Kirche von England von Rom gelöst (1534), und in dem damals mächtigen Dänemark war die Reformation durchgeführt worden (1536). Württemberg und Pommern waren protestantisch geworden.

Das fünfte Jahrzehnt bricht an. Politische Notwendigkeiten drängen auch jetzt zu wiederholten Religionsgesprächen mit den Katholiken, an denen Melanchthon teilnimmt: 1540 Hagenau, 1540/41 Worms, 1541 Regensburg (endet mit Vergleich). Politik *oder* Bekenntnis lautet nun die Parole des Protestantismus. Ernst warnt der altgewordene Wächter von Wittenberg.

Ein Zwischenfall: Philipp von Hessens Doppelehe

Da trifft durch Philipp von Hessens Doppelehe 1540 die evangelische Sache ein schwerer Schlag. Der Fürst will seine Landgrafenwürde nicht verlieren, aber dafür die Führung des Schmalkaldischen Bundes aufgeben, um mit dem Kaiser einig zu werden. Das Reichsgesetz kannte bei Bigamie keine Gnade. In dieser Not haben die Reformatoren in einem geheimen Beichtrat Philipps Doppelehe gebilligt, indem sie an die Ehen der Erzväter dachten. Sie wollten den Landgrafen politisch retten, verloren aber dabei den wirklichen Einfluß als Seelsorger.

So schied der führende Mann der evangelischen Sache, soweit sie den Fürsten übergeben war, zunächst aus. Als nun noch dazu Herzog Moritz von Sachsen, Philipps Schwiegersohn, zu Karl V. trat und der brandenburgische Kurfürst Joachim II. seine Neutralität erklärte, lag es über den Schmalkaldenern wie ein schwerer Alpdruck. Was halfen Neuerwerbungen wie die der *Pfalz*, wenn jetzt der Kaiser als Sieger über die Franzosen – mit Hilfe der protestantischen Stände – und nach dem Waffenstillstand mit den Türken zum Schlage gegen den Protestantismus ausholte und durch Papst Paul III. das *Konzil zu Trient* zusammenrufen ließ (1545)! Ganz offenbar hatte das Bündnis zwischen Kaiser und Papst keinen anderen Sinn, als die reformatorische Bewegung nunmehr mit allen Mitteln zu vernichten, vor allem durch Waffengewalt. In der Erkenntnis dieser Absichten lehnten die Evangelischen die Beschickung des Konzils ab.

Der Kölner Erzbischof Graf Hermann von Wied, der 1542 Bucer und 1543 Melanchthon nach Köln gerufen hatte, wurde durch die nun wieder wachsende katholische Reaktion 1546 verdrängt. Er starb 1552 als Protestant in Wied.

5. Luthers Tod

Es sah dunkel aus, als Luther in seinem Geburtsort Eisleben, wo er zur Versöhnung der Grafen von Mansfeld seine letzte Kraft eingesetzt hatte, am 18. Februar 1546 starb.

Den Vermittlern gegenüber hatte er alle Verhandlungen mit Rom, auch die vergeblichen Religionsgespräche Melanchthons, als Torheit abgewiesen. Daß es mit dem Papsttum keinen Frieden gab, stand ihm außer Zweifel. Mit einer sich steigernden Schärfe hat er das bis zuletzt zum Ausdruck gebracht. Hier lag sein Lebenskampf.

Dann aber wandte er sich weiterer Sicht zu. Wittenberg bot ihm Anschauung genug, um mit tiefem Schmerz zu sehen, wie auch die Kirche der Reformation eine arme, geringe Magd blieb. Er sollte bis zuletzt nicht an sein Werk glauben, sondern an Christus allein. Er schrieb drei Tage vor seinem Tod zu der Stelle Joh. 8,51 »So jemand mein Wort wird halten, der wird den Tod nicht sehen ewiglich«:

> »Wie unglaublich ist das doch geredet! Dennoch ist es die Wahrheit. Wenn ein Mensch mit Ernst Gottes Wort betrachtet, ihm glaubt und darüber einschläft und stirbt, so stirbt und fährt er dahin, ehe er sich des Todes versieht, und ist gewiß selig im Wort, das er also geglaubt, von hinnen gefahren. Himmlischer Vater, ob ich gleich diesen Leib lassen und aus diesem Leben herausgerissen werden muß, so weiß ich doch gewiß, daß ich bei Dir ewig bleiben und aus Deinen Händen mich niemand reißen kann.«

Die letzte Zeile aber, mit der er seinen Hunger dem Wort bezeugte, fand sich auf einem Blatt neben seinem Sterbebett: *»Wir sind Bettler, das ist wahr!«*

Überblickte er sein Leben, so konnte er nichts anderes bekennen, als daß es Führung Gottes war, die den blinden Gaul durch großen Wirrwarr hindurchgebracht hatte. Und ging es dabei in immer härteres Sterben – er wußte, daß es kein anderes Leben gibt als durch die Theologie des Kreuzes. Ihrer wurde er durch die Vergebung immer neu gewiß. Sie hob ihn, wie Karl Holl mit Recht erkannt hat, über die Selbstverwerfung des Mönches und die Selbstüberschätzung des Menschen der Renaissance hinaus eben dahin, wo einer, der nichts ist, sich törlich dennoch in Christus zu rühmen vermag*. Von dieser Warte her war es ihm durchaus nicht unwahrscheinlich, daß das jetzt durch Deutschland laufende Evangelium auch eines Tages wie ein fahrender Platzregen wieder weiterziehen könne. Dafür sind ihm Griechenland und Rom Zeugen. Denn er glaubte nicht an die Gestalt der protestantischen Kirche, ihm lag nur daran, daß Christi ewiges und zur Ewigkeit hinzielendes Reich darin wirksam blieb.

6. Bis zum Augsburger Religionsfrieden (1555)

Sieg und Niederlage Karl V. und das Interim

In kurzen Strichen noch der Weg bis zum Augsburger Religionsfrieden: Die Niederlage der Schmalkaldener bei Mühlberg auf der Lochauer Heide (1547)

* K. Holl, Luthers Urteile über sich selbst Bd. I 6

ist schmerzlich, um so mehr, als Philipp, gegen sein dem Kaiser gegebenes Versprechen, nicht auf evangelischer Seite zu stehen, als Mitkämpfer gefangen wird, zusammen mit dem sächsischen Kurfürsten Johann Friedrich.

Es folgt das *Augsburger Interim* (1548), der politisch kluge Versuch des Kaisers, durch ein vermittelndes Bekenntnis beiden Konfessionen Genüge zu tun, eine Zeit namenloser Schwäche und innerer Not auf evangelischer Seite.

Da aber geschieht das völlig Unerwartete: Kurfürst Moritz von Sachsen, von seinen enttäuschten Untertanen »Judas von Meißen« genannt, wendet sich plötzlich gegen Karl, beraubt ihn seiner sämtlichen Erfolge durch die Überrumpelung in Innsbruck (1552). Karl kann mit knapper Not fliehen. Auf die Zwischenlösung im *Passauer Vertrag* (1552) folgt auf dem von Karl einberufenen Reichstag der *Augsburger Religionsfriede* (1555), den Karls Nachfolger im Kaiseramt, sein Bruder *Ferdinand*, zum Abschluß bringt. Fünfundzwanzig Jahre nach der Augustana kommt nun in der gleichen Stadt die deutsche Reformation zur kaiserlichen Anerkennung. Aber der Schutz der Augsburger »Konfessionsverwandten« bedeutet noch keine allgemeine Glaubensfreiheit. Sie kann nur durch die Landesherren bestimmt sein. Ihrem Bekenntnis haben die Untertanen zu gehorchen, wenn sie es nicht vorziehen, auszuwandern, *cuius regio, eius religio*, »wessen die Herrschaft, dessen Religion«, ist maßgebend. Man hofft, die konfessionellen Grenzen vor weiteren Verschiebungen zu bewahren. Dies soll namentlich durch den sogenannten »geistlichen Vorbehalt« *(reservatum ecclesiasticum)* geschehen. Er verhindert, daß sich geistliche Fürstentümer der neuen Kirche öffnen.

Den Namen eines wirklichen Friedens verträgt das Dokument von Augsburg also nicht. *Es hat den Dreißigjährigen Krieg nicht verhindert, sondern letzten Endes hervorgerufen.* Es atmet einen juristischen Geist, der dem Wesen der Kirche nicht gerecht wird. Wohl war man auf beiden Seiten des Kämpfens müde und wollte um jeden Preis im Frieden miteinander leben. Aber vom Verständnis beider Kirchen her bedeutete der Friedensschluß einen unerträglichen Kompromiß. Wie konnte Rom seinen universalen Anspruch aufgeben? Wie konnte Luthers Kirche sich solchen Grenzen fügen! Die Geschichte der Reformation, die mit dem innersten Ringen eines einsamen Mönches begonnen und zur Höhe des Augsburger Bekenntnisses geführt hatte, endet für Deutschland mit den Formeln, die zuerst als Erleichterung, sehr bald aber als bedrückend empfunden werden. Die politischen Kräfte erwiesen sich in diesem Augenblick als mächtiger.

Schon sah Karl in diesen Tagen durch die Ehe seines Sohnes Philipp mit Königin Maria von England eine neue, alles Bisherige überbietende Umklammerung Frankreichs und des evangelischen Deutschlands.

Inzwischen ist im französisch sprechenden Gebiet der Schweiz eine Reformation eigenen Gepräges entstanden: Bevor noch die Gegenreformation ihren Angriff unternimmt, wird das Genf Calvins das Arsenal des Protestantismus; es ist sich seiner Sendung gewiß und dringt bis tief in die Gefüge des Habsburgischen Weltreichs ein.

Literatur:

W. Elert, Morphologie des Luthertums, 1952
G. Ellinger, Melanchthon, 1902
W. Neuser, Der Ansatz der Theologie Melanchthons, 1957
H. E. Weber, Reformation, Orthodoxie und Rationalismus, 1937/40
F. W. Kantzenbach, Die Reformation in Deutschland und Europa, 1965
Die Bekenntnisse der Kirche, 1970

Die Bekenntnisschriften des 16. Jahrhunderts

A. Lutherische Bekenntnisse

1. Das Augsburgische Bekenntnis 1530 (Confessio Augustana = CA)
2. Apologie des Augsburgischen Bekenntnisses 1531 (Apologia Confessionis = AC)
3. Der Kleine Katechismus Luthers und der große Katechismus 1529
4. Die Schmalkaldischen Artikel Luthers 1537
5. Konkordienwerk und Konkordienformel 1580

B. Reformierte Bekenntnisse

1. Die Berner Thesen von 1528
2. Das Hugenottenbekenntnis von 1559 (Confessio Gallicana)
3. Der Heidelberger Katechismus von 1563
4. Das zweite Helvetische Bekenntnis von 1566 (Confessio Helvetica Posterior)
5. Das Westminster-Bekenntnis von 1647

C. Das Bekenntnis der anglikanischen Kirche

Die 39 Artikel von 1571

D. Der nachreformatorische Reformkatholizismus

1. Die Entscheidung von Trient über Schrift und Tradition (4. Sitzung 1546)
2. Die Rechtfertigungslehre von Trient (6. Sitzung 1547)
3. Das Bekenntnis des Tridentinischen Glaubens von 1564 (Professio Fidei Tridentina)

26. Kapitel

Jean Calvin

Calvin, Jean 10.7.1509–27.5.1564, geb. in Noyon (Picardie)

In Paris juristisch-humanistisch gebildet. Studium der Kirchenväter (Augustin u.a.), besond. evangelische Einflüsse in Paris.
1535 Flucht über Straßburg nach Basel.
1536 **Die »Institutio Religionis Christianae«** – Calvins Hauptwerk
1536 Erste Wirksamkeit in Genf. 1538 mit Farel zusammen ausgewiesen.
1541 nach dem Straßburger Lehramt nach Genf zurückberufen. Kirchenordnung.
1553 Hinrichtung Servets.
Weite Wirkung: Schweiz, Niederrhein, Holland und Frankreich.

1. Calvins Werdegang

Nur spärlich fließen die Quellen über die Jugendzeit Jean Calvins. Wie Luther entstammt er einer in schnellem Aufstieg begriffenen Familie. Der Vater, der bischöfliche Kanzleisekretär in Noyon (Picardie), ein kritischer Geist, will seinem begabten Sohn den Weg zum aussichtsreichsten Studium, dem der Rechtswissenschaft, erschließen, nachdem Jean zunächst die geistliche Laufbahn einschlägt. Nun studiert er in Orleans, Bourge und Paris Jura. Calvins scharfes Denken ist durch diese abgeschlossene Bildung wesentlich beeinflußt worden. Dann aber wendet sich der junge Student in Paris mit ganzem Eifer dem Humanismus zu. Der aus Rottweil stammende evangelisch eingestellte *Melchior Volmer* führt ihn in die griechische Sprache ein. Ein Kommentar zu Senecas *»Über die Milde«* ist das bedeutsame Erstlingswerk des Dreiundzwanzigjährigen (1532).

Es blieb nicht aus, daß das reformatorische Geschehen seine Wellen nach Frankreich warf. Die Schriften Luthers und Zwinglis wurden in der akademischen Welt in Paris eifrig gelesen. Parallel dazu verläuft die bibelwissenschaftliche Arbeit des Gelehrten *Faber Stapulensis* (oder *Lefèvre d'Etaples*, †1536), und die eifrige Missionstätigkeit des redegewaltigen *Guillamne Farel* (†1565), der zwischen Frankreich, der Schweiz und Deutschland hin- und herpendelt und 1524 die erste französische evangelische Dogmatik herausgibt.

Calvin nahm vorsichtig tastend an der evangelischen Bewegung teil. Bevor es zu einer öffentlichen Lösung von der römischen Kirche kam, verließ er mit seinem Freund *du Tillets* 1535 seine Heimat für immer. Er hat sie später von Genf aus nicht vergessen. Aber das Schicksal der französischen Reformation war durch seine Ausweisung wesentlich bestimmt.

Es ist bis heute nicht ganz deutlich geworden, wann die evangelische Stunde im Leben Calvins schlug, ob schon 1527/28 oder erst beim Abschluß seiner Studien 1533. Er hat aus diesem Erlebnis, auch darin Luther ähnlich, kein Aufhebens gemacht. Der Anfang entspricht dem Ende, als er befahl, seine Grabstätte nicht näher zu bezeichnen. Nur in der Vorrede zum Psalmenkommentar von 1557 hat er sich in kurzen Worten folgendermaßen geäußert:

> »Gott gab endlich durch den geheimen Zügel seiner Vorsehung meinem Lauf eine andere Richtung. Und zwar hat er zuerst, da ich dem abergläubischen Wesen des Papsttums hartnäckiger ergeben war, als daß es leicht gewesen wäre, mich aus so tiefem Schmutz herauszuziehen, meine Seele, die sich für ihr Alter allzu sehr verhärtet hatte, durch eine plötzliche Bekehrung zur Gelehrigkeit unterworfen. Nachdem ich so ein gewisses Verständnis einer wahren Frömmigkeit empfangen hatte, entbrannte ich, im Eifer fortzufahren, so sehr, daß ich die übrigen Studien zwar nicht ganz aufgab, aber nur kühler fortsetzte. Und noch war das Jahr nicht um, als alle, die nach der reinen Lehre verlangten, zu mir, dem Neuling und Anfänger, kamen, um von mir zu lernen.«

Auch wenn man den Stil des alten Calvin in der starken Betonung der Lehre und ihrer Reinheit deutlich erkennt, dies Wort von der »plötzlichen Bekehrung« bezeugt, daß er niemand anderem diesen Bruch in seinem Leben zuschrieb als Gott selbst.

2. *Der »Unterricht in der Christlichen Lehre«: Die Institutio Religionis Christianae*

Über Straßburg, die Schirmstätte aller Verfolgten, kam Calvin nach Basel, wo er unter dem Namen Martinus Lucanius lebte. Hier veröffentlichte er 1536 das Werk, das ihn berühmt gemacht hat: Die »Institutio Religionis Christianae«. Bis zuletzt hat er an diesem Buch gearbeitet. Es ist als Glaubenslehre das Vermächtnis für seine Kirche geworden. Erstaunlich, daß ein an Jahren und im Glauben so junger Mensch ohne besonderen theologischen Bildungsgang ein derartiges Buch schrieb. Mit systematischer Kraft verbindet er den Blick für die Praxis der Kirche.

Die Gestaltung der Gemeinde

In vier Gruppen faßt Calvin das Bekenntnis der Kirche zusammen: *Von der Schöpfung, von der Erlösung, von der Heilsaneignung* und ihren Früchten und Wirkungen und endlich *von den äußeren Mitteln,* durch die uns Gott zu Christi Gemeinschaft beruft und in ihr erhält: Im Wort und Sakrament.

Die Einheit der Schrift – AT und NT – ist Calvins besonderes Anliegen. Das Bilderverbot begründet er aus dem Gesetz Moses. Von der Schöpfung her wird der Lobpreis und die Ehre Gottes das Leitmotiv des Ganzen. Diesem Gott mit der Hingabe seines Lebens zu dienen, wird sein Grundanliegen. Von hier aus wird der Einsatz in der Welt zur wirtschaftlichen, sozialen Verbesserung eine Pflicht. Man wird hier die Unterschiede zu Luther nicht übersehen dürfen. Das gilt vor allem für die Gestaltung der Gemeinde nach dem Straßburger Vorbild durch Bucer. Ihrer Zucht dienen die vier Ämter: Lehrer, Pastor, Diakon und Presbyter. Die Triebkraft zu alledem liegt in der Gewißheit, von Gott zu diesem Beruf bestimmt zu sein. Dieser praedestinatianische Glaube hat sich in den Verfolgungszeiten als mächtiger Halt erwiesen.

Wilhelm Farel, 1489–1565

Studiert bei Faber Stapulensis in Paris, der ihn zum Bibelstudium anregt. 1521 bricht Farel mit der römischen Kirche und flieht nach Basel zu Ökolampad. Dort wird er im Streit mit Erasmus ausgewiesen. In Montbeliard, (damals württembergische) Grafschaft am Rhein-Rhonekanal, verfaßt er die reformatorische Dogmatik **»Sommaire«**. Nach der Berner Disputation 1528 erhält er den Auftrag, die Westschweiz zu reformieren mit den Schwerpunkten Genf und Neuenburg. Er hält Calvin in Genf fest (1536). Farel war ein einflußreicher Missionar und begabter Prediger.

3. Der Anfang in Genf (1536–1538)

Als ihn sein Weg wider Willen – Krieg zwang ihn zu einem Umweg – zum ersten Mal nach Genf führt, von wo er gleich nach Straßburg weiterreisen wollte, um dort das Werk der Reformation zur Durchführung zu bringen, hielt ihn Farel in Genf fest. Farel beschwört ihn, hier seine in der *Institutio* niedergelegten Sätze über den Neubau der Kirche in die Tat umzusetzen (1536). Der Katechismus *Confession de foi* (1536) soll den Glaubensgrund legen.

Calvin fand jene eigentümliche Zwitterlage vor, die durch den Ratsbeschluß des Jahres 1535 entstanden war. Danach sollten sich die katholischen Genfer, die Männer der Freiheit und der Lebenslust, dem evangelischen Glauben unterwerfen. Politisch hielten sie den Protestantismus für den rettenden Griff, um von dem Bischof Sadolet, der zugleich Herzog von Savoyen war, loszukommen. Die Unabhängigkeit der Stadt schien die religiöse Wendung zu rechtfertigen. Aber wenn auch die Genfer im ersten Sturm der Begeisterung bereit waren, die durch Calvin und Farel dem Rat der Stadt vorgelegte Kirchenordnung zu beschwören, in Wirklichkeit blieb der alte Geist bestehen. Den Reformatoren aber lag es dringend daran, biblische Zucht einzuführen. Calvin dachte nicht daran, die Kirche auf die Verwaltung von Wort und Sakrament zu beschränken. Entweder gelang es, zu einer Lebensordnung bekennender Christen vorzudringen – oder die *Institutio* mit ihren sorgsamen Anweisungen blieb ein theoretischer Versuch. Wie Zwingli einst in Zürich den Rat der Stadt zum energischen Helfer hatte, so fanden nun hier die beiden Reformatoren im Stadtkollegium die Unterstützung ihres Reformwillens.

4. Ausgewiesen aus Genf (1538). Jahre der Besinnung

Es ist für Calvin eine bitterschwere Erfahrung geworden, daß ihm nach kaum zwei Jahren das Amt in Genf zur Unmöglichkeit gemacht wurde. Gegen die Kirchenordnung, gegen die das persönliche Leben streng bestimmende Zucht, ballte sich ein wachsender Widerstand zusammen. Als sich Farel und Calvin bei der Osterkommunion weigerten, »Unwürdigen« das Abendmahl zu geben, gab der Rat dem Verlangen, Calvin und Farel auszuweisen schließlich nach. Als der Vertriebene im neuen, befriedigenden Lehr- und Verkündigungsdienst in Straßburg über die hinter ihm liegenden stürmischen Ereignisse nachdachte, erkannte er wohl manchen taktischen und persönlichen Fehler. In seiner Grundhaltung aber blieb er unverändert. Und hier ist wohl der Punkt, um eindeutig zu erkennen, in welchem Maße der *Erwählungsgedanke* das Denken und Handeln des Reformators bestimmte.

Er hat ihn bekanntlich stärker als Luther in der doppelten Form vorgetragen, indem er von den Geretteten *und den Verworfenen* sprach. Damit verband sich sogleich sein *Kirchenbegriff*. Er stellte ihn nicht nur auf die kirchengründenden Mittel des Wortes und Sakramentes, sondern *auch auf die Schar der Erwählten*. Wohl kennt sie im Grunde nur Gott, wir aber müssen alles tun, um die bekennende Gemeinde der Glaubenden zu sammeln, die von der Welt geschieden ist. Die Lehre von der *Prädestination,* die jedes menschliche Verdienst ausschließt, die nur dem Ruhm der voraussetzungslosen und unumschränkten Gnade dienen will, wird bei Calvin in keiner Weise zum Ruhekissen. Im Gegenteil, sie ist zum stärksten Antrieb des Handelns geworden.

Das Bild der Kirche

In diesen Anschauungen, wie sie in der ersten Ausgabe der *Institutio* schon niedergelegt sind, ist Calvin durch seinen Straßburger Aufenthalt 1538–1541 nur gestärkt worden. Es ist nun für den innersten Glaubensernst Calvins entscheidend, daß er auch nach den negativen Erfahrungen in Genf unbeirrt an diesem Bild der Kirche festhielt. Es hieße aber zu kurz und zu klein urteilen, wollte man ihn bezichtigen, die Kirchenordnung nur zu einem gesetzlichen Mittel benutzt zu haben. Gerade *durch die endgeschichtliche Abzweckung seines ganzens Handelns suchte er die Linie des Gesetzes zu überwinden. Er war ergriffen von der Gewalt des kommenden Reiches und suchte ihm hier auf Erden in der Gemeinde die Bahn zu bereiten.* Wieweit die moralische, die zur Heuchelei und Verflachung führende Gefahr bei diesem Ansatz vermieden wird, muß der zweite Teil der Lebensarbeit Calvins zeigen. Dabei wird dann auch ein Vergleich mit Luthers Kirchenbegriff am Platz sein.

5. Neuanfang in Genf: Kirchenordnung und Sieg über die Gegner

Die Freundschaft mit Melanchthon

Von Straßburg aus nahm Calvin als Bucers Mitarbeiter regen Anteil an den von 1539–1541 stattfindenden, allerdings vergeblichen Religionsgesprächen, die in Hagenau, Worms, Regensburg unternommen wurden, um noch einmal zur Verständigung mit Rom zu kommen. Der unmittelbare Gewinn dieser Tagungen war die Freundschaft mit Melanchthon. In überaus glücklicher Weise haben sich die beiden Männer ergänzt und verstanden. Die Gesamtverantwortung für die große und gemeinsame evangelische Sache ist durch diese Verhandlungen bei Calvin nur verstärkt worden. Den Ehrgeiz, ein eigenes Kirchengebilde zu schaffen, hat er nie besessen.

Die Kirchenordnung von 1541

Dem intensiven Werben der inzwischen zur Einsicht gelangten und dem Bischof Sadolet gegenüber ratlosen Genfer hat sich Calvin nicht entzogen. Zum zweitenmal betrat er 1541 die Stadt, in der Stille der hinter ihm liegenden Jahre zum Manne gereift, nun aber auch bereit, das Letzte hinzugeben zur Ehre Gottes. 1541–64 sind die 24 Jahre, die der Reformator – inzwischen verheiratet mit Idelette von Büren – ohne jede Rücksicht auf seine zarte und damals schon durch Überarbeitung angegriffene Gesundheit eingesetzt hat.

Die Kirchenordnung von 1541 ist der sofortige Neuanfang Calvins. Sie wird getragen durch die beiden Körperschaften, die *Versammlung der Geistlichen* (la vénérable compagnie des pasteurs) und das *Konsistorium* (consistoire). Im Konvent der Geistlichen werden die Fragen der Lehre und der Zucht unter den Geistlichen besprochen. Das Konsistorium setzt sich zusammen aus den Pfarrern und *Laien-Ältesten,* die – und das ist nun sehr zu beachten! – *aus dem Ratskollegium der Stadt gewählt sind.* Nicht die Kirchengemeinde bestimmt die Wahl dieser Männer, sondern die politische Gemeinde. Das ist in dieser Verquickung um so bedenklicher, als das Ältestenkollegium zugleich Aufsichtsbehörde und Gerichtshof ist. Jeder Älteste hat seinen Bezirk, den er der Kirchenordnung gemäß streng zu überwachen hat. Eine in damaliger Zeit beliebte Fülle von Einzelverordnungen begrenzt das Tun und Lassen des Bürgers am Sonn- und Alltag bis ins kleinste. Der Kirch- und Abendmahlsbesuch, die Wirtsstube und die häusliche Feier sind strengsten Regeln unterworfen. Das Anklagematerial wird von denen, die es herbeibringen, zum Urteilsspruch erhoben! Wohl sind es zunächst Kirchenstrafen, um die es hier geht. Reichen sie aber nicht aus, so findet Überweisung an den Rat statt, in dem nun wieder die Ältesten als Richter sitzen und die Strafe verschärfen.

Servets Hinrichtung und ihre Wirkung

Es konnte nicht ausbleiben, daß auch jetzt wieder die stärksten Einsprüche gegen diese Ordnungen erhoben wurden. Aber Calvin war diesmal nicht gewillt, irgendwie nachzugeben. Die Namen einflußreicher Männer wie Pierre Ameaux, Jacques Gruet, Bolsec und vieler anderer bezeichnen einen Weg der Folter, der Hinrichtung, des Bannes und der bürgerlichen Entrechtung, wie sie schärfer anderswo kaum ausgeübt wurden. Als die Dinge auf des Messers Schneide stehen, tritt durch den Fall Michael Servet eine überraschende Wendung ein. Dieser Leugner der Trinität und persönliche Gegner Calvins, ein spanischer Arzt, war nach dem Urteil auch der anderen Kantone und selbst Melanchthons für den Flammentod reif. Man übersehe dabei nicht: Das Bekenntnis zur Trinität war Staatsgesetz. Die Bestrafung Servets am 27. Oktober 1553 bedeutet den Sieg des Reformators über seine Feinde. Sie erschrecken über die Folgen ihres eigenen Tuns und geben den Widerstand auf.

Beurteilung der Hinrichtung Servets

Im Flammenlicht dieses Ketzergerichts aber wird noch einmal die Frage wach, ob nicht doch das Unternehmen Calvins eine Überspitzung in sich birgt, die uns wohl zu Elia auf den Karmel, aber nicht zum Verweis der sich auf ihn berufenden Jünger führt: »Wisset ihr nicht, wes Geistes Kinder ihr seid?« (Lukas 9,55). Man bemerkt demgegenüber, daß die letzten Jahre des großen Genfers im Frieden verliefen, daß er die berühmt gewordene *Hochschule* mit bald über tausend Hörern gründete und auch nach seinem Tode kein Rückschlag unter seinem Nachfolger *Beza* eintrat.

Im Zusammenhang mit der Hinrichtung Servets stellt A. de Quervain die Frage:

> »Dürfen wir denn Gottes angetastete Ehre rächen, wir Sünder, die wir ihn immer wieder entehren? Wird Gottes heiliger Name nicht von ›Rechtgläubigen‹ so entheiligt, die Wahrheit des Evangeliums in der Kirche stets von neuem so verdunkelt, daß dieses besondere Ketzerurteil zur Ehre Gottes recht fragwürdig wird? . . . Im Glauben freilich mag auch ein solches Urteil über einen Menschen gesprochen werden, wie Calvin es tat. Ist es nicht aus dem Glauben, dann ist es Sünde, schwerste Verkennung von Gottes Ehre, furchtbare Überhebung, nicht nur etwa Lieblosigkeit und Härte gegenüber dem Verurteilten; es ist verständnisloses Eifern für die Lehre ohne die Liebe, ohne Agape.«*

6. Vom Abendmahl

Auf diesem schmalen Grat lebte und handelte der Mann, in der Gewißheit um Gottes Sache und Ehre. Es ist nicht wohlgetan, das Handeln Calvins aus seinem französischen Blut, seiner cholerischen Art oder einer juristisch-humanistischen Gesetzlichkeit abzuleiten. Auch die mittelalterliche Stadt, der Rat und seine üblichen Befugnisse können hier nicht zu einer wirklichen Deutung beitragen. Wir müssen ihn schon auf diesem steilen Weg stehen lassen, ohne ihn anzuklagen oder zu entschuldigen.

* A. de Quervain, Calvin, sein Leben und Kämpfen, 1925, S. 88

Calvins Abendmahlslehre

Es ist lehrreicher, zu sehen, wie der von Natur ängstliche Mann, diese Gelehrtennatur – er ist der beste Schriftausleger seines Jahrhunderts – noch auf einem anderen Punkt zu einer selbständigen Haltung gedrängt wird, nämlich in der Abendmahlsfrage. Zwischen Zwinglis und Luthers Auffassung steht Calvin, und man darf wohl sagen, daß er dem Wittenberger näher ist. Wenn er auch auf die geist-leibliche Gegenwart Christi im Sakrament verzichtete und darin eine gefährliche Annäherung zur römischen Verwandlungslehre sah, so rückte er doch mit noch stärkerem Akzent von der rationalen Deutung des Züricher Theologen ab. Aber im praktischen Hauptanliegen fand er sich mit Luther, daß wir es im Sakrament mit dem lebendig-gegenwärtigen Christus zu tun haben, der sich auf Grund seines Wortes im Glauben mit den Seinen verbindet und ihnen seine ganze Gabe der Erlösung darreicht. Nicht der Mensch erinnert sich an Christus oder steigt hinauf zu ihm, sondern der Heilige Geist stellt die Brücke dar, und – so weit geht Calvin – »nährt uns mit dem im Himmel befindlichen Fleisch des Christus zur Unsterblichkeit«. Kirchengeschichtlich muß jedenfalls festgestellt werden, daß es des Genfers Wille nicht war, aus dieser seiner Lehre einen Bruch mit der deutschen Reformation entstehen zu lassen, ohne daß er freilich Zwingli preisgab.

7. Das Gesamtbild Calvins

So ist Genf unter der zielbewußten Führung Calvins das Heerlager der zum Angriff übergehenden Reformation geworden. Die ungemein zahlreichen Briefe und Schriften des Reformators sind dessen Zeuge. Frankreich wurde das Missionsgebiet einer sich außerordentlich schnell verbreitenden Kirche.

John Knox und der Puritanismus in England, die reformierten Gemeinden am Niederrhein und in den Niederlanden – sie alle sehen auf Genf als auf die feste Burg, den starken Rückhalt. Ihnen allen eignet im Sturm der nun einsetzenden Gegenreformation das herbe Gepräge des calvinischen Kirchenwesens, etwas von dem an, was der Rat von Genf wenige Tage nach dem Tode des Reformators als den beherrschenden Eindruck seiner Persönlichkeit in die Worte faßte: »*Gott hatte ihm viele Gnaden verliehen und ihm große Majestät aufgeprägt!*«

Unter dem Bilde Calvins findet sich noch eine andere Inschrift: *Prompt et sincère – entschlossen und aufrichtig!* Darin kommt eine Blickrichtung zum Ausdruck, die nicht am irdischen Ziel hängen bleibt, auch nicht an einer

Theokratie im Sinne einer geistlichen Weltbeherrschung. »*Es gilt, mitten durch die Verzweiflung hindurch zu brechen*«* – so hat er es sich selbst in schwersten Stunden zugerufen. Es gilt, »*getrost zu verzweifeln*« – anders weiß es auch Luther nicht, mag auch die ruhende Seite des Glaubens bei ihm stärker in den Vordergrund treten. Im Wesen des auf Christus gewandten Glaubens wird dies immer liegen: »*Und werde ein jeglicher auch ein Falke, der sich in die Höhe schwingen möge in solcher Not!*«**

Literatur:

E. Doumergue, Jean Calvin, 1899–1907
H. Hoffmann, J. Calvin, 1929
G. Gloede, Weg und Werk Calvins, 1953
W. F. Dankbaar, Calvin, sein Weg und sein Werk, 1958

27. Kapitel

Ignatius von Loyola 1491–1556 und das Konzil von Trient 1545–1563

Zur Zeitgeschichte

Die Kirchengeschichte des sechzehnten Jahrhunderts ist in hohem Maße von ausgeprägten Persönlichkeiten bestimmt, die als Träger der großen, widereinander streitenden Grundanschauungen – Papstkirche und Reformation – hervortreten. Der römischen Kirche bleibt zwar auf dem Stuhle Petri der führende Mann versagt, der bewußte Lenker einer umfassenden Gegenaktion. Zwei Jahrzehnte zuvor aber ersteht dem Papsttum in Ignatius von Loyola der tatkräftigste und bedeutendste Helfer. Wie sich einst im hohen Mittelalter die Bettelmönche, die von Franziskus und Dominikus geleiteten Orden, der weltbeherrschenden Kurie zur Verfügung stellten, so reißt auch jetzt ein neues Frömmigkeitsideal die sinkende Fahne Roms mit neuer Kraft empor.

* Corpus Reformatorum VI. 5301
** W.A. 31, I 95, 2

1. Evangelische Strömungen in Italien

Es war ein kurzes, verheißungsvolles Aufleuchten, als im Jahre 1522 *Hadrian VI.* – der Erzieher Karls V., Professor in Löwen, Großinquisitor in Spanien – der Nachfolger Leos wurde und mit ernstem Sinn den römischen Hof zu reformieren suchte. Aber hinter diesem gelehrten Niederländer, dem letzten nichtitalienischen Papst, stand schon der damals noch jugendliche *Caraffa, der spätere Paul IV. Durch ihn kam die spanische Reformbewegung,* die er als Nuntius kennengelernt hatte, *auch nach Italien.* Eine glutvolle, mystische Religiosität, wie sie in den spanischen Klöstern unter Führung von *Teresa de Jesus* und anderer aufgebrochen war, verband sich wie immer in Spanien mit einer strengen Kirchlichkeit.

In Italien fand dieses neue Leben in der *Gründung zahlreicher Orden* seinen Ausdruck (z.B. die Barmherzigen Brüder 1540, die Salesianerinnen 1610, die Theatiner 1524, die Ursulinnen 1535 und die Kapuziner 1525). Es blieb aber nicht nur auf diese katholischen Kreise beschränkt, sondern vertiefte sich zu Strömungen, deren innere Verbindung zur Reformation nicht bestritten werden darf. Es mögen Nachwirkungen der Waldenser unverkennbar sein, jedenfalls *entstehen* an den verschiedensten Orten Italiens *kleine Sammlungen um die Bibel,* namentlich unter der höheren Geistlichkeit und den Frauen führender Adelsgeschlechter: Kardinal Contarini, Morone, Jean Valdés, Herzogin Renata von Ferrara, deren frühere Mitschülerin Olympia Morata, eine hochbegabte literarisch tätige Frau, die nach Heidelberg flieht, wo sie 1555 stirbt, und Vittoria Colonna, die Dichterin, der Michelangelo seine Sonette widmete. Hier wurde die Bibel gelesen und eine den Reformatoren sich nähernde Rechtfertigungslehre durch das Buch »*Von der Wohltat Christi*« verbreitet.

Es ist die Zeit höchster künstlerischer Entfaltung. Auch die Renaissance hat eine Rekatholisierung erlebt und damit eine Abwendung vom Griechentum zur christlichen Kunst: Michelangelo Buonarrotti († 1564 in Rom), Tizian († 1576 in Venedig), Correggio († 1554), Veronese († 1588). In der Dichtung ist es Torquato Tasso, in der Musik Palestrina († 1594).

In Spanien sind es Murillo († 1682), Cervantes († 1616), Calderon († 1681); in den Niederlanden Rubens († 1640).

Die Naturwissenschaftler Giordano Bruno (1548–1600) und Galileo Galilei (1564–1642) (»Und sie bewegt sich doch!«) erliegen der katholischen Macht.

Die Niederwerfung der evangelischen Bewegung

Eine eigenartige Erwartung liegt über Italien. Während die Päpste nach Hadrian von politischen und künstlerischen Neigungen zunächst noch völlig in Anspruch genommen sind, sieht es einen Augenblick so aus, als wolle sich die neue Botschaft um Rom herum ausbreiten und auch dieses Land der Reformation erschließen. Paul III., ein Farnese, Humanist und Renaissancefürst, bejaht die Kirchenreform, beugt sich aber der oppositionellen Kurie und läßt sich von Caraffa bewegen, die Reformen zurückzustellen und die Inquisition 1542 zu erneuern. Auch wenn es der Inquisition dann gelungen ist, die evangelischen Ansätze in Italien fast gänzlich zu beiseitigen, so wird es doch immer ein Zeichen für die innere Kraft und Klarheit dieser Bewegung bleiben, daß sie Märtyrer gehabt hat und andrerseits eine ganze Reihe ihrer führenden Glieder den Weg zur evangelischen Kirche in Deutschland und in der Schweiz gefunden haben. Caraffa hatte die Unmöglichkeit erkannt, eine so geartete evangelische Sammlung von der Kirche der Reformation getrennt zu halten. Darum schlug das kirchlich-römische Interesse den evangelischen Aufbruch nieder.

Ignatius von Loyola, 1491–1556

Aus baskischem Adel.
Offizier. Nach Verwundung Umkehr zum Leben mit Gott.
1522 Erste Aufzeichnung der »**Exercitien**«, geistliche Übungen.
1540 in Rom Bestätigung des Jesuitenordens durch Papst Paul III. Ignatius ist General des Ordens. Weitere Auswirkung im Dienst des Papsttums.

2. *Ignatius – die geistlichen Übungen*

Ignatius wäre nicht der glühende Gegner aller Ketzerei geworden, wenn er nicht wie Caraffa den Punkt erkannt hätte, der immer für die Kirche Roms der gefährlichste bleiben muß, wo nämlich das Wort Gottes selbst seine Kraft zu entfalten beginnt. Nicht der Humanismus, auch nicht die Mystik oder irgendein kirchlicher Reformwille sprengen den Rahmen des römischen Systems. Erasmus und die spanischen Ekstatiker in den Klöstern und alle Reformer wie Caraffa – sie bleiben ohne Ausnahme der Kirche treu. Ihre Polemik gegen die Reformation gewinnt in dem Maße an Schärfe, als sie von ihrer Botschaft einen Eindruck erfahren haben.

Der Werdegang des Ignatius

Der aus baskischem Adel stammende Ignatius hatte schon das dreißigste Lebensjahr erreicht, als er, seit 1517 Offizier, 1521 im Kampf gegen die Franzosen schwer verwundet wird. Er liest die »*Vita Christi*« von Ludolf v. Sachsen, das meistgelesene Andachtsbuch des späten Mittelalters, Heiligengeschichten, die *Nachfolge Christi* des Thomas a Kempis und andere Erbauungsbücher. Damals tat er das Gelübde, seine ganze Kraft dem himmlischen König zu weihen. Eine marianische Vision »reinigt ihn von aller Sinnlichkeit«. Er weiht seine Waffen der Maria und legt Pilgertracht an. Seine geistlichen Erfahrungen legt er 1522 in seinen »*Exercitia spiritualia*« (Geistliche Übungen) nieder. Sie sind bis heute das Buch, ohne das niemand den Jesuitenorden verstehen kann. Ignatius weiß vom Kriege her, daß jeder Angriff, dem Gesetze der natürlichen Trägheit folgend, allmählich an Stoßkraft verliert. Er weiß auch um die Schwachheit des einzelnen Menschen, der unter Widerständen gar zu leicht ermüdet. Ignatius verwendet nun Jahre darauf, Studien an den Universitäten Alcala und Salamanca zu betreiben. Ziel dieser Studien ist es, »den Seelen zu helfen«. Sein Drang zur Seelsorge bringt ihm Verdächtigung und mehrwöchentlichen Kerker ein. Er studiert in Paris 1528 weiter Theologie und geht 1535 nach Venedig, ab 1539 bis zum Ende seines Lebens lebt er in Rom.

Die Exercitien

Wenn die auf jährlich vier Wochen berechneten Übungen einen einzigen Sinn haben, dann ist es der, zu der Kraftquelle vorzustoßen, ohne die eine kämpfende Kirche verloren ist. Was hilft eine bis ins kleinste geregelte Organisation mit schärfster Überwachung aller durch alle, was nutzt die Auslese und alle nur mögliche Bildung und Schulung, wenn es nicht gelingt, an die Wurzel zu kommen, wo es sich entscheidet, ob ein Mensch in der Hingabe aller seiner Gaben und Fähigkeiten steht oder nicht? Ohne Zweifel, auch der im Dienst erfahrene, in die Klasse der professi (Bekenner) gerückte Ordensbruder bedarf der *Reinigung*. Ihr dient die erste Woche der Übungen mit ihrer Gewissenerforschung, mit der bis zum Sehen und Hören gesteigerten Vorstellung der Höllenqualen. Sodann folgt die *Woche der Erleuchtung*. Sie führt in Bildern zu den heiligen Stätten, die durch Jesu Erdentage geheiligt sind. Der Weltherrschaftswille dieses Königs zwingt zum völlig sich hingebenden Gehorsam. In der intensiven *Anschauung des Lebens und Sterbens Jesu* soll der die Exercitia gründlich Durchführende von seiner Selbstliebe befreit werden. Durch schärfste *Konzentration, durch Askese und Gebet zur mystischen Begegnung mit dem göttlichen Quell des Lebens in Christus zu gelangen, ist das Ziel.*

Der Erfolg der Exercitien

Man pflegt diese Übungen oft als Entpersönlichung, als Erziehung zum Kadavergehorsam, als Voraussetzung zu einem hemmungslosen Einsatz des Menschen zu bezeichnen. Das kann jedoch nicht für einen seelisch erdrückten, bekümmerten Mönch gelten, der ja – gebunden an die Hilfe des Exerzitienmeisters – mit einer unerhörten Kraft und Beweglichkeit, mit einer spürbaren Erhöhung seines beruflichen Einsatzes aus solchen Wochen hervorgeht. Diese Befreiung nach schwerstem Druck, dieser Christusglaube, verbunden mit psychologischem Nachempfinden ist der Typus eines neuen Katholizismus geworden, in dem Seelenführung an die Stelle der biblischen Seelsorge getreten ist.

Einige Beispiele:
16. Regel: »Ebenso muß man achthaben, daß man nicht viel und mit starkem Nachdruck, ohne alle Unterscheidung und Erklärung, von dem Glauben allein spreche und dadurch dem Volke Anlaß gebe, in der Verrichtung der guten Werke lahm und träge zu werden, sei es, daß sie dem durch die Liebe gestalteten Glauben vorangehen oder folgen.«

17. Regel: »Auch dürfen wir nicht so häufig und so nachdrucksvoll von der Gnade sprechen, daß dadurch das Gift der falschen Lehre erzeugt würde, welche die Freiheit des Willens aufhebt. Von dem Glauben also und von der Gnade darf man reden, soviel es immer füglich geschehen kann mit dem Beistande Gottes und zum Lobe seiner großen Majestät; aber nicht in solcher Weise, namentlich in unseren so gefährlichen Zeiten, daß dabei die guten Werke und der freie Wille Schaden leiden oder für nichts geachtet werden.«

18. Regel: »Obwohl man es über alles hochachten soll, Gott unserem Herrn aus reiner Liebe eifrig zu dienen, so müssen wir doch auch die Furcht vor seiner Majestät sehr empfehlen. Denn nicht nur die kindliche Furcht ist etwas Frommes und sehr Heiliges, sondern auch die knechtliche, sofern sie, wenn der Mensch nichts Besseres und Nützlicheres erreicht, doch viel dazu beiträgt, daß er aus der Todsünde herauskommt; ist dieser aber jemand entronnen, dann gelangt er leicht zur kindlichen Furcht Gottes, welche Gott unserem Herrn ganz angenehm und wohlgefällig ist, weil sie zugleich mit der göttlichen Liebe kommt.«

Im Dienst des Papstes

Nicht um das Für und Wider einzelner Punkte geht es, sondern um den Gesamtgeist. Hier wird die evangelische Botschaft zur psychologisch-gesetzlichen Regel. Als sich Ignatius mit seiner Gründung dem Papste zur beliebigen Verwendung anbot, war es ihm ebenso wie einst den Cluniacensern deutlich,

Die Jesuiten

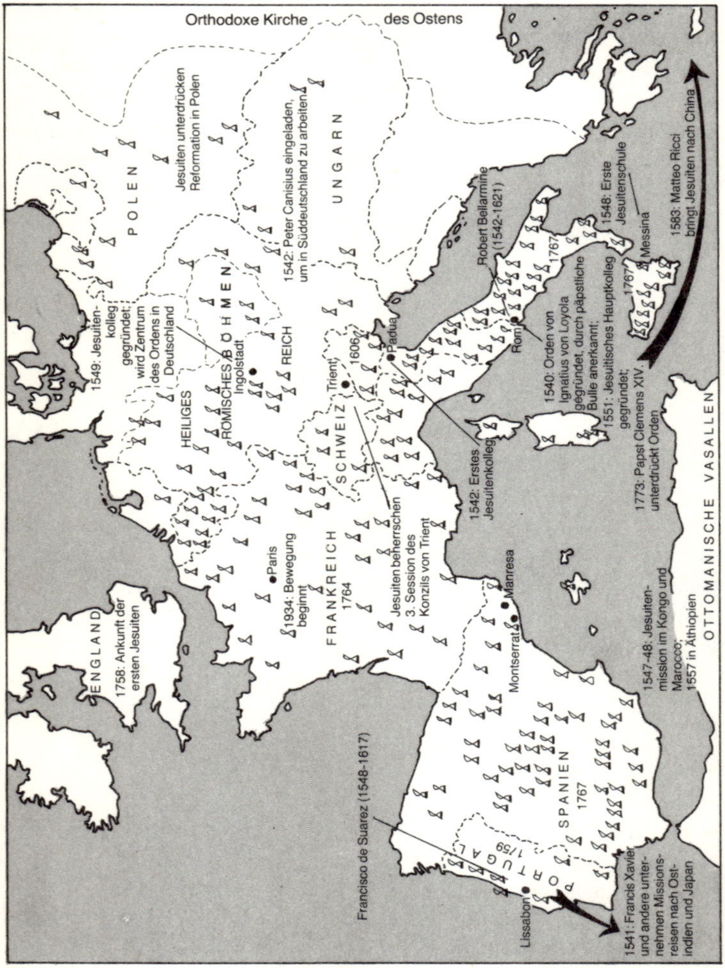

Jesuitenkolleg

1767 Jahr der Vertreibung der Jesuiten

daß dabei nur der geschlossene, auf einer unbedingten Gehorsamsidee beruhende Einsatz zur Verwirklichung kommen könne. Nur soweit es um das gemeinsame Anliegen der Kirche geht, werden sich das Papsttum und die 1534 gegründete *»Compania de Jesus« (Gesellschaft Jesu)* einigen. Die Erziehung der Jugend und die Befugnis des Beichthörens sind Ziele, die nach den ganz bestimmten, fest umschriebenen Regeln des Ignatius durchzuführen sind. 1540 wird der Orden vom Papst bestätigt, 1541 Ignatius zum Ordensgeneral gewählt. Das Papsttum, auch das renaissancefreundliche, war klug genug, um diesen sich so willig darbietenden Orden an den Platz zu stellen, wo der Kampf am brennendsten war. In einer geradezu meisterhaften Diplomatie hat Ignatius von Rom aus bis zu seinem Tode (1556) nicht nur die Entwicklung des Ordens als General im wörtlichen Sinne geleitet, sondern auch an entscheidender Stelle die Kirche beeinflußt. Nur ein einziger Zug sei als charakteristisch für die Gesamthaltung erwähnt: *Im Bunde mit Caraffa führte der General die Inquisition, die kirchengerichtliche Verfolgung der Ketzer mit allen ihren Schrecken ein.* Er übergab sie aber nicht seinem Orden, um ihm den Haß des Volkes und die Gefahr einer fanatischen Gegenwehr zu ersparen. Verborgen an den Fürstenhöfen und in der Stille der Hörsäle, bei Verhandlungen und in den Beichtstühlen haben die Ordensbrüder ihren weitreichenden Dienst getan mit dem einen Ziel, die Herrschaft Christi in einer geeinten Kirche wieder aufzurichten.

Kritik an der Ethik des Ordens

Die Erregung, die sich im Laufe der Jahrhunderte gegen die Jesuiten entlud, gründete sich aber nicht auf die innere und äußere Disziplin der Gesellschaft, auch nicht auf das immer bekannter werdende Propagandawesen im Dienste der Gegenreformation, sondern auf den unvermeidlichen Zusammenstoß seiner praktischen Handlungsweise mit jeder anderen rechtlichen Weltordnung.

Pascal, Blaise, 1623–1662

Genialer Mathematiker und Physiker.
Gottesbegegnung 23.11.1654 im »Memorial« niedergelegt.
In Port Royal bei Paris den Jansenisten nahe.
»Provinzial-Briefe« gegen die S.J.
Sammlung seiner Gedanken in christozentrischer Gestalt: Pensées.

Die moralische Gefahr wird besonders am sogen. »*Probabilismus*« erkennbar. Er findet für jede Handlung ein Beispiel, das auch eine sehr anfechtbare Entscheidung möglich macht und entschuldigt. Aber auch das Zweifelhafte soll der Christusherrschaft dienen. *Die Exercitien sollen dem sie Übenden zur Beseitigung gewohnter Maßstäbe helfen.* Die Umwertung aller Werte, bis schließlich aus Schwarz Weiß wird, hat niemand ein Jahrhundert später mit so beißender Ironie geschildert wie Blaise Pascal in seinen Lettres provinciales:

> »Ihr erlaubt den Menschen soviel Verbotenes durch Eure Bemäntelung. Ihr werft den Menschen die Absolution an den Hals ohne Änderung ihres Lebens . . . Ihr erklärt die Liebe zu Gott für unnötig zum Heil und behauptet endlich, daß die Dispensation von ihr der Gewinn sei, den Christus der Welt gebracht habe. Das ist der Gipfel der Gottlosigkeit.«

Es ist den streitenden Gruppen nicht freigestellt, mit welchen Mitteln sie kämpfen wollen. Die Unterdrückung der evangelischen Strömungen, die eiserne Konzentration auf den römischen Machtwillen, die taktisch berechnende Heranziehung aller religiösen Kräfte können in diesem Zusammenhang nur zeigen, daß die Kirche der Gegenreformation ihre Weisungen nicht aus dem Neuen Testament als der einzigen Grundlage der Christenheit empfangen hat.

3. Das Konzil von Trient (1545–1563)

1. Konzilsperiode: Trient 1545–1547, Bologna 1547–1549
2. Konzilsperiode: Trient 1550–1552
3. Konzilsperiode: Trient 1562–1563

Die Vorgeschichte

Die Vorgeschichte des Trienter Konzils ist für seine gesamte langjährige Haltung maßgebend geblieben: Der Kampf zwischen Kaiser und Papst – das Konzil fällt in die Ponifikate Pauls III., Julius III., Marcellus II., Pauls IV. und Pius IV. –, zwischen dem klugen Ausgleichswillen Karl's V. und der wachsenden Erkenntnis in Rom, daß ein klarer Bruch mit dem Protestantismus unvermeidlich sei, hat den drei Tagungsperioden den Stempel aufgedrückt. Mit neunmonatiger Verspätung beginnt das Konzil. Anwesend sind nur 37 Stimmberechtigte. Die Evangelischen lehnen ihre Beteiligung ab, entsandten aber zuweilen Beobachter. In diese Zeit, von 1545 bis 1563, fällt der Schmalkaldische Krieg 1546/47, der Augsburger Religionsfrieden 1555, das Ende der Regierung Karls V. 1555/56 und der Regierungsantritt seines Sohnes Philipps II. in Spanien (1556–1598), der bald der eigentliche Kopf der katholischen Welt wird.

Hatte man noch zu Beginn des Konzils gehofft, zu einem Gespräch mit den Protestanten zu kommen – *am Ende von Trient hat Rom das entscheidende Nein der Evangelischen mit einer ebenso schroffen Absage an jeden Verständigungswillen beantwortet.*

In dieser Entwicklung, die mit dem Wiedererwachen eines starken, seiner Sendung bewußten Katholizismus verbunden ist, kommt noch ein anderes Moment zum Vorschein: Nicht ohne den starken Anteil der Jesuiten ermannt sich das Papsttum und wird Herr über das Konzil und damit über alle kaiserlichen und nationalkirchlichen Versuche, die Gewalt des Bischofs von Rom einzuschränken. *Nicht geschwächt, sondern im Bewußtsein ihrer überragenden Bedeutung geht die Kurie aus den Trienter Tagungen hervor.* Das haben die nächstfolgenden Päpste bewiesen.

Ergebnisse der 1. Konzilsperiode (1545–1548)

a) *Schrift und Tradition:* Mündliche Überlieferung und apostolische Tradition treten als 2. *Glaubensquelle neben die Bibel.*
b) Im Dekret über die *Erbsünde* grenzt man sich gegen Luther ab.
c) *Die Rechtfertigungslehre schließt die »guten Werke« ein.*
d) Es bleibt bei den 7 *Sakramenten* und dem römischen Verständnis ihrer Wirksamkeit.

Die theologischen Fragestellungen werden immer wieder beschattet von den miteinander streitenden Parteien. Ein ungeschütztes, offenes Gespräch hat nur an der Stelle stattgefunden, wo die Männer der italienischen Erweckung, *Contarini* und *Sanfelice,* das Wort ergriffen. Beide haben ihren Vorstoß mit der Verweisung vom Konzil bezahlen müssen. Daß es aber hierbei gerade um die *Lehre von der Rechtfertigung* ging, gibt diesen Sitzungen die überragende Bedeutung. Die Frage der Reformation bestimmt noch einmal an diesem Punkt die langen Diskussionen der Theologen zu Trient. Über Glaube und Werk, über Verdienst und freien Willen wird gesprochen, immer mit dem Gedanken, den wahren Katholizismus als die rettende und vermittelnde Mitte vor aller Welt zu bezeugen, aber eben nicht im Sinne der Reform-Italiener, die sich schließlich den lutherischen Sätzen nähern. So werden denn bei der sechsten Sitzung die folgenden reformatorischen Erkenntnisse unter das Anathema gestellt: *Das »allein durch den Glauben« kann nicht ausschließlich im Sinne eines Vertrauens auf die Vergebung der Sünden um Christi willen verstanden werden.* Daß *die guten Werke* die Früchte und Zeichen der erfahrenen Rechtfertigung sind, wird bestritten. Sie *sind* im Gegenteil *das Mittel, um die empfangene Gerechtigkeit vor Gott zu vermehren. Darum wird die reformatorische Ablehnung des Lohn- und Verdienstgedankens als unbiblisch verurteilt.*

Um die Heilsgewißheit

Demgegenüber ging es in Trient nun darum, positiv die römische Lehre von der Rechtfertigung zu bezeugen. *Unter der Voraussetzung, daß Bibel und Tradition in gleicher Weise zu hören seien,* galt es, eine scholastische Kompromißformel zu finden, die allen theologischen Schattierungen zwischen Thomas von Aquino, Duns Seotus und den Spättheologen des Mittelalters Genüge tat. Indem man sich nach Römer 5 auf die Liebe gründete, die durch den Heiligen Geist in die Herzen der Gläubigen ausgegossen sei, verband man das Werk Gottes mit dem des Menschen, die Erlösung mit dem freien Willen, die Gnade mit dem Lohn.

An einer Stelle mußte es aber hier ans Licht kommen, daß hinter den scheinbar biblischen Formeln ein anderer Geist stand: in der Frage nach der Heilsgewißheit. In langen Kämpfen, die geradezu eine Wiederholung und Zusammenfassung der gesamten Dogmengeschichte bilden, lehnte man die Heilsgewißheit im Sinn der Reformation ab. *Daß sie von der Rechtfertigung nicht zu trennen, sondern mit ihr gegeben sei, verwarfen die Theologen als schwere Ketzerei.* Dann aber einigten sich die verschiedenen theologischen Richtungen auf die Aussage, daß »niemand seiner Glaubensgewißheit sicher sei, dem nicht der Irrtum unterlaufen könne, er stehe in der Gnade Gottes«.

Was ist der Sinn dieser Einschränkungen? Luther und Calvin müssen verneint werden, mit den Reformatoren darf es keinerlei Verbindung mehr geben. Dies aber ist nicht nur taktisch bedingt. Es entspringt vielmehr der katholischen Erkenntnis, daß der Christ immer in der Schwebe bleiben müsse zwischen Furcht und Hoffnung. Und dies wiederum ist unabweisbar, solange man die Seligkeit zu einem Teil auf die Tat des Menschen gründet.

Um das Konzil dem Einfluß des Kaisers zu entziehen, verlegt man es 1547/48 nach Bologna. Die Kaisertreuen bleiben in Trient. Es werden hier wie dort keine Entschlüsse gefaßt, doch wesentliche Vorarbeiten geleistet. Ab 1.5.1551 tagt man wieder in Trient.

Die Selbstbeurteilung des Konzils

Im Bewußtsein, den Anforderungen der Stunde genügt zu haben, scheiden die Theologen von Trient. Man hat 1562 den *Index librorum prohibitorum* (das Verzeichnis der verbotenen Bücher) veröffentlicht, nun folgen (neben dem Bekenntnis von Trient) 1566 der *Katechismus Romanus*, 1568 das *Brevier*, 1570 das *Meßbuch*; 1590 die von Sixtus V. als fehlerfrei bezeichnete lateinische Bibel *(Vulgata)*, die in Wirklichkeit voller Fehler war und noch nach der Bereinigung unter Clemens VIII. 1592 ca. 2000 fehlerhafte Stellen aufwies.

Nach den Jahren schwerer Beunruhigung glaubte man, die Kirche auf die nimmer wankenden Grundlagen einer großen und ehrwürdigen Vergangenheit wieder festgelegt zu haben. Der Gedanke, hierbei unkirchlich gehandelt zu haben, schien den Männern von Trient nicht zu kommen. Sie trieben Restauration, sie wirkten dazu noch reformerisch in der Abschaffung zahlreicher Mißstände, z.B. den Ablaß durch Geld; aber leitend war ein Ausgleichswille auf theologischem und kirchenpolitischem Gebiet. Als die Theologen ihr Werk vollendet hatten, krönte eine letzte Frage das Konzil: »Erlauchte Herren, ehrwürdige Väter, stimmt Ihr dazu, daß diese heilige, ökumenische Synode geschlossen und die Bestätigung aller Beschlüsse von dem römischen Pontifex erbeten wird?« Auf diese Frage haben die Versammelten mit einem einstimmigen »Ja« geantwortet. Über dem Ringen und Fragen der anders Denkenden erschien der Wille der die Kirche Lenkenden. Gegenüber der noch wenig geeinten evangelischen Kirche steht die im tridentinischen Glaubensbekenntnis versammelte Kirche Roms machtvoll da.

Literatur:

K. Holl, Die geistlichen Übungen des Ignatius von Loyola, 1928
K. D. Schmidt, Die Gehorsamsidee des Ignatius von Loyola, 1935
H. Böhmer – H. Leube, Ignatius von Loyola, 1952[3]
K. D. Schmidt, Studien zur Geschichte des Konzils von Trient, 1925
H. Rückert, Die Rechtfertigungslehre auf dem tridentinischen Konzil, 1925
G. Schreiber, Das Weltkonzil von Trient, 1951
Enneter, Luther und das Konzil, 1962

Merkstoff:

Päpste:

Hadrian VI. 1522–1523 (Reformpapst, gelehrter Niederländer)
Clemens VII. 1523–1534, ein Medici, krönt Karl V. in Bologna
Paul IV. (Caraffa) 1555–1559 (Restauration)

Kaiser:

Karl V. 1519–1556 dankt ab, sein Nachfolger Ferdinand I. 1556–1564, Karls jüngerer Bruder; das Erbe des spanischen Königtums und der Kolonien tritt Philipp II. 1555–1598, Karls Sohn, an

Reformatorische Strömungen um Kardinal Contarini:

Jean Valdés, Renata v. Ferrara, Olympia Morata, Vittoria Colonna

Blütezeit der christlichen Renaissance – Kunst:

Michelangelo, Tizian, Correggio, Veronese

Ignatius von Loyola 1491–1556

»Exercitia spiritualia« 1522
Gründung des Jesuitenordens 1534; Bestätigung 1540

Tridentinisches Konzil: 1545–1563

Ergebnisse:
a) Schrift und Tradition
b) Dekret der Erbsünde
c) Rechtfertigung: Gnade
d) Sakramente

28. Kapitel

Die Kirchen des Westens im Kampf mit der Gegenreformation: England, Niederlande, Frankreich

1. *Im Banne der Politik Philipps II.*

Der Schauplatz der Gegenreformation ist zunächst nicht Deutschland, sondern der Westen Europas. In Frankreich, England und den Niederlanden spielt sich der gigantische Kampf ab, den das spanisch-habsburgische Reich um seine Weltmacht führt und der es in den tiefen Gegensatz seiner Zeit hineinzwingt, in das entschlossene Nein zur Reformation.

Während nach Karls Abdankung sein junger Bruder als Ferdinand I. Römisch-deutscher Kaiser wird und die Österreichischen Erbländer erhält (und dazu Böhmen und Westungarn erwirbt), erbt Karls Sohn Philipp Spanien.

Philipp II. hat fast ein halbes Jahrhundert die politischen Ziele seines Vaters von Spanien aus weiter verfolgt. Das katholische Weltreich, das Regiment über das neuentdeckte Riesengebiet in Übersee sind die festen Ansatzpunkte, die eine eindeutige Niederwerfung des Protestantismus, die Umklammerung Deutschlands, aber auch die Besiegung Frankreichs und Englands fordern. Niemand kann behaupten, daß Philipp dieses Programm zur Durchführung gebracht hat. Gleichwohl aber hat er in der zähen Ausdauer seines Handelns seinem Zeitalter das Gepräge gegeben und alle protestantischen Kräfte auf den Plan gerufen, die bis zum Einsatz ihres Lebens die Gegenseite vertreten haben. Darum ist auch diese Zeit reich an charakteristischen, hervorragenden Persönlichkeiten, an Männern und Frauen mit weiter Sicht und klarer Entscheidung für oder wider das reformatorische Anliegen. *Der Kampf, der in Deutschland im Jahre 1555 durch den Augsburger Religionsfrieden zu einem vorläufigen Abschluß gelangt war, die Verbindung von landesherrlicher Gewalt mit dem Religionsstand der Untertanen, er tritt in diesem zweiten Abschnitt viel deutlicher ans Licht. Politik und Religion vermischen sich in einer Weise, wie sie die Weltgeschichte bis dahin noch nicht gesehen hat.*

2. *Englands Loslösung von Rom*

Heinrich VIII.; seine Motive, von Rom loszukommen

Dieses Ineinander der Motive ist vor allem durch die Vorherrschaft des absoluten Königtums gegeben. Heinrich VIII. von England (1509–1547) und Franz I. von Frankreich (1515–1547) stehen beide um ihres starken nationalen Gepräges willen in einem zum mindesten sehr freien Verhältnis zum Papst. In England ist man auf dem Wege zur Staatskirche. Nicht aus religiösen Gründen, sondern um seiner traurigen Ehehändel wegen – Scheidung von Katharina von Anjou, Ehe mit Anna von Boleyn – sagt sich Heinrich vom Papst und seiner Rechtsprechung los und läßt sich vom Parlament 1534 zum Oberhaupt seiner Kirche erklären. Heinrich selbst schwankt zwischen Reformation und Restauration hin und her: Durch seinen Berater *Thomas Cromwell* läßt er jeden Widerstand niederschlagen – *Thomas Morus,* der humanistische Kanzler, und der Bibelübersetzer *Tyndale* sind 1535/36 hingerichtet worden. 1540 läßt er Cromwell enthaupten. Er sucht Melanchthon nach England zu ziehen und gibt dem Druck der englischen Bibelübersetzung seine Genehmigung.

Erst nach Heinrichs Tode (1547) vermochte die evangelische Richtung stetig vorzudringen. Maßgebend ist hierbei eine *Unionstendenz zwischen lutherischen Sätzen in der Rechtfertigung und calvinischer Lehre in den Sakramenten.* Zu einer das Volk erfassenden Bewegung kam es aber hierbei nicht. Unter der Herrschaft seines Sohnes *Eduard VI.* (1547–53) kommen *Bucer* und andere reformierte Theologen nach England, die den lutherischen Einfluß zurückdrängen. Als sich Heinrichs Tochter *Maria* – wegen ihrer radikalen Versuche der Rekatholisierung genannt *die Blutige* (1553–58) – als Erbin des Thrones mit Philipp II. von Spanien vermählte, war es eine durchaus begründete politische Sorge, daß England nunmehr dem habsburgischen Reich einverleibt werde. Maria erlag jedoch 1558 einer Krankheit.

Elisabeth I.

Der Freiheitsdrang dieses Inselvolkes bejaht nun aus tiefster Überzeugung die Regierung der großen Elisabeth I. (1558–1603), der Tochter Anna Boleyns. Daß sie es verstand, Papst und Kaiser von England fernzuhalten, galt ihrem Lande mehr als die vermittelnde Haltung in der Kirchenfrage. Dem konservativen Zug der Nation entsprach die Bewahrung der *römischen Formen im Gottesdienst,* die Betonung der *bischöflichen Sukzession,* die man von den Aposteln herleitete, und der gesamte hierarchische Aufbau der Landeskirche. Aus dem Geist des Volkstums, in enger Verbindung mit der Krone, baut sich diese Kirche auf. In 42 Artikeln (später in 39) bekennt sich die anglikanische Kirche zur Rechtfertigung im Sinn Luthers. Volkstümlich ist 1549 das *Common Prayer Book* (das gemeinsame Gebetbuch) geworden, vom Parlament erlassen, mit starkem liturgischen Akzent, aber auch mit Hilfe für das tägliche Lesen, besonders der Psalmen und der ganzen Bibel. 1559 erneuerte das Parlament die königliche Oberhoheit über die Kirche und leistete den Eid darauf.

Die *Iren* dagegen widersetzen sich der Reformation. Ihnen wird ein anglikanischer Klerus aufgezwungen, den sie ablehnen. Sie unterhalten einen eigenen katholischen Klerus aus eigenen Mitteln.

Schottland unter Führung von John Knox im Kampf mit Maria Stuart

Knox, John, 1505–1572

Theologe und Jurist.
Als Gegner von Maria Stuart nach Genf fliehend.
1554 Flucht nach Genf. Dort Schüler Calvins.
1559 Führer der calvinistischen Reformation in Schottland, Verfasser der Confessio Scotica (1560).
Pfarrer, Seelsorger, Organisator der national-calvinistischen Kirche Schottlands. 1560 Prediger in Edinburg. 1566/67 und 1571/72 nochmals vertrieben.

Wie Maria der Blutigen Ehe mit Philipp zu einer katholischen Rückentwicklung hätte führen können, so *Maria Stuarts Ehe mit Franz II. von Frankreich.* Die Verbindung von Schottland mit einer katholischen Großmacht hat von Anfang an der evangelischen Bewegung einen Kampfcharakter gegeben. In *John Knox* (1505–1572), dem kraftvollen Schüler Calvins, hat Schottland den Führer zur reformierten Staatskirche erhalten. Diese Kirche ist der englischen gegenüber eine *geschlossene, auf der Selbständigkeit der Einzelgemeinde, zugleich aber auf synodaler Verfassung aufgebaute Körperschaft.* In ihr erwuchs der unausrottbare Widerstand gegen die französische Gefahr, die ihr durch Maria Stuart (1542–1587) und durch deren aus dem Haus der Guisen stammenden Mutter Maria drohte: Einflußreiche protestantische Adlige bildeten 1557 den *Covenant,* ein Schutzbündnis »zur Durchführung des Wortes Gottes und seiner Gemeinde«. Als Marias Regentin, *Maria von*

Guise, gegen die Protestanten einschritt, kam es zum Bürgerkrieg. Verfolgungen bis zum Tod in den Flammen und auf französischen Galeeren – John Knox war 1547–49 Galeerengefangener – haben diese Kämpfer nach dem Herzen Calvins nur um so unbezwinglicher machen können. Nach dem Tode Marias v. Guise kommt es zum Vertrag von Edinburg. Eine kleine Volkskirche behält allen politischen Mächten zum Trotz ihr evangelisches Zeugnis. Als Maria nach dem Tode Franz II. nach Schottland zurückkehrt und 1567 den Mörder ihres zweiten Mannes, den Grafen Bothwell heiratet, muß sie zugunsten ihres Sohnes, Jakob VI., abdanken. Sie flieht nach England, wo sie von Elisabeth I. gefangen und hingerichtet wird (1587).

3. Der Freiheitskampf der Niederlande

In die gleiche Linie des zum Martyrium willigen Widerstandes weist der Freiheitskampf der Niederlande. Lutherische Blutzeugen erstehen schon am Anfang der reformatorischen Bewegung durch die Antwerpener Augustinermönche *Heinrich Vos* und *Johann Esch* (1523).

Als 1543 die Habsburger die Herren des gesamten kulturell und wirtschaftlich blühenden Landes mit seinen wichtigen Handelsplätzen für den Weltverkehr wurden, fanden sie schon in Friesland und im Norden von Holland neben den Lutheranern eine weitverbreitete Gruppe von Taufgesinnten (Menno Simons) vor. Über Frankreich drang dann später der Calvinismus in die Niederlande: Er hat bald die Führung übernommen. Die Versuche Karls V. und Philipps II., wenigstens in diesem Gebiet die Reformation mit blutiger Strenge zu verbieten, sind fehlgeschlagen. Weder *Margarete von Parma*, die Philipp als seine Halbschwester zur Statthalterin ernannte, noch ihren Helfern, dem *Kardinal Granvella* und schließlich dem grausamen *Herzog Alba*, gelang es, den evangelischen Widerstand zu brechen. Die Tapferkeit des seines Standes bewußten Adels, auch der Stolz des freien Bürgertums halfen mit, daß der spanische Zwang scheiterte. Zu nennen ist vor allem der kluge und hochbegabte Führer der Freiheitskämpfer, *Graf Wilhelm von Nassau-Oranien* (1533–1584), der Organisator des Kampfes. Daß sieben Provinzen im Norden das spanische Joch von sich warfen und sich durch lange Jahrzehnte hindurch ihr endgültiges Recht als unabhängige Republik erkämpften, wofür Zehntausende ihr Leben ließen, zeigt die Kraft einer Kirche vom Evangelium her. Ihr vermochte auch die Ermordung des Führers, des Grafen Wilhelm, keinen Abbruch zu tun (1584). *Moritz*, sein Sohn, leitet den Kampf dem siegreichen Ende zu. Das Weltreich Spanien mußte erkennen, daß eine kleine, unabhängige Republik kraft ihres religiösen Grundwillens all seinen Zugriffen gegenüber unerreichbar blieb. Diese Energie hat sich in ungeahnter Weise auch dem Wirtschaftsleben zugewandt und ebenso die geistige Bewegung, sonderlich der Universitäten, befruchtet.

Die französischen Könige zur Zeit der Reformation:

aus dem Hause Valois:
Franz I. 1515–1547
Heinrich II. 1547–1559
Franz II. 1559–1560
Karl IX. 1560–1574
(Regentin: Katharina v. Medici)
Heinrich III. 1574–1589

aus dem Hause Bourbon:
Heinrich IV. von Bourbon 1589–1610

4. *Frankreich im Konfessionskampf. Die Bartholomäusnacht*

Die evangelische Bewegung, die unter Führung des gelehrten Verfassers biblischer Kommentare und Bibelübersetzers (1528 die ganze Bibel) *Lefèvre d'Etaples* (= Jakob *Faber Stapulensis*) schon in den zwanziger Jahren um Paris herum Boden gewann, stand in Verbindung mit dem Humanismus. Die theologische Auseinandersetzung mit dem Katholizismus wurde aber von seiten des Staates besonders durch die Sorbonne sehr bald unterdrückt. *Franz I.* (1515–1547), ein ebenso absoluter Fürst wie Heinrich VIII. von England, konnte von einer Spaltung seiner Kirche nur eine Schwächung seiner Macht erwarten. Wie auch ihm das politische Ziel die religiöse Frage zu einer untergeordneten macht, zeigt vor allem seine doppelte Haltung in der Reformationszeit.

Während er im eigenen Lande eigentlich keine »Ketzerei« duldet, unterstützt er Lefèvre und dessen Schüler, den *Bischof Briconnet von Meaux*, wohin Lefèvre zeitweilig vor dem Zugriff der Sorbonne flieht. Meaux wird Zentrum einer Erweckungsbewegung. Den Protestantismus im Schmalkaldischen Bund unterstützt Franz einzig darum, weil er in ihm den Gegner der Habsburger sieht. Das geht so weit, daß er 1535 Männer wie *Martin Bucer* und *Melanchthon* einlädt (obwohl die »Flugblattaffäre«, Plakate gegen den

»Unsinn der Messe« von 1534 harte Ketzergesetze verursacht). Wohl auch hieraus mochte bei den Evangelischen in Frankreich die Hoffnung erstehen, das Königtum werde sich doch noch vom römischen Glauben abwenden.

Die Hugenotten – Französischer Bürgerkrieg im 16. Jahrhundert

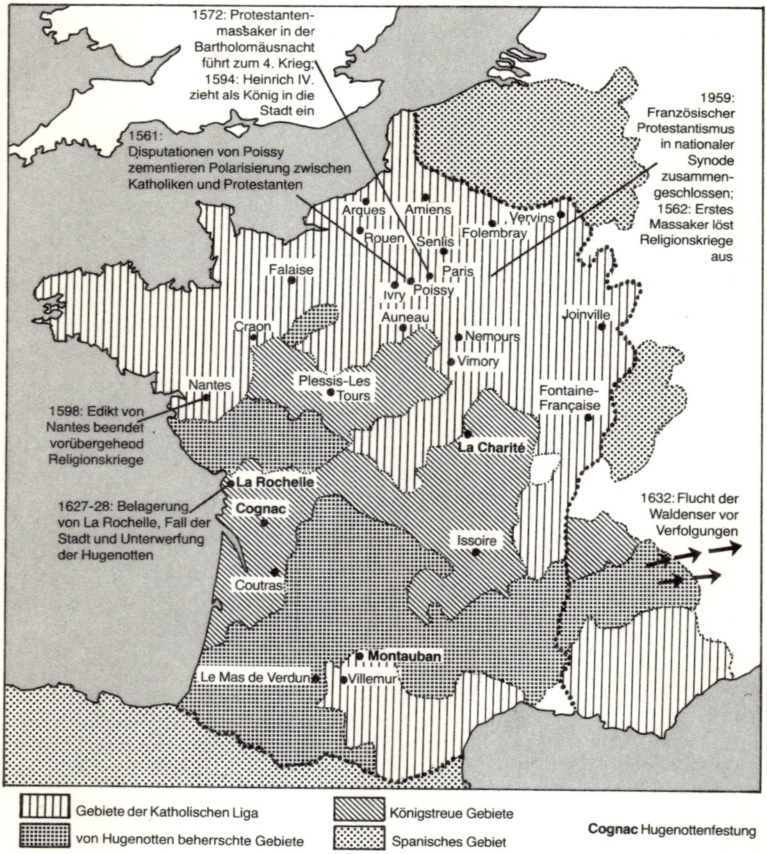

Als sich *Margarete*, die Schwester des Königs und spätere *Königin von Navarra* († 1549) dem Protestantismus zuwandte – sie stand Briconnet nahe und gewährte Lefèvre in Navarra Schutz – und die neue Lehre im Adel bis zur nächsten Umgebung des Königs an Boden gewann, schien der Augenblick nicht fern zu sein, daß sich ein evangelisches Frankreich mit einem evangelischen König zwischen das Gefüge der habsburgischen Reiche stellt.

Mit ganzem Verlangen hat *Calvin* um dieses Ziel gerungen. Dafür sind seine vielen Briefe Zeuge. Für den Glauben werbend schrieb er an den König und die Königin von Navarra, Anton von Bourbon und Johanna d'Albret. Als die Königin zur reformierten Kirche übertrat und ihr Sohn, der spätere *Heinrich IV.*, unter ihrem Einfluß heranwuchs, tragen Calvins Briefe einen ausgesprochen seelsorgerlichen Charakter. Wieviel Hoffnungen knüpfen sich an diesen Königshof für ganz Frankreich!

Inzwischen waren viele französische Flüchtlinge in Genf ansässig geworden, wo *Theodor Beza Rektor der 1541 gegründeten Akademie* wurde, von der viele Pfarrer nach Frankreich gesandt wurden.

Jakob Stapulensis Faber (Lefèvre d'Etaples, ca. 1450–1536), humanistischer Gelehrter, bereinigt den Vulgatatext, kommentiert und übersetzt biblische Bücher, bes. paulin. Briefe. Beeinflußt von den »Brüdern vom gemeinsamen Leben« und vom Bibelstudium wirkt er in den franz. Protestantismus, ohne sich selbst von Rom zu lösen.

Gaspard de Coligny – Führer der Protestanten

In ganz besonderem Maße aber hat Calvin auf den zum Führer der Hugenotten (»Eidgenossen«?) werdenden Admiral Gaspard de Coligny aus dem Hause Chatillon Einfluß ausgeübt. In ihm gewann die protestantische Sache einen Mann mit hohen Gaben, weitem Blick, eisernem Willen und letzter Opferbereitschaft. Ein Brief Calvins an den damals von den Spaniern gefangenen Admiral vermittelt uns einen tiefen Eindruck von diesem kirchengeschichtlich hochbedeutenden Dienst des Reformators, der zugleich auch Seelsorger ist.

». . . Nur bitte ich Sie, auch noch weiter daran zu denken, daß Gott Sie, als er Ihnen diese Heimsuchung (die Gefangenschaft) sandte, sozusagen beiseite nehmen wollte, damit Sie um so mehr auf ihn hören sollten. Denn Sie wissen wohl, Monsieur, wie schwer es ist, ihm mitten in der Ehre, dem Reichtum und der Gunst der Welt Gehör zu schenken. Denn diese Dinge machen uns zerstreut und wie unaufmerksam, bis er irgendein solches Mittel braucht, um uns zu sich zu ziehen. Nicht als ob Würden, zeitliches Gut und hoher Rang unvereinbar wären mit der Gottesfurcht. Vielmehr, je höher ein Mensch gestellt ist, um so mehr Gelegenheit ist ihm damit gegeben, seinem Gott näher zu kommen, um so mehr sollte er ihn ehren und ihm dienen . . . Deshalb, Monsieur, bitte ich Sie, da Gott Ihnen nun diese Gelegenheit geboten hat, in seiner Schule zu lernen, und Ihnen ganz persönlich etwas ins Ohr sagen will, so achten Sie darauf, damit Sie mehr als je merken, was seine Lehre wert ist und wie köstlich und lieblich sie uns sein muß. Halten Sie auch eifrig daran fest, sein Wort zu lesen, damit Sie daraus Belehrung empfangen und lebendige Wurzel fassen im Glauben, so daß Sie für Ihr ganzes Leben gefestigt werden zum Kampf mit den Versuchungen.« (4. Sept. 1558)

Heinrich IV. von Navarra, 1553–1610

Sohn Antons v. Bourbon und Johanna von Albret, erbt 1562 das Königreich Navarra. Als Calvinist Führer der Hugenotten seit 1569.

1572 Vermählung Heinrichs mit Margarete von Valois, Schwester Karls IX.: Bartholomäusnacht (Bluthochzeit), angestiftet von Katharina v. Medici, der Königinmutter.

Heinrich und Ludwig v. Guise gründen 1576 die »heilige Liga« mit Philipp II. von Spanien und dem Papst zur Vernichtung der Reformierten. Nachdem der kinderlose Heinrich III. infolge Tötung Heinrichs und Ludwigs v. Guise 1589 selbst ermordet wird, Anspruch Heinrichs auf französischen Thron. Mit ihm beginnen 200 Jahre Bourbonenherrschaft. – Heinrichs Konfessionen: Nach der Bartholomäusnacht muß er katholisch werden, flieht zu den Hugenotten, wird wieder reformiert, nach dem Tode Heinrichs III. und der vergeblichen Belagerung v. Paris 1590 wird er 1593 erneut katholisch und gewinnt Paris.

Die Hugenottenkämpfe und die Bartholomäusnacht 1572

In der Tat, das Gefängnis von St. Quentin ist die Wende im Leben Colignys geworden. Als er, König Karls bedeutendster Ratgeber, zu den Reformierten übertrat und dies offen bekannte, wurde den Hugenotten nicht nur der Führer geschenkt, sondern zugleich der Kampf an den königlichen Hof verlegt. Damit wurde der Versuch einer französischen Reformation für die ganze Nation zugleich eine hochpolitische Angelegenheit. Um den König stellte sich schützend und zu jedem Mittel der Gegenwehr entschlossen der alte Adel der Guisen und der Montmorencys. Der Kampf ging um die Krone und ihren nach dem Tode Franz I. schwachen Inhaber Heinrich II. Die Tatsache eines nach Genfer Vorbild gestalteten Glaubensbekenntnisses und die Bildung einer Nationalsynode zu Paris (1559) mußte zu einer ernsthaften Auseinandersetzung drängen. Sie hat die nun folgenden Jahrzehnte ausgefüllt.

In acht Stößen, von 1562 bis zum Edikt von Nantes 1598 haben die »Hugenotten« (vermutlich = »Eidgenossen«) um ihren Glauben gekämpft. Als man dachte, durch die Ehe Heinrichs von Navarra mit Margareta de Valois, der Schwester Karls IX., werde es zu einer Entspannung kommen, machte die Bartholomäusnacht (23.–24. August 1572) allen Hoffnungen ein Ende. Coligny und viele, die zur Hochzeit geladen waren, wurden Opfer des furchtbaren Blutbades, das Maria v. Medici, die Königinmutter, angestiftet hatte. Frankreich verlor einen großen Teil seiner Besten. Um König von Frankreich zu werden, trat Heinrich zur katholischen Kirche über. »Paris ist eine Messe wert« war sein armseliges Wort. Damit gewann er Paris, das er noch 1590 vergeblich belagert hatte. Um seinen ehemaligen Glaubensgenossen Erleichterungen zu verschaffen, legte er in La Rochelle und anderen Orten »Freiplätze« an, die im Notfall den Protestanten Sicherheit gewähren sollten; er erließ 1598 das Edikt von Nantes, das den Protestanten Duldung gewährte, 1685 aber wieder aufgehoben wurde. Der Kampf ging weiter.

Fluchtwege der Hugenotten im 16.-18. Jahrhundert

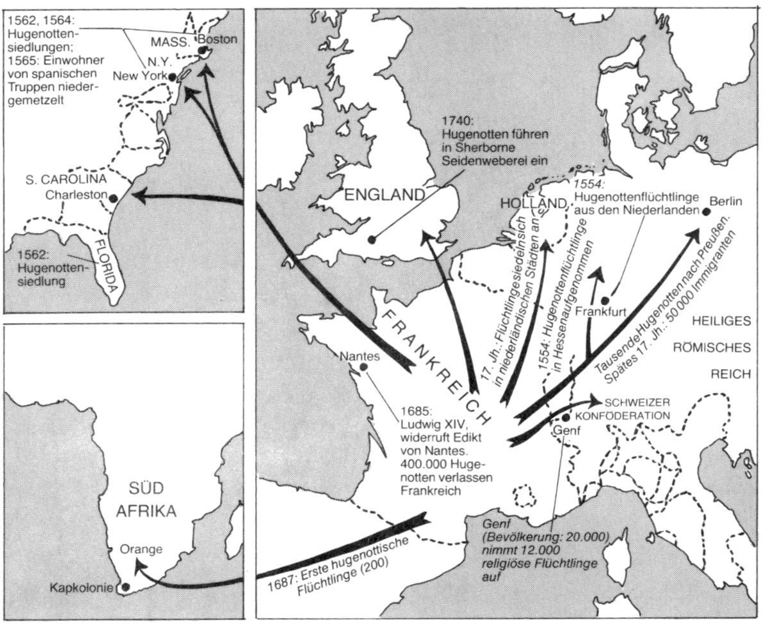

5. *Politik und Reformation trennen sich – Sieg der Engländer über die »Armada« 1588*

Die zweite Ehe Philipps II. von Spanien mit Elisabeth von Valois drohte Frankreich in die Gewalt der Habsburger zu bringen. Das muß Heinrich IV. fürchten. Seine schwankende Haltung schwächt die königliche Macht. Er muß sich gegen die von Philipp unterstützte katholische Partei durchsetzen.

Aber auch Philipp II. stößt an seine Grenzen. Er hat am Ende des Jahrhunderts die wichtigsten Teile der Niederlande verloren. Das Bündnis mit Schottland entfällt mit der Hinrichtung Maria Stuarts. Ihre gescheiterten politischen Intrigen will Spanien durch den Angriff der »unüberwindlichen Armada« als katholische Aktion ausgleichen. Nun soll endlich der Schlag erfolgen, der dem Volk der Briten den Todesstoß gibt. Aber die ersten Augusttage 1588 haben alles anders gewendet, als Philipps Berechnung es wollte! *Überlegene Taktik, überraschender Sturm hat seine Flotte besiegt und vernichtet.*

Die spanische Seeherrschaft ist beendet. Die der Engländer beginnt.

Von da an lag kein durchgreifender Erfolg mehr über dem Handeln des alternden Spaniers. Heinrich IV. sagte sich von der habsburgischen Abhängigkeit los und erklärte gegen Spanien den Krieg. Als Philipp als Besiegter Frieden schloß und den bisher bekämpften französischen König anerkannte, war die Gegenreformation im Westen beendet. Die Welt drehte sich nicht mehr um Spanien, auch die katholische nicht. *Der Papst sah in Frankreich seinen neuen Stützpunkt* und das hilfreiche Gegengewicht gegen eine Lenkung der Kirche von Spanien her. Das politisch-nationale Ziel hatte sich überall als das lebenswichtigere erwiesen gegenüber den Versuchen, mit einer katholischen Liga oder einem protestantischen Weltbund nach Colignys Willen die Geschichte Europas zu gestalten.

Man darf es aber auch so ausdrücken: Es entwand sich das reformatorische Anliegen den Händen derer, die es in ihre politischen Berechnungen hineinzustellen unternahmen. Und das Papsttum dachte nicht daran, sein Schicksal auf die Dauer an die Unternehmungen eines Philipp II. zu knüpfen. So blieb die Sache des Evangeliums in noch stärkerem Maße vor einer politischen Gleichsetzung bewahrt.

Die Staaten, die die Sache des Protestantismus vertraten, England, Schottland, die Niederlande und Deutschland, waren mit ihrer eigenen Geschichte verflochten.

6. Die Reformation in Nord- und Osteuropa

Früh kam die Reformation in den Norden. *Albrecht von Preußen, der Hochmeister des Deutschen Ordens,* hatte sein geistliches Amt aufgegeben, als er unter dem Einfluß Luthers evangelisch wurde und heiratete (1525). Von sei-

Die Reformation in Skandinavien

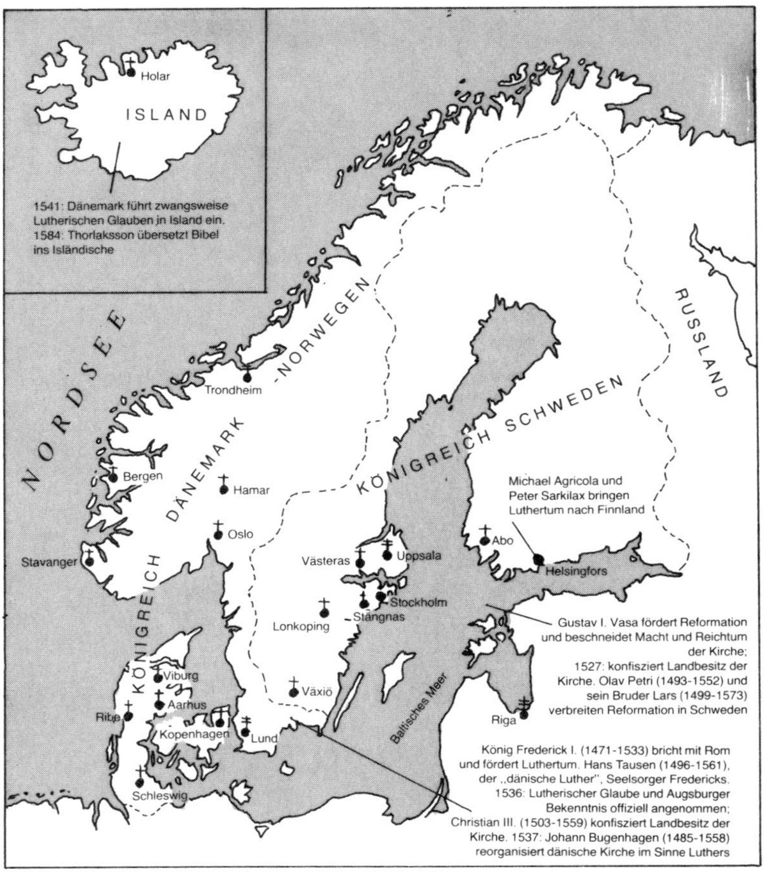

ERZBISTUM BISTUM

nem nun säkularisierten Land, das sich schnell der Reformation erschloß, breitete sich *die Reformation in den baltischen Ländern* aus. Riga, Dorpat und Reval schlossen sich in einem Religionsbündnis zusammen. Das Luthertum wird in der folgenden Zeit von Rußland und Polen bekämpft. Schweden muß dem russischen Druck im Osten weichen. Der Staat gewährte endlich dem Baltikum, seinen deutschen wie den dort beheimateten Stämmen eine gewisse Religionsfreiheit.

In *Schweden* war die katholische Kirche dänenfreundlich. Im Prozeß der Lösung von Dänemark erklärte der Nationalreichstag den Erzbischof von Upsala für abgesetzt. Der Papst verhängte über Schweden den Bann und beauftragte mit dessen Durchführung den dänischen König Christian II. Unter dem neuen Schwedenkönig *Gustav Wasa* wurde die Trennung vollendet und die Reformation 1524–1527 eingeführt, auch in dem zu Schweden gehörenden Finnland. *Finnlands* eigentlicher Reformator wird Michael Agricola, der Begründer der finnischen Schriftsprache.

In *Dänemark* selbst begann die Botschaft Luthers als volkstümliche Bewegung, dann unter Christian III. als Staatskirche (seit 1536 *Bugenhagen*), dem sich auch Südschweden, Norwegen und Island als dänische Teilstaaten anschlossen.

Unter vielen Kämpfen fanden sich in *Polen* Lutheraner, Calvinisten und Böhmische Brüder zu einer Vereinigung zusammen (1570). Im Süden, in *Ungarn* und *Siebenbürgen*, entstanden lutherische Gemeinden. So hat die Reformation weit über Deutschland hinaus Verbreitung erfahren. Die Bibel in den Landessprachen prägte den Zusammenhalt der Gemeinden. Sie haben unter schweren Verfolgungen ihren Glauben bewahrt.

Literatur:

Erich Marcks, Die Gegenreformation in Westeuropa, Propyläen, Weltgeschichte V.
ders, Gaspard de Coligny, 1892
K. Kupisch, Coligny, 1952
K. Kaser, Das Zeitalter der Reformation und Gegenreformation, 1923
B. Schwarz, J. Calvins Lebenswerk in seinen Briefen, 1909
M. Schmidt, Kirche und Christentum in Großbritannien, 1953[2]
R. Wittram, Baltische Kirchengeschichte, 1956
J. Chambon, Der französische Protestantismus, 1977[2]

Merkstoff:

Das **Spanien** Philipps II. (1547–1598) wird von **Frankreich** unter Heinrich IV. (1589–1610) als europäische katholische Großmacht abgelöst: Der frühere Hugenottenführer **Heinrich IV.** gewährt den französischen, durch die Bartholomäusnacht 1572 ihrer Führer beraubten Protestanten im Edikt von Nantes 1598 Duldung.

England, das 1588 Spanien die Armada-Niederlage beibringt, hat sich schon durch Heinrich VIII. 1534 von Rom gelöst.

Die **Niederlande** trennen sich 1581 von Spanien. Die 7 Nordprovinzen werden protestantisch.

Albrecht von **Preußen** erschließt 1525 sein Land der Reformation, die nun ins **Baltikum** vordringt, während das Luthertum in Rußland und Polen bekämpft wird.

In **Polen** schließen sich Lutheraner, Calvinisten und Böhmische Brüder zusammen. In **Ungarn** und **Siebenbürgen** entstehen lutherische Gemeinden.

29. Kapitel

Die Orthodoxie

1. Im Streit um die Lehre Melanchthons

Was ist Orthodoxie?

Mancherlei Umstände haben zusammengewirkt, um vom Bekenntnis der Reformation zum Lehrgefüge der Orthodoxie zu gelangen. Melanchthons humanistisches Erbe ist hierbei zuerst zu nennen. Schon 1540 erschien die »*Augustana variata*«, eine mit Zustimmung Luthers veränderte Form des Augsburger Bekenntnisses, der sich auch die Reformierten zuwandten. Hier waren Milderungen vorgenommen, die bis zur Änderung in der Abendmahlslehre gingen. Nicht nur im Blick auf Rom, sondern stärker noch, um die innerkirchlichen Unterschiede zu überwinden, suchte Melanchthon Vermittlung.

Da er das Kirchenvolk nicht für reif erklärte, in diesen Fragen zu entscheiden, gab er der Erziehung zum zuchtvollen Lebenswandel den besonderen Akzent. Die *Visitationen* in den Gemeinden zeigten, in welchem Maße falsch verstandene Freiheit zur Aufhebung der sittlichen Normen geführt hatte. *Von hier aus hat die Orthodoxie das pädagogische Prinzip in den Vordergrund gestellt.* Die Rechtfertigungslehre, der Schwerpunkt des lutherischen Bekenntnisses, wird bei Melanchthon zum Ja des Glaubenden, der Gott nicht mehr widersteht. Dem Werk und Willen des Menschen ist damit eine Mitwirkung zugestanden. So verstehen wir unter der *Orthodoxie das Bestreben, die Botschaft der Reformation auf das lehrmäßige, zentrale Anliegen der Rechtfertigung nach allen Seiten zu bestimmen und allen Verkürzungen zu wehren.*

Im Kampf um Melanchthons Theologie

Zur kirchengeschichtlichen Auseinandersetzung kamen nun diese Vermittlungen und Abweichungen an ganz bestimmten Lehrpunkten. Schon in den ersten Jahrzehnten der Reformation richtete sich gegen den Schematismus Melanchthons ein Angriff. *Johann Agricola* († 1566) wehrte sich dagegen, daß der Predigt des Evangeliums die Verkündigung des Gesetzes vorangehen müsse. Luther, der für die Gleichzeitigkeit beider Elemente der Schrift eintrat, deckte Melanchthon, weil er in Agricolas Sätzen Schwärmertum vermutete. Schärfer rückte man gegen den müde gewordenen Melanchthon vor, als er sich in den Verhandlungen nach der Mühlberger Schlacht zum Augsburger und für Kursachsen zum Leipziger Interim bereitfand (1548), zu einem der Form nach vollen Kompromiß mit dem Katholizismus. Zwar wurden den Protestanten – nur ihnen galt der Vertrag – Priesterehe und Laienkelch vorläufig gewährt; die katholischen Zeremonien mußten aber beibehalten werden.

Agricola, Johann, 1494 in Eisleben geb., gest. 1566 in Frankfurt/M.

1536 Dozent in Wittenberg; 1540 Hofprediger in Berlin, Visitator der Mark Brandenburg.
Vertreter des »Antinomismus« gegen Melanchthon und Luther:
Das Evangelium hebt das Gesetz auf.
Vertreter des Interims 1548.
Gegen Osiander 1552.

Flacius, Matthias, 1520–1575

»Illyricus«, geb. in Albona (Istrien)
Professor der hebräischen Sprache in Wittenberg.
Kämpfer für die Reinerhaltung der lutherischen Rechtfertigungslehre, die ihm selbst zur Heilsgewißheit verholfen hatte. Er kämpfte gegen Melanchthons »Interim« und wird ihm entfremdet. Für die Kirchengeschichte in den »Magdeburger Zenturien« bahnbrechend.
Viel wegen seiner Anthropologie angegriffen und dadurch in häufigem Amtswechsel. Professor für NT in Jena, Prediger in Antwerpen, Straßburg.

Damals war es *Matthias Flacius,* Luthers Schüler, der den altgewordenen Magister Melanchthon zur Zurücknahme seiner Zugeständnisse zwang. »Im Stand des Bekennens gibt es keine Adiaphora«, keine gleichgültigen Dinge, über die man so oder so denken kann.

Zwei Geistesrichtungen standen sich im jungen Luthertum gegenüber: Sind gute Werke zur Seligkeit notwendig, fragten die einen; ist der Mensch dem göttlichen Angebot gegenüber nur ein toter Baumstumpf (so Flacius), die anderen. Sollte Luthers Theologie in der Hand seiner Nachfolger in einem Gemisch von Philosophie und Glauben enden? Wohl klagte Melanchthon über den Heißhunger der Streitenden, dem Treiben auf den Universitäten stand er aber selbst ratlos gegenüber.

2. *Der Heidelberger Katechismus*

Mitten in diesen oft kümmerlichen Zwistigkeiten wurde es den Reformierten möglich, im *Heidelberger Katechismus* zu einem bedeutsamen Bekenntnis zu kommen (1563). Anreger ist Kurfürst Friedrich III. von Kurpfalz, der die Streitigkeiten zwischen den strengen Vertretern der Lutheraner, Philippisten und der Schweizer Protestanten beenden wollte. *Ursinus* und *Olevianus* sind seine Verfasser. Von des Menschen Elend (1), von des Menschen Erlösung (2) und von der Dankbarkeit (3) handelt der in Frage und Antwort gegliederte Katechismus. Unvergänglich mit der an Luthers Auslegung zum zweiten Artikel des Glaubensbekenntnisses erinnernden Satz ist die erste Frage:

> »Was ist dein einiger Trost im Leben und Sterben? Daß ich mit Leib und Seele, beides im Leben und im Sterben, nicht mein, sondern meines getreuen Heilandes Jesu Christi eigen bin, der mit seinem teuern Blute für alle meine Sünden vollkömmlich bezahlet und mich aus aller Gewalt des Teufels erlöst hat, und also be-

wahret, daß ohne den Willen meines Vaters im Himmel kein Haar von meinem Haupte fallen kann, ja auch mir alles zu meiner Seligkeit dienen muß. Darum er mich auch durch seinen Heiligen Geist des ewigen Lebens versichert und Ihm forthin zu leben von Herzen willig und bereit macht.«

Der Katechismus wird in Holland, in der Schweiz, in einer Reihe deutscher Fürstentümer und von den reformierten Gemeinden des Auslands aufgenommen und wird zum Band des reformierten Protestantismus in der Welt.

3. *Konkordienformel und Konkordienbuch*

Es gelang aber auch den lutherischen Theologen, ein Bekenntnis zu formulieren. Daran sind namentlich die Württemberger unter Führung von *Jakob Andreae*, die niedersächsischen und badischen Theologen beteiligt. Als die heimlich zum Calvinismus hinüberschwenkenden sächsischen Theologen ausgeschaltet waren, war der Weg zu einer Verständigung zwischen Nord- und Süddeutschland frei.

Der Name *Konkordienformel* sagt zur Charakteristik des Bekenntnisses schon das Wichtigste: Wie in der Scholastik des Mittelalters herrscht hier im ausgehenden Reformationsjahrhundert das Denken von der Mitte her. Man glaubt, die Lage dadurch zu klären, daß man die Gegner auf den radikalen Flügeln ausschaltete. So wird Flacius abgelehnt, aber auch ein Mann wie *Osiander*, der im Gegensatz zu Flacius die Rechtfertigung mit der Innewohnung Christi im Gläubigen verbindet. In der übrigbleibenden Mitte stehen wir nun aber noch nicht bei Luther, sondern viel eher bei Melanchthon.

Die *Konkordienformel* (1577) wird durch das *Konkordienbuch* (1580) ergänzt, in dem es die *Hauptbekenntnisse der alten und der lutherischen Kirche zusammenfaßt:* Das Augsburgische Bekenntnis, die drei altkirchlichen Bekenntnisse, die Apologie, die Schmalkaldischen Artikel, den großen und den kleinen Katechismus sowie die »Formula Concordiae«. Im ganzen ist die Linie Melanchthons stärker betont als die Luthers. 1530, vor genau fünfzig Jahren, stand in Augsburg eine Schar bekennender Fürsten und Städte vor Kaiser und Reich mit dem Augsburger Bekenntnis. Jetzt versuchen einige Theologen, die auseinanderstrebenden Teile des Luthertums beieinander zu halten. Es ist nur teilweise gelungen. Hessen, Pfalz, Zweibrücken, Pommern und eine Reihe von Städten machten nicht mit. Ihnen schien die Bibel und die Augustana das ausreichend einigende Mittel zu sein. Viel redliches Mühen, Scharfsinn, aber auch Rechthaberei beschattet nun das folgende Jahrhundert der Orthodoxie. Um die »reine Lehre« geht es sonderlich im Kampf zwischen

Abraham Calow († 1686) und Georg Calixt († 1656). Die Fakultät Helmstedt und Wittenberg ringen um das Zentrum des Glaubens, die Rechtfertigung. Calixt stand schon ganz in der kompromißbereiten Theologie, zu Melanchthon neigend. In den Gemeinden fanden diese Auseinandersetzungen kein Interesse mehr.

Osiander, Andreas, geb. 1498 in Gunzenhausen – gest. 1552 in Königsberg

Bei der Reformation in Nürnberg mitwirkend, ferner am Marburger Religionsgespräch, 1530 in Augsburg u.a.
1548 wegen des Interims nach Königsberg als Pfarrer und Professor. Gegen Melanchthons Rechtfertigungslehre Betonung der Einwohnung Christi in uns.

Dennoch muß es der Orthodoxie gedankt werden, daß sie das lutherische Bekenntnis vor dem Zerfließen in konfessionelle Kirchen bewahrt hat. Sie hat nicht nur Rom gegenüber das evangelische Bekenntnis betont, sondern dem glaubenslosen Zeitgeist die Glaubensgewißheit bezeugt.

Der Entstehungsprozeß der lutherischen Kirchen ist jedenfalls abgeschlossen.

4. Der Kampf gegen den Arminianismus

Lenken wir von hier aus den Blick auf die *Orthodoxie im Gebiet der reformierten Kirche,* wie sie in der Schweiz, in Frankreich, Schottland, in den Niederlanden und am Niederrhein sich findet: Beherrschend blieb für sie alle die Unionstendenz Calvins, die in seiner praktischen Grundhaltung liegt. Für ihn ist Kirche nicht der obrigkeitliche Apparat, der im übrigen seine Lehrkämpfe ausficht, sondern in ganz anderem Maße tritt die Gemeinde als Kampfbund in Erscheinung, als Zeugin vor der Welt in Wandel und Wort. Das läßt naturgemäß die theologischen Fragen bei den Kirchen des Westens in die zweite Linie rücken. Das *eine* Problem aber, an dem im Lebenskampf der Kirchen Calvins alles hing, zwang zu weitgehender Auseinandersetzung: *die Lehre von der Erwählung* (Prädestination). An ihr hing das Sendungsbewußtsein der todesmutigen Streiter der Gegenreformation. Als aber die führenden Bürgerkreise in Holland die schroffe Form der Prädestination ablehnten und damit ihre Verbindung mit humanistischen Gedanken bekundeten, fanden sie in Theologen wie dem Niederländer *Jakob Arminius* († 1609) Unterstützung. Auch der große Staatsmann *Hugo Grotius* vertrat den Standpunkt der *Arminianer*. Sie sprachen vom *Universalismus einer Gnade, die zu allen in der Verkündigung kommt*, ohne jedoch den einzelnen in ihre Bahn zu zwingen. Unerwartet schnell aber wurde dieser Streit abgebrochen, als *Moritz von Oranien* den orthodoxen Lehrern folgte und gegen die Arminianer mit Gewalt bis zum Schafott vorging. Damals bestimmte die *Synode von Dordrecht* 1619 unter Zustimmung fast aller reformierten Kirchen die Ablehnung des Arminianismus und das Festhalten an der Lehre Calvins.

Literatur:

H. E. Weber, Reformation, Orthodoxie und Rationalismus, 1939 u. 1951

W. Ehlert, Morphologie des Luthertums, 1931/32

W. Koepp, Johann Arndt, eine Untersuchung über die Mystik im Luthertum, 1912

F. W. Kantzenbach, Das Ringen um die Einheit der Kirche im Jahrhundert der Reformation, 1957

M. M. Rotermund, Orthodoxie und Pietismus, 1959

Merkstoff:

1540 Das Augsburger Bekenntnis 1530 wird von Melanchthon 1540 durch die **Augustana variata** ergänzt.

Melanchthons Vermittlungstheologie wie auch Friedrichs III. von der Kurpfalz Versuch, die auseinanderfallenden protestantischen Kräfte mit Hilfe des **Heidelberger Katechismus** 1563 zu einigen, schlagen fehl.

1577 Die Lutheraner sammeln sich um **Konkordienformel** 1577 und **Konkordienbuch** 1580.

1619 Die Synode von Dordrecht lehnt 1619 den Universalismus des **Jakob Arminius** und der Arminianer ab.

30. Kapitel

Durch Religionskriege zur Toleranz

1. Die Kirche im Dreißigjährigen Krieg

Der Dreißigjährige Krieg hat die Kirche unter Leiden und Sterben verinnerlicht. Das sagen uns die Choräle, die in dieser Zeit entstanden sind und gesungen wurden. *Philipp Nicolai* und *Joh. Matthäus Meyfarth, Johann Heermann* und *Martin Schalling* haben in den Anfechtungen des Krieges einen tiefgreifenden Dienst getan. Vor allem ist der gesamten Christenheit mit *Paul Gerhardt* († 1676) der Dichter der Festlieder, des tröstenden Zuspruchs und der Freude an der Natur geschenkt worden. Luthers Erbe hat er gegen seinen reformierten Kurfürsten in Berlin verteidigt und dabei seine Kanzel an St. Nikolai verloren.

Gerhardt, Paul(us), 1607–1676

Propst in Mittenwalde; bis 1666 an St. Nikolai in Berlin.
Wegen seines luth. Bekenntnisses von Kurfürst Friedrich-Wilhelm (reformiert) auf eigenen Wunsch entlassen.
Zuletzt Archidiakonus in Lübben.
Der größte Liederdichter des Gesangbuches: Festlieder, Natur und Lebenslauf beschreibend.

Neben dem Liedgut ist die Erbauungsliteratur für das 17. wie für die folgenden Jahrhunderte von weitgreifender Bedeutung geworden. *Johann Gerhards* († 1637) »*Heilige Betrachtungen*« haben als Andachtsbuch vielen Generationen gedient. *Johann Arndt* († 1623) ist als Verfasser der »*Vier Bücher vom wahren Christentum*« bekannt geworden. Ihm ist die Mystik des späten Mittelalters nicht fremd. (Auch Luther hat aus der »Deutschen Theologie«, einem katholischen Buch, in seiner frühen Zeit Nutzen gezogen.)

Während die orthodoxe Theologie mit stärkster Hingabe an den einzelnen Lehrpunkten der Dogmatik und Ethik arbeitet, wird die Predigt allzu oft lehrhaft, trocken, erziehend und gesetzlich.

2. *Der Dreißigjährige Krieg und der Westfälische Friede 1618–1648*

Der Einfluß der Fürsten auf die konfessionellen Streitigkeiten

Der Augsburger Religionsfrieden von 1555 (s. 25. Kapitel) barg in sich den Keim zu neuen, schweren Auseinandersetzungen. Die »*Gesellschaft Jesu*« (Jesuiten) erkannte mit klugem Blick, wie leicht sich eine Rückgewinnung evangelischer Länder durch den Einfluß auf die Fürsten erreichen ließ. Dies gelang z.B. in Bayern und Baden, wo Gebiete in die Hände der römischen Kirche zurückgeführt wurden. Vergeblich versuchte in Köln der evangelisch gewordene Erzbischof Gebhard, Truchseß von Waldburg, die Bestimmung von Augsburg zu durchbrechen – den »geistlichen Vorbehalt«, der die konvertierenden Bischöfe aus ihrem Amt entließ.

Umfassender und für die Zukunft bedeutsamer noch war die Religionspolitik *Ferdinands II.* von Österreich, dem späteren römischen Kaiser, seit 1595. Mit schärfsten Mitteln schlug der von Jesuiten Erzogene den erwachenden Protestantismus in *Tirol* und *Österreich* nieder. Das absolute Landesfürstentum stellte sich in den Dienst der Gegenreformation, dem von Rom her geleiteten Jesuitenorden willig folgend. So schuf die konfessionelle Spaltung in noch höherem Maße eine Trennung der Gebiete. Nicht die Reichsgewalt wuchs an Bedeutung, sondern der eigene und oft auch kirchlich kleinliche Gesichtspunkt der zum Teil winzigen Fürstentümer.

Während England und Frankreich in starker nationaler Einheit ihren Konfessionskampf durchstehen, wird das zerrissene Deutschland das Schlachtfeld für den blutigen Streit. Die Verknüpfung von Thron und Altar *(Cuius regio, eius religio* = wessen das Land, dessen die Religion) mußte notwendigerweise die übergreifende Einheit des Protestantismus hindern. Die wachsende Spannung zwischen den Lutheranern und Reformierten tritt dem zur Seite. Wahrlich, Deutschland erscheint wie geschaffen, das fruchtbarste Feld für die *Gegenreformation* zu werden, und dies nach dem Willen der spanisch-habsburgischen Macht.

Dazu kam, daß *Polen* und Schweden sich politisch verbanden. In Polen gewährte der *Pax dissidentium* 1573 allen religiösen Richtungen Freiheit. Aber in dem Ketzerhasser Stanislaus Hosius (1561 Kardinal, † 1579) und anschließend in König *Sigismund III. Wasa* (1587–1631) fanden die Protestanten fanatische Gegner. Durch Unterdrückung und Auswanderung sowie durch gegenseitige Bekämpfung reduzierte sich der protestantische Bevölkerungsanteil auf einen kleinen Rest, der allerdings den polnischen Staat überdauerte.

Das *schwedische Königshaus Wasa* liebäugelte eine Zeitlang mit dem Katholizismus, weil es die polnische Krone nicht preisgeben wollte. Der katholisch gewordene Sigismund (1604) wird verjagt und Karl IX. besteigt den schwedischen Thron. Das *Luthertum in Schweden erwies sich fest genug gegenüber allen Rückführungsversuchen.* Gerade von *Schweden her sollte in der Stunde der größten Gefahr die Hilfe für den gesamten deutschen Protestantismus kommen.*

Der Anfang: Der böhmisch-pfälzische Krieg 1618–1623

In kurzen Zügen ein Bild des Krieges, der ein Menschenalter hindurch in wechselndem Geschehen den Kontinent bewegte und weit über seine Zeit hinaus in Erinnerung geblieben ist:

Schon vor 1618 standen wie einst in der Schweiz und in der deutschen Reformation die Bünde zum Kampf bereit. Nachdem Maximilian von Bayern die Reichstadt Donauwörth widerrechtlich rekatholisiert und annektiert hatte, kam es 1608 zur *Evangelischen Union von Ahausen unter der Führung Friedrichs IV. von der Pfalz,* und als Reaktion darauf 1609 zur Gründung der *Katholischen Liga, deren Haupt* der zusammen mit seinem Vetter, dem späteren Kaiser Ferdinand II., von Jesuiten erzogene Kurfürst *Maximilian I. von Bayern* wurde. In Böhmen brach der Krieg aus, als sich die protestantischen Stände in ihren heiligsten Rechten (der »Majestätsbrief« Rudolfs II. von 1609 sicherte den Protestanten weitgehende Freiheiten) verletzt sahen: Zwei evangelische Kirchen wurden vertragswidrig geschlossen. Daraufhin wählten die Protestanten den evangelischen Kurfürsten Friedrich V. von der Pfalz zum König von Böhmen. Aber das politisch haltlose Unternehmen des »Winterkönigs« schlugen die Habsburger mit überlegener Macht nieder. An der Schlacht am Weißen Berge (1620) beteiligte sich Spanien, Kursachsen und die Liga unter Ferdinand II. Die Folge war die Ausrottung der Evangelischen in Böhmen, in der Ober- und Rheinpfalz. Maximilian erhielt die Kurwürde der Pfalz.

Der Sieg der kaiserlichen Feldherren: Niedersachsen gegen Dänemark, 1623–1629

Schwerer noch war die Entwicklung bis zum Jahre 1629, als Kaiser Ferdinand II. die dänisch (Christian IV.) -holländisch-englische Einmischung zugunsten des protestantischen Nordens abwies und durch *Tilly* und *Wallenstein* weite Gebiete aus dem einst geistlichen Besitz wieder in die Hand der katholischen Kirche zurückeroberte. Da Sachsen und Brandenburg ihre Neutralität bewahrten, war die Sache des Protestantismus aufs äußerste gefährdet. Im *Restitutionsedikt von 1629* wurde die Rückgabe aller seit dem Passauer Vertrag (1552) eingezogenen geistlichen Güter erzwungen, der Religionsfrieden auf die Lutheraner beschränkt. Hundert Jahre nach der Reformation gewann es den Anschein, als sollte die politische Macht der Habsburger, nun auf ganz Deutschland konzentriert, zum siegreichen Ziel gelangen. Da kam der Retter aus dem Norden.

Gustav II. Adolf von Schweden, der Retter der evangelischen Kirche 1630–1632

Es geschieht ihm Unrecht, wenn man ihm Unlauterkeit vorwirft, weil er nicht rein und ganz aus religiösen Motiven gehandelt hat. Er hätte sein Königsamt schlecht verstanden, wenn er die Gefahr für den Norden durch Habsburg übersehen hätte. Die Freiheit und Größe des schwedischen Reiches lag für seinen klaren und weiten Blick durchaus in der Schnittlinie der protestantischen Frage. Unausweichlich entschied die Katholisierung Deutschlands über den Glauben wie über die politische Unabhängigkeit Schwedens. In dieser Erkenntnis hat Gustav Adolf gehandelt, in seinem Vordringen aufgehalten durch die Unschlüssigkeit Brandenburgs und Sachsens, was Tilly die Einnahme und Zerstörung Magdeburgs 1631 ermöglichte. Das Mißverhältnis seiner eigenen kleinen Armee im Vergleich zur katholischen Übermacht vermag aber auch die andere Seite zu beleuchten. Gustav Adolf handelte nicht nur als schwedischer Politiker im Rahmen der Gesamtlage der protestantischen Staaten. Er wußte sich im Glauben mit seinen bedrängten Brüdern verbunden. Ein kurzer, entscheidender Siegesgang über Breitenfeld, wo er 1631 Tilly schlug, nach Lützen (1632) und dort in den frühen Tod – das ist der Weg dieses Mannes, dem Deutschland die Rettung des Protestantismus verdankt. Als die Schweden bei Nördlingen 1634 geschlagen wurden, war das protestantische Übergewicht wieder dahin. 1635 schließt Kursachsen mit dem Kaiser den Separatfrieden von Prag.

Das politische Ende des Krieges

Als sich im letzten Drittel des Krieges außer Schweden auch Frankreich gegen Habsburg einschaltete, war freilich die Größe und Reinheit der Motive dahin.

Der Dreißigjährige Krieg 1618-1648

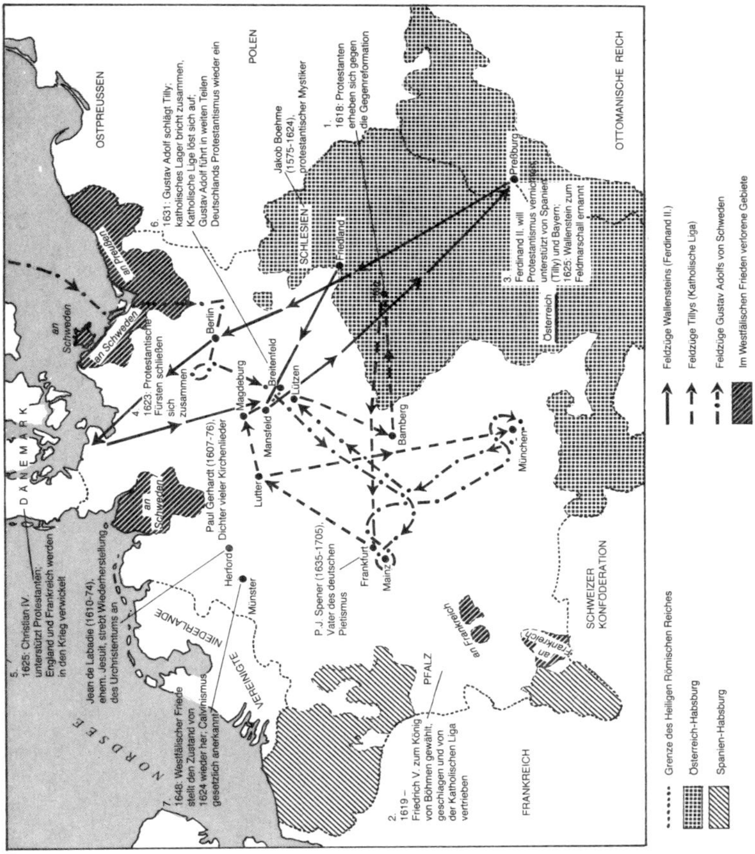

Was lag Frankreich am deutschen Protestantismus? Wieder überwiegen die politischen Motive und Kräfte. Sie führen zum Westfälischen Frieden von Münster und Osnabrück (1648). Er stellt im ganzen eine gewisse Lockerung des Augsburger Religionsfriedens dar – nun wieder auf die Reformierten ausgedehnt. Freikirchliche Sammlungen blieben ausgeschlossen. Der Landesfürst bestimmt nicht mehr so streng die Konfession seiner Untertanen. Minoritäten werden geduldet. Er hat über die beiden evangelischen Bekenntnisse keine Verfügungsgewalt mehr, sobald er selbst den Glauben wechselt. 1624 soll als Normalsjahr der in protestantischem Besitz gewesenen geistlichen Güter als gültiger Bestand gelten, soweit es die beiden Konfessionen anlangt. Es werden Säkularisierungen vorgenommen und wesentliche Gebietsregelungen: Niederlande und die Schweiz werden unabhängig, Schweden erhält Bremen-Land und Verden als weltliche Herzogtümer, Brandenburg dehnt sich nach Westen aus. Bayern behält die Oberpfalz und die Kurwürde, und die Kurpfalz wird als 8. Kurfürstentum wiederhergestellt u.a.m.

Österreich und ein Teil von Schlesien waren vom Westfälischen Frieden ausgeschlossen. Bis 1654 wurden denn auch in Schlesien über 650 evangelische Kirchen geschlossen und 500 Pfarrer vertrieben. Tausende Protestanten wanderten in die Oberlausitz aus. Die jesuitische Propaganda an den Höfen blieb in der Folgezeit nicht aus.

Weite Strecken des deutschen Landes glichen nach den furchtbaren Kriegs-, Pest- und Hungerjahren einem zerstörten Feld. Unter dem seelischen Druck dieser Zeiten sind die Kreuz- und Ewigkeitslieder der Kirche entstanden. Die Orthodoxie suchte sich am Erbe der Väter wieder aufzurichten. Es kam auch hin und her zu Ausgleichsverhandlungen, um den Streit zwischen den Lutheranern und Reformierten beizulegen. Das ernste Angesicht des Todes ist dieser Generation aufgeprägt. Der Toleranzgedanke ist nicht nur ein philosophisches Produkt. Er ist die notwendige Reaktion gegenüber einem Zeitalter, das mit Feuer und Schwert eine Einheit zu erreichen suchte, die sich so nie und nimmer erzwingen läßt. In dieser Reaktion liegt das Eingeständnis, daß sich hier ein Gericht offenbart. Tief war Gottes Pflug durch das Land gezogen. Aber sollte nicht gerade in seinen Furchen neue Saat keimen?

2. Bis zur Aufhebung des Ediktes von Nantes (1685)

Ganz anders ist die Geschichte der Kirche in Frankreich verlaufen. Kluge Kardinäle, *Richelieu* (1624–1642) und *Mazarin* (1643–1661), führen Jahrzehnte hindurch gewissermaßen das Protektorat über die Könige des Hauses Bourbon. Sie tun es in den Linien des Ediktes von Nantes (1598): Der »absolute« Staat in Verbindung mit der absoluten Kirche soll die gesamte Kultur umklammern und in die gewünschten Bahnen lenken. Damit verträgt sich sogar eine gewisse Duldung der Hugenotten. Man braucht die nationale Einheit, um desto entschlossener sich dem spanisch-habsburgischen Ring zu entziehen.

Daß sich auch im 17. Jahrhundert diese beiden großen katholischen Mächte nicht finden und jede von ihnen auf ihre Weise mit dem Papst fertig zu werden sucht, ist für den Protestantismus eine nicht zu unterschätzende Hilfe. Während aber Richelieu Macht genug besitzt, um die verschiedenen Kräfte in starker Führung unter sein Regiment zu bringen, glaubt *Ludwig XIV.* (1643–1715) von den sechziger Jahren an nur mit *Unterdrückung der Hugenotten* seinem Absolutheitsanspruch zu genügen. Die Schatten der Bartholomäusnacht und der bewaffneten Aufstände der zwanziger Jahre (*La Rochell* wird 1628 von den Hugenotten heldenhaft verteidigt, nach der Einnahme gewährt ihnen Richelieu das »*Gnadenedikt von Nimes*« 1629) weichen nicht mehr. Eine freie Behandlung der religiösen Fragen erscheint unmöglich. In einer Kette von einengenden Bestimmungen und Schikanen aller Art erfolgt schließlich die *Aufhebung des Ediktes von Nantes im Jahre 1685*. Damals hat Frankreich über eine halbe Million seiner tüchtigsten Bürger des Landes verwiesen. Sie fanden in England, Holland und namentlich auch Deutschland eine neue Heimat. Aber auch Ströme von Blut sind in dieser Zeit um des Glaubens willen geflossen. Der absolute Wille des Königs beherrschte die französische Kirche, löste sie, soweit es eben ging, von der päpstlichen Leitung und schuf namentlich mit Hilfe der Jesuiten jene Frömmigkeit, die in Gebärde und Ton der Wahrheit entbehrte. Das aufs schärfste zu geißeln wurde *Molière* (1622–1673), selbst Jesuitenschüler, in seinen Dramen nicht müde.

In unauslöschlicher Erinnerung bleibt der heldenmütige Kampf der Hugenotten in den *Cevennen um 1700*. Sie wollten wieder mit Waffengewalt die Freiheit ihres Glaubens retten – diesmal waren es die Bauern. Gegenüber den Truppen des Königs waren sie zu schwach. Schwerer noch war der innere Verlust: Sie konnten ihre geistliche Kraft nicht mit den Waffen erhalten. Ein innerer Zerfall war die Folge.

3. *Der geistliche Aufbruch in der katholischen Kirche*

Jansen, Cornelius, 1585–1638

1630 Professor in Löwen.
Bischof von Ypern.
Gegner der Jesuiten.
Sein Lebenswerk, »Augustinus« (1640) erregt bittere Angriffe der Jesuiten, kommt 1642 durch Urban VIII. auf den Index.
Sieg der »unwiderstehlichen Gnade«.
Die Mystik bei seinen Anhängern, den »Jansenisten« in Port Royal, Paris u.a.

Im französischen Katholizismus gab es Kräfte genug, die den verhängnisvollen Kurs sahen. Der Bischof von Ypern, *Cornelius Jansen*, wagte, gestützt auf die Autorität Augustins, den Stoß gegen die verflachende und moralisierende Theologie der Jesuiten. In Port Royal sammelte sich nach dem Tode Jansens eine Reihe seiner Anhänger, unter ihnen die Äbtissin des Zisterzienserinnenklosters *Jacqueline Marie Arnauld* (Mutter Angelique), der Sorbonne-Professor *Anton Arnauld*, der Dramatiker *Racine;* der bedeutendste ist *Blaise Pascal* (1623–1662). Seine »*Gedanken über die Religion*« (1669) sowie die »*Provinzbriefe*« (1656) haben den Weg zu vielen nachdenkenden Katholiken und Protestanten gefunden. Rücksichtslos deckte der gelehrte und geniale Mathematiker die Widersprüche im kasuistischen System des Jesuitentums auf.

Im Grunde ist der *Jansenismus* eine innerkirchliche Bewegung, gleichsam ein Vorposten auf vorgeschobener Wacht, den Geist einer neuen Zeit verkündend. Er birgt in sich ein *mystisches Moment,* ähnlich der mittelalterlichen Frömmigkeit. Bei Blaise Pascal verbindet sich der Glaube mit seinem philosophischen Wissen. Wohl überwindet er den Verdienstgedanken nicht, und doch ist sein Bekenntnis ein Signal, das den König seit 1660 auf den Rat Mazarins hin zusammen mit den Jesuiten gegen Port Royal agieren läßt, bis er es 1709 aufhebt und 1710 zerstört. Der Kampf richtet sich zu dieser Zeit besonders gegen ein von *Paschasius Quesnel* 1692 mit Anmerkungen herausgegebenes französisches NT, das von König und Papst geschätzt und doch von Klemens XI. verdammt wird. Erst die große Revolution am Ende des 18. Jahrhunderts hat Frankreich die Toleranz gebracht.

Stiller ist der Weg der Mystiker um *Frau von Guyon* († 1717) und *Fénelon,* den *Erzbischof von Cambrai* († 1715), Erzieher von Ludwigs XIV. Enkel, Verfasser des Bildungsprogramms »*Telemach*«. Die Liebe, die keine Belohnung will (l'amour désinteressé) hat einen Zugang zum Evangelium gefunden. Zur Trennung von der Kirche kommt es jedoch nicht. Dazu ist das Band der Mystik zu stark. *Franz von Sales* (1567–1622), Verfasser der »*Introduction à la vie dévote*«, eines weitverbreiteten Andachtsbuches, seit 1612 Bischof von Genf, Beichtvater der französischen Gesellschaft, vertrat die neue pietistische (= passive, stille, verinnerlichte) Frömmigkeit. Männer wie *Carlo Borromeo* (1538–1584) und der Jansenistengegner *Vincentius ca paulo* (1576–1660) wirken als Volkserzieher und in der Armenpflege in Erinnerung an Franz von Assisi. Eine weitgreifende Diakonie wird in dem allen sichtbar.

Die Jesuiten entsprachen dem Barock der Zeit in starker Betonung der farbenreichen Altäre, der Innigkeit des Herz-Jesu-Kultus. Die Ordensgründungen gehen zurück. Die historisch-philosophischen Wissenschaften blühen: In den Klöstern arbeitet man an den Kirchenvätern, am alttestamentlichen und neutestamentlichen Kanon, an der Kirchengeschichte.

4. *England und Schottland im Ringen um eine romfreie Kirche*

Die Gefahr der Rekatholisierung

Als das Reich der Königin Elisabeth von der Bedrängnis durch die Spanier befreit war, glaubte man, eine einheitliche romfreie Kirche errichten zu können. Dem schottischen Calvinismus (Presbyterianer) entsprechen in England die Puritaner, die Gereinigten, wie man sie nannte, weil sie entschlossen waren, den Mischcharakter des Anglikanismus zu beseitigen und sich dem Staatschristentum nicht zu unterwerfen. Diese z.T. hart verfolgte Gruppe fand ihren Weg nach Holland, das mehr und mehr ein Zufluchtsort der von allen Seiten Auswandernden wurde – zumal der Taufgesinnten. Die Puritaner gaben aber auch im Heimatland den Kampf nicht auf, und dies um so weniger, als nach Elisabeths Tod die Stuarts wieder zur Herrschaft kamen. Maria Stuarts Sohn Jakob VI., seit 1603 als englischer König *Jakob I.* (1603–1625), eint England und Schottland unter seinem Regiment, wiewohl sie als Reiche getrennt bleiben. Selten haben Könige die Bedeutung der Stunde so grundlegend verkannt wie Jakob I. und sein Sohn *Karl I.* (1625–1649). Sie glaubten, durch die Hilfe der anglikanischen Staatskirche – sie setzten Bischöfe für Schottland ein! – die innere Einheit des Reiches zu erlangen, und übersahen dabei, daß man im Schottland Calvins keine Bischöfe einsetzen und in England den Puritanismus nicht als Belanglosigkeit beiseite drängen darf. War es nicht von der absolutistischen, hochkirchlichen Politik

Jakobs und Karls nur noch ein Schritt zum Katholizismus? Durch die Verknüpfung des politischen Zieles mit dem religiösen erreichten aber die Stuarts das volle Gegenteil, indem sich nunmehr die nationalen Gruppen auf ihr nichtanglikanisches Bekenntnis besannen und der anglikanischen Hochkirche den Rücken kehrten.

Gegenwehr des Parlaments

Die Sturmzeichen standen schon bedenklich hoch, als im Jahre 1625 Karl der Nachfolger seines Vaters wurde und die katholische Henriette Maria von Frankreich, Tochter Heinrichs IV., heiratete. Indem er zusammen mit dem Erzbischof von Canterbury, *William Laud,* in der immer mehr katholisierenden *Hochkirche* die Zukunft seines Landes zu erkennen glaubte, trieb er die Gegensätze auf die Spitze. In rascher Entwicklung geriet die Führung der Nation in die Hände des Parlaments. Hier sind es zunächst die Anhänger der *presbyterianischen,* dem Calvinismus nahestehenden *Kirchenverfassung,* die das Übergewicht haben. Sie wollen auf organischem Wege die bischöfliche Kirche in ihr mehr reformiertes Ideal umleiten. Da wird diese Richtung in überraschender Eile von einer noch radikaleren Partei überflügelt. Die Stoßtruppe der Revolution wird der *Independentismus* (die »Unabhängigen«) und sein Führer bald darauf *Oliver Cromwell.*

5. Cromwell (1599–1658)

Cromwell, Oliver, 1599–1658

Nachkomme Thomas Cromwells, des Ministers Heinrich VIII., entstammt englischem Landadel; strenges, bibelfestes puritanisches Elternhaus. Feldherr und Staatsmann der Puritaner. Zuletzt Lord-Protektor von England, Schottland und Irland. Sein Ziel, Einigung des protestantischen Europas, hat er vorläufig nicht erreicht.

Der Toleranzgedanke und die konfessionellen Gegensätze

Mancherlei Ströme laufen sturzwellenartig in dieser wildbewegten Zeit zusammen. Der Glaube an das Staatskirchentum ist im Sinken. Vor den Augen des Parlaments steht die neue Zeit. *Sie zerbricht den Gewissenszwang und fordert die Toleranz, sie gibt dem einzelnen die Freiheit und ist das Ende des Absolutismus.* Sie vermittelt nicht zwischen den mancherlei Möglichkeiten, sondern weiß sich zum Handeln berufen. Diese neue Zeit will eine totale Umwälzung im Staat und in der Kirche schaffen. Unklar in den Einzelzügen, noch wie im Nebel, ersteht das Ideal einer *staatsfreien Kirche, in der sich die Gläubigen und nur sie zu Einzelgemeinden zusammenfinden. Synoden stellen den Zusammenhang der im übrigen gleichgeordneten, selbständigen Gemeinden dar.*

Schärfer konnte der Gegensatz zur Hochkirche nicht formuliert werden. Man hat den Eindruck, daß die ein Jahrhundert zurückgehaltene Glut religiöser Leidenschaft in diesem Augenblick mit einer unvergleichlichen Gewalt aufbricht. Nüchterne Männer, eben noch Puritaner, erschließen sich enthusiastischen Strömungen und glauben, das Tausendjährige Reich sei nahe. Ein Chaos ohnegleichen droht hereinzubrechen, als der Heerführer und Politiker Cromwell das Unheil wendet und den gärenden Most in neue Schläuche faßt.

Cromwells historischer Auftrag

Wer war dieser Mann? Woher stammte er?

Er ist ein Sproß des alten englischen Landadels. In seine Jugend fällt die persönliche Begegnung mit dem Worte Gottes, wie es ihm puritanische Kreise vermitteln. Hier verbindet sich natürliche Willenskraft und Strenge mit dem Wissen um göttliche Führung im täglichen Leben.

Unmöglich erscheint von der Schau Cromwells aus ein Königtum, das zwischen Schottland und England mit dem Bürgerkrieg als letzter Waffe zur Erhaltung seiner Macht spielt. Unmöglich auch ein Parlament, das diesen König noch zu halten sucht. Der Radikalismus der »Unabhängigen« bringt schließlich über Cromwells anfängliche Bedenken hinweg den König aufs Schafott. Als »Tyrann, Verräter, Mörder und Feind des Gemeinwesens« muß Karl I. am 30.1.1649 sterben. Acht Tage später wird die *Republik* ausgerufen, die nun ganz Großbritannien umschließt; 1653–1658 besteht das *Protektorat* mit *Oliver Cromwell* als Lord-Protektor auf Lebenszeit.

Cromwell setzt nun nicht an die Stelle des absoluten Königtums das »Parlament der Heiligen«, das vom 4.7.–12.12.1653 mit Gebet und sozialreformerischen Umsturzplänen regierte, sondern sehr bald die eigene, eisern entschlossene und sachlich überlegene Diktatur. *Er findet den Weg zu Frankreich*, um in der Einheit mit ihm gegen Spanien vorzugehen. Er vergißt dabei aber nicht, als protestantischer Führer zu handeln und sich der bedrängten Glaubensgenossen, der Waldenser in Italien und anderswo, anzunehmen. *Cromwell ist der bedeutendste Verfechter der religiösen Toleranz**, die er al-

* Toleranz = Duldung

lerdings weder auf die Katholiken noch auf die bischöflich gesinnten Hochkirchler ausdehnte, da er ihnen politisch nicht trauen konnte. Diktatur und Toleranz, *großbritannische Herrschaft und* treueste Achtung der kirchlichen Eigenbildungen der Länder Großbritannien und Schottland, vorsichtiger Anschluß an Frankreich und dennoch *europäisch-evangelische Politik* – diese Spannungen bezeichnen die kirchengeschichtlich bedeutsame Leistung dieses Independenten. *Zum ersten Male herrscht in Europa der Gedanke der Religionsfreiheit.*

Cromwells Gottesgewißheit. Die Rückkehr der Stuarts

Dennoch ist damit das Geheimnis Cromwells noch nicht erklärt. Er wußte sich von Gott gesandt und sah in der politischen Führung der Nation das ihm von Gott gegebene Amt. Gebet und Wort waren ihm dabei die tägliche Nahrung und gaben seinem Sendungsbewußtsein in den Anfechtungen und Niederlagen die immer neue Spannkraft. In diese Sendung begriff er sein ganzes englisches Volk mit ein. Daß dieses sein Land von Gott auserwählt sei zu besonderer Geschichte vor allen Völkern der Erde, ist die persönliche Gewißheit dieses Mannes.

In der Frage nach dem religiös-politischen Schwärmertum kommt niemand in der Beurteilung Cromwells vorbei. Er hat seine Ziele nicht erreicht. *Die Einigung des Protestantismus blieb aus.* Toleranz und Absolutismus zu vereinen ging über die Kraft seiner genialen Persönlichkeit. Alle seine politischen Ziele liegen zerbrochen am Boden, als er stirbt. Als die Stuarts zurückkehren (1660–1688), erscheint Cromwells Zeit wie eine bedeutungslose Epoche. Alle Parteien erheben wieder ihr Haupt, und die eben noch herrschenden Independenten* werden verfolgt. England soll, so sieht es aus, in den Schoß der katholischen Kirche zurückkehren. Karl II. (1660–1685) und sein Bruder Jakob II. (1685–1688) haben den Weg zur alten Kirche zurückgefunden. Gerade da aber erweist es sich: Cromwell hatte weiter gesehen als sie alle. Das Evangelium kann aus dem Inselbereich nicht mehr vertrieben werden. Die Stuarts gewinnen keinen Boden mehr und müssen in der »Glorreichen Revolution« von 1688 endgültig weichen. Der Protestant *Wilhelm III. von Oranien, Jakobs Schwiegersohn, wird König.* Nun bricht sich der Toleranzgedanke erst recht Bahn, die Brücke zum Gesamtprotestantismus ist gefunden. Nun ist auch Schottland mit England verbunden. *Das Lebenswerk Cromwells hat nachträglich seine Bestätigung erhalten. Seine Ziele haben sich in weiter Sicht erfüllt.*

* Unabhängige

Menschen um Cromwell

Cromwell ist denen verwandt, die irgendwie mit dem Täufertum verbunden sind. *George Fox († 1691), der Begründer der Quäker, der »Gesellschaft der Freunde«,* verkündigt in prophetischer Haltung das baldige Kommen des messianischen Reiches. Ekstase und inneres Licht spielen in diesem Kreise eine große Rolle.

Fox, George, 1624–1691

Begründer der Quäkergruppe, strebt weltweite Sammlung und Erneuerung der Christen an. Ohne Dogma. Verwirft Krieg und Eid.
Gegen die Sklaverei. Diakonie. Frauen in Mitarbeit!

William Penn, 1644–1718

von Karl II. mit großem Kolonialgebiet in Delaware USA belehnt, vertritt das Quäkertum in Amerika.

William Penn hat einen Teil der Quäker nach Amerika hinübergeführt. Der enthusiastische Zug des Anfangs weicht aber bald einer durchdachten Organisation, der Prophetismus einer strengen, asketischen Haltung. Ihre große Liebestätigkeit ergänzt die sonst auffallende Zurückgezogenheit ihres Lebens. *Die Quäker haben dem Staate gegenüber bis zur Verweigerung des Eides und des Kriegsdienstes scharfe Grenzen gezogen.* Sie sind aber von dogmatischen Bindungen frei, Boten des Toleranzgedankens, Bekenner des freien Individualismus und darum Kinder der neuen Zeit und bald auch des neuen Erdteils. Das gilt ebenso auch von den Independenten aus der Zeit der Restauration unter Karl II., der 8 000 Dissidenten mit Gefängnis, 60000 mit anderen Strafen belegt. Hier ist der Puritaner *Richard Baxter* (1615–1691) zu nennen und vor allem der Baptist *John Bunyan* (1628–1688), der zwölf Jahre Gefangenschaft erduldet. Die Frucht der Verfolgungszeiten sind jene weltweit verbreiteten Erbauungsbücher geworden, die von der »*Ewigen Ruhe der Heiligen*« (Baxter 1649) und der »*Pilgerreise*« (Bunyan 1678) des Christen handeln. Es lag im Wesen dieses Independentismus, daß es ihm versagt blieb, eine Volkskirche zu gründen. Er hat aber zweifellos reinigend und vertiefend auf die widerstehende anglikanische Bischofskirche gewirkt.

Staats- und Freikirche nebeneinander

Die *Toleranzakte von 1689 Wilhelms III. von Oranien zieht den Schlußstrich unter die* wechselvolle Entwicklung in England und unter die *europäischen Religionskriege* überhaupt. England hat sich zu einer weitgehenden Duldung der Nebenkirchen durchgerungen. Wohl bleiben ihren Mitgliedern die öffentlichen Ämter versagt. Die anglikanische Staatskirche ist das im ganzen bestimmende Gefüge geblieben. Man darf aber nicht vergessen, daß die Stillen im Lande nach einer Verantwortung im staatlichen Leben zunächst kein Verlangen haben. Sie sind und bleiben deshalb keineswegs ohne Einfluß. Im Gegenteil, in England, Holland und Amerika weisen gerade sie in neue Bahnen. In ihnen wohnt ein Lebensgefühl, das durchaus nicht weltfremd die Dinge des Alltags zu sehen und zu meistern versteht. In kluger, psychologisch eindringender Weise haben die Vertreter dieser neuen und andersartigen »Renaissance« – man denke z.B. an die heute noch packende »*Pilgerreise*« von Bunyan, aber auch an *John Milton* (1608–1674, Staatssekretär Cromwells), den Verfasser des »*Verlorenen Paradieses*« – die Brücke gefunden, die sie mit den Führern der geistigen Bewegung und hier in Sonderheit mit den Philosophen ihrer Zeit verbunden sein läßt. So bleibt auch nicht nur der Politiker, sondern ebenso der Christ Cromwell in seinen Auswirkungen auf lange Sicht hin bedeutsam. Ohne den Puritanismus und den Independentismus wäre die anglikanische Kirche erstarrt, wiewohl die Liturgie mit ihrer starken Anbetung lebendig blieb.

6. *Der Weg zur Aufklärung durch die Philosophen Descartes und Spinoza*

Zwei Ereignisse im Raum der Geisteswissenschaften bestimmen die Jahrhunderte nach der Reformation.

Die naturwissenschaftliche Entdeckung der Erde, die ihr die Mittelpunktstellung im All nimmt, zerbricht das Weltbild der Kirche. *Kopernikus* hat damit den Anfang gemacht († 1543), *Giordano Bruno* († 1600), *Kepler* († 1630) und *Galilei* († 1642) setzen diese Arbeit fort, aber unter dem Widerspruch der Kirche. Kein Wunder, daß man das Mittelalter, aber auch Luthers Zeit, als eng und pessimistisch empfand. Eine in den Urkräften des Kosmos Nahrung suchende Philosophie wehrt sich gegen das Dogma von der Erbsünde und der mit ihr verlorenen Welt.

Die Frage ist, inwieweit der Prozeß durch den Protestantismus beschleunigt worden ist. Er hat sicherlich jahrhundertealte Vorurteile hinweggeräumt und mit der Freiheit der Forschung den Wirklichkeitsernst verbunden, der vor keiner Wahrheitserkenntnis zurückscheut. Die reformatorische Grundanschauung wird nun auf andere Gebiete angewendet, wie etwa bei Cromwell auf das politische Leben. Der nun beginnende Kampf wird aber dadurch so überaus schwer, daß der Ablösungsprozeß, dem die neue Welterkenntnis zugrunde liegt, nicht nur von der alten Kirche und ihren veralteten Bildern trennt, sondern auch vom Glauben der Väter kraft einer Selbstsetzung des Menschen, die ihn zum Maß aller Dinge erhebt.

Die Philosophen bestimmen das Bild der Zeit. Es kann sich hier nicht um einen ins einzelne gehenden Aufriß der Gedanken *René Descartes* (= Renatus Cartesius, 1596–1650) und *Baruch Spinozas* (1632–1677) handeln.

Der Franzose erledigt den radikalen Zweifel, indem er die mathematische Methode mit ihrer Klarheit auf die Philosophie überträgt und diese zu einer Vernunftwissenschaft macht – *»ich denke, darum bin ich«*. Daß er von hier aus zur Gottesidee gelangt, entscheidet über seinen Deismus, d.h. es darf noch irgendwo einen Gott geben, ein höchstes Wesen. Auf der Erde aber, verantwortlich und frei (autonom), regiert der Mensch.

Spinoza kam aus dem holländischen Judentum. Als er mit der Synagoge zerfiel, erschloß sich ihm das bergende Weltgefühl des *Pantheismus*, der All-Einslehre: *»Gott – oder was dasselbe ist, die Natur.«* In der Natur die unendliche Harmonie aller Gegensätze zu erkennen und liebend in dieser Unveränderlichkeit alles Seins zu versinken *(amor dei intellectualis)* – das ist des Menschen Erlösung aus aller Qual. Aber damit erlischt im Grunde der Wille, das Selbstbewußtsein, die Geschichtsverantwortung, die Belastung von der Sünde her; damit auch der Glaube an den persönlichen Gott und an den Mittler Jesus Christus. Der Mensch ist zum Staunen gelangt, ist in Wahrheit ein Weltkind geworden. Es ist wieder alles »sehr gut«. Wir wissen, mit welcher berauschenden Macht diese Gedanken auf Schleiermacher und Goethe gewirkt haben.

Ein gewaltiger Kampf, ungleich ernster als die gesamte Gegenreformation, brach damit für die Kirchen Luthers und Calvins an. *Der Deismus Descartes wie der Pantheismus Spinozas müssen die Offenbarung Gottes in Jesus leugnen,* denn Gott kann nicht in die Gesetze und Geschichte dieser Welt hineinsprechen. Der Deismus steht über der Religion, er muß alles mit dem Maßstab seines Denkvermögens beurteilen. Er will alles glauben, *was vernünftig ist.* Darum sind ihm die geschichtlichen Religionen verdächtig, und ihr Absolutheitsanspruch erscheint ihm als Beleidigung des natürlichen Empfindens. Allen geschichtlichen religiösen Erscheinungen liegt die Naturreligion zugrunde, der Glaube an den ursprünglichen, naiven Menschen. So haben *Thomas Hobbes* gedacht und nach ihm *John Locke* und *John Toland.* Sie wollen, wie später *Leibniz,* noch dieses und jenes Stück des christlichen Glaubens, der kirchlichen Überlieferung festhalten, aber ihr Rationalismus treibt sie über diese Vermittlungsversuche hinaus. Sie müssen schließlich wie *Da-*

vid Hume die Religion als ein Angstprodukt des Menschen erklären. Der Geist der neuen Zeit hebt das Individuum auf den Thron und zerstört die ehrwürdigen Autoritäten in Staat und Kirche und Kultur. Dem Menschen wird Freiheit und Glück und Macht versprochen, wenn er die alten Fesseln löst. Die bittere Frucht aber ist es, daß *diese Philosophie nun mit voller Wucht den zersetzenden Gewalten des Diesseits ausgeliefert ist.* Da aber müssen es die Lobredner der Erfahrung, der sinnlichen Wahrnehmung merken, wie nicht die Freiheit, sondern der Trieb, nicht das Glück, sondern das Schicksal, und nicht die Überwindung der Lebensnot, sondern das dürre Kausalitätsgesetz, der unausweichliche Zusammenhang von Ursache und Wirkung, zur erdrückenden Antwort wird.

Spaltung und Erweckung in der Kirche

So schließt die Geschichte der Reformation und der Gegenreformation mit der eigentümlichen Feststellung eines neuen, unerhört starken Gegenstoßes aus der Tiefe des menschlichen Geistes. Nennen wir ihn den Individualismus* oder schon den beginnenden Säkularismus**. Und wieder zeichnet sich ein Bild ab, das für den Protestantismus als katastrophal erklärt werden muß, sobald wir ihn mit der Geschlossenheit der römischen Kirche vergleichen. Auf allen Gebieten ist seine Gespaltenheit unverkennbar. Er hat die Kirche der Urchristenheit bejaht in seinen Bekenntnissen, und nun zerfällt er in eine Unsumme von Kirchen und Kirchlein. Er hat die Theologie wieder auf das Wort gegründet, aber zu einer gemeinsamen Grunderkenntnis gelangt er kaum. Der Streit der Fakultäten und ihrer Lehrmeinungen beherrschte das Bild. Er hatte sich mit den politischen Gewalten, mehr als es gut für ihn war, eingelassen, aber die Zerrissenheit war dadurch nur gewachsen. Und nun dringt der Zeitgeist bei ihm ein und webt die Fäden zwischen Evangelium und Philosophie, die soeben noch durch die Reformation getrennt oder wenigstens gelockert waren.

Und dennoch, in dieser armseligen Gestalt, umstürmt von allen Seiten und, menschlich gesehen, keiner Zukunft fähig, hat es Gott gefallen, sein Werk zu tun. Das geschieht in der Weise, daß Einflüsse von Genf bis zum Patriarchen von Konstantinopel reichen und in Amerika die puritanischen Pilgerväter und Independenten und Quäker ihre Niederlassungen gründen. Und das geschieht, wenn jenes Ringen zwischen Offenbarung und Vernunft, zwischen Gotteswerk und Menschengröße einsetzt, das mit der Reformation

* auf den einzelnen Menschen bezogen
** Verweltlichung

begonnen hat. Damals, in der Reformation, stand man unter dem Gericht Gottes. Wird man in dem nun anhaltenden Streit erkennen: »Das Wissen bläht auf«? (1. Kor. 8,1).

Literatur:

J. Toland, Christentum kein Geheimnis, 1908
Giordano Bruno, Religion der Klassiker, 1913
Helmuth Kittel, Oliver Cromwell, 1928
Hermann Oncken, Oliver Cromwell, 1935²
J. Bunyan, Die Pilgerreise, Konstanz
A. Lang, Puritanismus und Pietismus, 1941

Eine Zwischenbemerkung

Was der allwissende Gott in der Kirchengeschichte wahrnimmt, das ist allerdings überall und in jedem Augenblick – im Guten und im Bösen, zum Heil und zum Unheil – Antwort, Einigung und Entscheidung im Angesicht seines der Kirche in der heiligen Schrift anvertrauten Wortes. Weil und sofern er der Herr und Richter über allem ist, gibt es für ihn keine kirchliche Autorität. Und so werden sich, wenn auch ganz anders, auch vor den Augen des unbeteiligten Zuschauers und Betrachters des kirchlichen Lebens, dessen Unterschiede einebnen: er wird überall dasselbe sehen, überall Versuche, auf die Frage nach dem Wesen des Christentums Antwort zu geben, überall zwei oder drei, die dabei zu gewissen Einigungen kommen, überall vorläufige Entscheidungen. Alles wird ihm gleich wichtig, gerade darum wird ihm freilich auch alles gleich unwichtig erscheinen. Auch für ihn, den unparteiischen Kirchen- und Ketzerhistoriker in seiner großen Gottähnlichkeit, wird es schließlich nur die Kirchengeschichte im Ganzen, wird es also keine kirchliche Autorität geben. Kirchliche Autorität gibt es nur für die Kirche, und Kirche ist nur da, wo im Sinn der Kirche, d.h. im Gehorsam gegen das Wort Gottes, geglaubt wird. Wo geglaubt wird, da steht man nicht wie Gott und wie in seiner Weise der unbeteiligte Historiker über – da steht man selber in der Kirchengeschichte. Da wird die Kirchengeschichte gelebt. Da ist man für die Aufgabe des gemeinsamen Hörens und Annehmens des Wortes Gottes, für die Aufgabe seiner gemeinsamen Verkündigung und also für das Gespräch über den rechten Glauben konkret in Anspruch genommen, weil unter allen Umständen selber zum Bekennen aufgerufen. Da wird man also gegenüber den schon vorliegenden Einigungen und kirchlichen Bekenntnissen unter allen Umständen offen sein, ja geradezu nach solchen Umschau halten. Da werden sich aus der unabsehbaren Menge der kirchlichen Ereignisse bestimmte Ereignisse von selber herausheben, vermöge ihres Inhalts, das heißt vermöge dessen, was sie uns an unserem Ort in der Kirche, in unserer Bekenntnissituation, angesichts unserer eigenen Begegnung mit Gottes Wort und angesichts unserer eigenen daraus erwachsenden Aufgabe zu sagen haben. Karl Barth, Die kirchliche Dogmatik II: Die Lehre vom Wort Gottes, 1938, S. 663.

TEIL IV

Die neue Zeit

Wer die Geschichte der letzten Jahrhunderte schreibt, muß sich darüber klar sein, daß sein Urteil in erhöhtem Maße von seinem Gegenwartsverständnis abhängt. Jeder einzelne Punkt ist in die Linie verwoben, um die es heute im Kampf der Geister geht. Wer sagt uns, daß wir in solcher Ereignisnähe überhaupt zu sehen vermögen und nicht lediglich das eigene Wunschbild hineintragen? Wer meldet nicht sofort die schwerste und folgenreichste Kritik des 19. Jahrhunderts, die Philosophie Ludwig Feuerbachs, an: Es dreht sich in der Religion alles nur um das Glück und das Wunschbild des Menschen, und darum handelt es sich nicht um Wirklichkeiten, sondern um nichts anderes als um Träume. Vor den Glauben und seine Geheimnisse ist die Psychologie, die Kunst der Seelenforschung getreten. Die angebliche Welt Gottes ist als die Ebene des Menschen entlarvt. Die Kirchengeschichte ist weiter nichts als Weltgeschichte mit etwas anderen Vorzeichen. Der Strom, der im Mittelalter durch die Herrschaft der Kirche über die Welt alles bestimmte, ist endgültig abgeleitet oder versickert. Er beherrscht jedenfalls das Gesamtbild nicht mehr.

Der Mensch hat nach den Zeiten der inneren Bevormundung durch das Christentum endlich seine Freiheit, seinen Genius wiedergewonnen. Damit scheint aber die Katastrophe über die Kirche hereingebrochen zu sein. Sie muß an einem langsam, aber sicher zum Ziel führenden Auszehrungsprozeß sterben.

Unter solcher Einrede wird es unabweisbar, worum es in der Kirchengeschichte zuerst und zuletzt geht. Wenn das Ereignis der Menschwerdung, Erlösungstat und Auferstehung Jesu Christi zu einem zeitlich bedingten Glauben entwertet ist, wenn die Geschichte der Christenheit im Grunde ohne ihren Anfänger dahinrollt, dann ist der Säkularismus, der Geist, der alles ins Endliche zieht und in dieser Endlichkeit Ruhe zu finden hofft, zum Sieg gelangt. Zwischen dieser Auffassung, der Einordnung der Offenbarung in das Reich des Menschen und der Verkündigung des Neuen Testamentes gibt es schlechterdings keine Vermittlung. Der Kirchengeschichte ist ihr Herzstück herausgebrochen, sobald ihr dieser übergeschichtliche und doch in diese Welt hineinreichende Zug ihres Wesens genommen wird. Hier steht die Christusfrage vor uns. Um das Christusbekenntnis bewegt sich der Kampf der letzten dreihundert Jahre. Während von allen Seiten die Angriffe gegen das Haus der Kirche stürmen, wird in ihrer Mitte dennoch kirchliches Handeln sichtbar. Umgekehrt, da wo man im Raum des selbstherrlichen Geistes die freieren Bahnen zu erreichen glaubt, wo der Idealismus seine Schwingen regt, gelangt der Mensch zur Erkenntnis von den »Grenzen der Menschheit«. Je ehrlicher das bis hin zur Philosophie des Übermenschen zugestanden wird, desto deutlicher ist die Tatsache, daß auch die verzweifelten Versuche, den Menschen wieder zum Mittelpunkt des Alls zu machen, an der Gottesfrage nicht vorbeikönnen, ob sie nun positiv oder negativ entschieden wird.

Die Wurzeln des Pietismus

1. In der alten Kirche Augustins († 430), seine **Ergänzung** des neuplatonischen Geistbegriffes **durch das paulinische Gnadenverständnis,** das erlebbar ist.

2. Im Mittelalter Eckehardt († 1328) und sein Schüler Tauler († 1361) als **Ergänzung** der »reinen Lehre« in der Scholastik **durch die Mystik** mit ihrem göttlichen »Seelenfunken«.

3. Im 17. Jahrhundert: **Reaktionen auf die Orthodoxie**
a) Reformiert: Cornelius Jansen († 1638) – Jansenismus, Holland, Johann Coccejus († 1669) – Bundestheologie Holland
b) John Bunyan († 1688), Richard Baxter († 1691), Erbauungsschriftsteller, England
c) Johann Arndt († 1621), Generalsuperintendent in Celle für Lüneburg
Vier Bücher vom wahren Christentum
Theophil Großgebauer († 1661) Pfarrer und Professor in Rostock, Ruf zur Erneuerung der Kirche in reformatorischer Sicht »Wächterstimmen«.
Jean de Labadie († 1674) Evangelist, Separatist in Frankreich, Genf und Deutschland

4. Der deutsche Pietismus (lutherisch): **Reaktion auf die Aufklärung**
Philipp Jakob Spener († 1705): **Pia desideria,** Wiedergeburt
August Hermann Francke († 1727): Waisenhaus, Schule, Universität (Exegese) Mission
Nikolaus Ludwig Graf Zinzendorf († 1760): Die Gemeine Herrnhut. Mission. Lieder
Gottfried Arnold († 1714): **»Kirchen- und Ketzerhistorie«.** Lied.
Gerhard Tersteegen († 1769): Mystische Züge, der Kirche fern und wieder nahe. Sein Liedgut. Reformiert.

31. Kapitel

Der Pietismus

Arndt, Johann, 1555–1621

Pfarrer in Quedlinburg, Generalsuperintendent in Celle 1611. Verfasser der »Vier Bücher vom wahren Christentum« (1605–09).
»Paradiesgärtlein« 1612
Starke Wirkung in der Erbauungsliteratur. Ethische Betonung und mystische Züge. Er wird trotz dogmatischer Korrektheit von den Orthodoxen aus Anhalt und Braunschweig vertrieben.

Die Frage nach seiner Herkunft

Mit dem Pietismus des ausgehenden 17. und beginnenden 18. Jahrhunderts sind mancherlei Ströme der Vergangenheit verbunden. Er ist zweifellos eine Reaktion gegenüber einer erstarrten Orthodoxie, der Aufbruch des Subjekts, das sich der Last des nur Objektiven zu entziehen sucht. Tiefer greift der Einfluß der Mystik vom Mittelalter, der durch die Reformation neuen Auftrieb bekam. *Johann Arndts* († 1623) »*Vier Bücher zum wahren Christentum*« betonen besonders die Gebets-Meditation, in der wir die Jesusliebe erfahren. Die konfessionelle Grenze wird gewahrt und doch schon in der Zurückstellung des lutherischen Bekenntnisses langsam überwunden. Freudig wird die Kunst des Barock aufgenommen und durch die Musik im Gottesdienst verstärkt: *J. H. Schütz* († 1672) und *J. H. Schein* († 1630) sind hier als Vorläufer von *Joh. Sebastian Bach* († 1750) und *Georg Friedrich Händel* († 1759) zu nennen. Die Frage an den Pietismus muß aber noch weitergreifen: Wird in seiner geschichtlichen Gebundenheit noch etwas anderes kund, etwas von der Gemeinde des Neuen Testaments und dem Zeugnis der Reformation?

1. Der reformierte Pietismus

Die Bundestheologie: Coccejus

Älter als der lutherische Pietismus ist der reformierte. Als seinen theologischen Anfänger kann man den deutschen, in Holland wirkenden Professor

Johannes Coccejus (Koch aus Bremen, † 1699) bezeichnen. Als gründlicher Alttestamentler erkennt er den großen Zusammenhang der Schrift in den *Bundesschlüssen mit ihrer Verheißung und Erfüllung.* Das *eschatologische Ziel ist in der Geschichte Israels als Heilsgeschichte* verstanden. Der Ertrag dieser Theologie wird im *missionarischen Auftrag der Kirche* praktisch deutlich. Auch *Israel* ist in diese Schau der Bibel für die Gegenwart einbezogen (Judenmission).

Coccejus (Koch), **Johannes,** 1603–1669

Reformierter Theologe in Leiden (Holland).
»Föderal Theologie« d.h. Bund und Verheißung im Alten Testament bestimmen die Kirche in prophetisch-eschatologischer Sicht. Gegner des gesetzlichen Präzisismus.

Als eigenartige Frucht des Studiums der Schrift ist der von Coccejus bekämpfte »Präzisismus« zu nennen. Er versteht darunter genaue (»präzise«) Verhaltensregeln der Bibel, die dem täglichen Leben von Nutzen und verpflichtend sind. Diese moralisch-gesetzliche Gefahr sucht er im umso festerem Bleiben am Wort in Schranken zu halten. Ein prophetischer Zug gibt dem Ganzen eine Richtung auf das erweckliche Verständnis der Schrift.

Pietismus am Rhein: Tersteegen

Auf deutschem Boden hat vor allem der Bandwirker Gerhard Tersteegen (1697–1769) in Mülheim an der Ruhr gewirkt. Im Lauf seines Lebens ist er von der Mystik und dem Separatismus freier und zu dem mit seiner reformierten Kirche verbundenen Erweckungsprediger geworden. Am Rhein und bis nach Holland sammelt er in vielen Hauskreisen eine große Gemeinde. In einem dreibändigen Werk »*Auserlesene Lebensbeschreibungen heiliger Seelen*« hat er aus der katholischen Mystik ein lebendiges Bild zahlreicher Zeugen der Heilandsliebe gegeben. Am bekanntesten sind seine herrlichen *Lieder,* die im Gesangbuch der Kirche ihre bleibende und erweckende Bedeutung behalten haben. Als ihn die geistige Lage am Berliner Hof bekümmerte, schrieb er über den »*Philosophen von Sanssouci*«. Friedrich II. gab seinem Erstaunen darüber Ausdruck: »Das können die Stillen im Lande auch?«

2. *Der lutherische Pietismus*

a) Philipp Jakob Spener (1635–1705)

Man wird Spener als den Vater des deutschen Pietismus in den lutherischen Ländern ansprechen dürfen. Er ist Elsässer mit der Veranlagung, Gedanken mannigfacher Art in sich aufzunehmen.

Philipp Jakob Spener, 1635–1705

geboren in Rappoltsweiler, Elsaß. Student in Straßburg. Lutherstudium. In Genf hört er Labadie.
1663 Freiprediger (Hilfsprediger) am Straßburger Münster.
1666 Pfarrer und Senior (Oberpfarrer des geistlichen Ministeriums z.Zt. das angesehenste Amt im luther. Deutschland) in Frankfurt/M.
1675 die »Pia desideria«, Programmschrift des Pietismus. Konfirmation und Gelübde. Hausbibelkreise. Wiedergeburt.
1686 Oberhofprediger in Dresden.
1691 Propst und Pfarrer an St. Nicolai in Berlin.
1705 gestorben.

Labadie, Jean de, 1610–1674

Jesuitenschüler, 1650 in Montauban reformiert, Pfarrer und Professor in Middelburg. Evangelist auf Reisen; zum Separatismus neigend. Hauskreise als Sammelpunkt im Blick auf die Erweckung der Kirche. Wirkung auf Spener.

Freikirchliche Züge kommen ihm durch *Jean de Labadie* († 1674) dazu und sind für die spätere Gestalt seines Kirchen- und Gemeindebildes wichtig. Im *Briefwechsel mit dem Philosophen Leibniz* nimmt er am geistigen Leben seiner Zeit teil. Dabei ist ein anderer Eindruck zum Gesamtverständnis Speners nicht zu unterschätzen: *Er sieht die vom Westen her drohende Gefahr des sittlichen Zerfalls im Zeitalter des »Sonnenkönigs« Ludwig XIV.*

Was setzt die Kirche Frankreichs mit Ausnahme der Hugenotten und Jansenisten dem entgegen? Was stellt, so lautet für Deutschland die Frage, die Orthodoxie dem Zerfall der Ordnungen in den öffentlichen Ämtern gegenüber? Die »Stände« versagen. Der weltliche, dem die Sorge um die Kirche mit anvertraut ist, aber auch der geistliche, der sich in Streitigkeiten verliert. Wie soll dann das Gemeinschaftsleben in der Liebe untereinander in Ordnung sein? Das ist der Ansatzpunkt für die bekannteste Schrift Speners, die *»Pia desideria« oder das »herzliche Verlangen nach gottgefälliger Besserung der wahren evangelischen Kirche«* vom Jahre 1675.

Ein neues Gemeindebild

Unverkennbar ist die Nähe zur Reformation und ihrem grundstürzenden Vorstoß gegen das römische Kirchenwesen. Wohl weiß sich Spener in der Rechtfertigungslehre mit Luther eins, und doch meint er in seiner Schrift, den Angriff auf das Gebiet der *sittlichen Besserung, der strengen Zucht und größeren Verinnerlichung in der Heiligung* legen zu müssen. Da ist zunächst die Reihe seiner praktischen Vorschläge und neuen Einrichtungen, z.B. die Vermehrung der Wortverkündigung, besonders durch die Gründung von *Hausbibelstunden.* Betont wird das *allgemeine Priestertum der Gläubigen* im Gegensatz zum »angemaßten Monopol des geistlichen Standes«. Notwendig ist die *Abkehr von den konfessionalistischen Religionsstreitigkeiten,* wie sie die Predigten bis zum Überdruß füllten.

Im ganzen ist zu sagen, ein Reformator ist Spener nicht, eher ein Wächter, der, von der Zeiten Last und Not bedrängt, helfen möchte, ehe es zu spät ist. Auf die Jugend ist Speners Blick besonders gerichtet. Er hat der Konfirmation Bedeutung beigemessen, die sie bisher noch nicht hatte.

Aber dieser Frankfurter, Dresdener und schließlich Berliner Pfarrer in hohen, verantwortlichen Kirchenämtern hat es nicht nur mit einigen äußerlichen Veränderungen zu tun. Er lenkt zu Luthers nicht ausgeführtem Vorschlag von der *Gemeinde derer, die mit Ernst Christen sein wollen,* zurück. Wiewohl er die Gefahr des Separatismus, den geistlichen Hochmut, die Kritiklust der kleinen Kreise durchaus sieht, drängt er doch auf diese Sammlung am Wort als auf die entscheidenden Brunnenstuben des neuen Lebens in der Kirche. Darin ist er mit dem englischen Puritanismus und mit Jean de Labadie eins. Er ist aber im Gegensatz zu diesen seinen Geistesverwandten an die sichtbare und vom Staat geleitete Kirche gebunden und sucht nun in dieser Spannung den neuen Weg.

Die neue Geburt

Mit alledem ist aber Spener noch nicht in seinen ungemein bedeutsamen Wirkungen verstanden. Mögen seine theologischen Gaben begrenzt sein und seine natürliche Art eher zur Zurückgezogenheit als zum kirchlichen Führerdienst neigen, so muß man doch fragen, wie der überragende Einfluß zu deuten ist, den er auf die verschiedenartigsten Zeitgenossen ausgeübt hat, so daß er dem Kurfürsten unbequem wurde. Die Orthodoxie war nicht so verschlossen, daß sie sich seinen Vorschlägen einfach versagt hätte. Ungleich wichtiger aber war es, daß sich um Spener eine große Zahl Gleichgesinnter scharte, und dies namentlich im Zusammenhang mit *August Hermann Francke*, dem Organisator und Aktivisten, der von Spener sein Bestes hatte.

Was war dieses Beste, das beide bei aller Verschiedenartigkeit verband? Was gab den Pietisten, wie man sie bald spottweise nannte, das Bewußtsein, Luther näher zu stehen, als die Orthodoxie es für sich beanspruchte? Man wird zuletzt das Eine nennen müssen: Sie erkannten, *daß der Glaube aus dem Wort kommt und nicht ein Wissen, sondern ein Leben mit Christus ist, und daß dieses Leben einen vollständigen Bruch mit dem alten Menschen bedeutet, eben eine neue Geburt.*

Die immer wieder aufkommende Lehre von der Sündlosigkeit des Wiedergeborenen hat Spener ausdrücklich abgelehnt. Mit dem »Ablegen der Sünde« (1. Petr. 2,1) hat auch der Wiedergeborene täglich zu tun. Hier war er mit Luther eins. Was ihn charakterisiert, ist mit dem Wort *Erweckung* ausgedrückt. In ihr wird das sehnliche Verlangen nach einer Erneuerung der Kirche und im persönlichen Leben des Christen zum Ausdruck gebracht.

August Hermann Francke, 1663–1727, geboren in Lübeck

1. Studium in Erfurt und Kiel, Theologie und orientalische Sprachen, 1687 Bekehrung in Lüneburg.
Studentenerweckung in Leipzig, 1690 von dort vertrieben, Pfarrer in Erfurt, 1691 von den Orthodoxen abgesetzt.
2. 1691 Pfarrer in Glaucha bei Halle und Professor der orientalischen Sprachen in Halle.
Armenschule. Waisenhaus mit ausgedehnten Schulgründungen. Betonung der Exegese im theologischen Studium.
3. Mission in ökumenischer Weite (Nordamerika, Indien, Rußland, Dänemark u.a.).
Bibelgesellschaft (mit Baron v. Canstein).

b) August Hermann Francke (1663–1727)

Die Bekehrung

August Hermann Francke ist eine ausgesprochene Kampfnatur. Das hat er in seiner scharfen Auseinandersetzung mit der theologischen Fakultät von Leipzig bewiesen. Er ist nicht gewillt, den Pietismus in den stillen Kreisen Speners zu lassen. In ihm lebt ein starker Wille, dem ganzen Volk, ja den Völkern der Erde die Heilsbotschaft zu verkündigen. Charakteristisch ist Franckes Bekehrung, nicht nur weil sie als typisch aufgefaßt wurde, sondern weil sie den eigenartigen Durchbruch zum Glauben zeigt. Wir hören hier sein eigenes Zeugnis über jene bekannt gewordene Begebenheit in Lüneburg. Er hatte eine Predigt angenommen über Johannes 20,31: *»Dieses ist geschrieben, daß ihr glaubet, Jesus sei der Christ, und daß ihr durch den Glauben das Leben habt in seinem Namen.«*

»Bei diesem Text gedachte (ich) sonderlich, Gelegenheit zu nehmen, von einem wahren, lebendigen Glauben zu handeln und wie solcher von einem bloßen menschlichen und eingebildeten Wahnglauben unterschieden sei. Indem ich nun mit allem Ernst hierauf bedacht war, kam mir zu Gemüt, daß ich selbst einen solchen Glauben, wie ich ihn erfordern würde in der Predigt, bei mir nicht fände.«

Vom Verlauf der nun einsetzenden inneren Kämpfe und Bußqualen bekennt er:

»Es war nicht etwa bei mir solche Ruhelosigkeit, daß ich aus weltlich gesinntem Herzen die Wahrheit Gottes in den Wind geschlagen hätte. Wie gern hätte ich alles geglaubt, aber ich konnte nicht.«

Trotz gelegentlicher Hilfe aus dem Wort muß er eingestehen:

»Aber mein atheistischer Sinn brauchte bald die verdorbene Vernunft zu seinem Werkzeuge, um die Kraft des göttlichen Worts wieder aus dem Herzen zu reißen.«

Hier ist der Unterschied zu Luthers Glaubenskampf sichtbar! Der Reformator zweifelte nicht an Gott, wohl aber an seiner Erwählung. Bei Francke ist der Einfluß Descartes zu bemerken, die starke Beschäftigung mit den Bewußtseinszuständen. Aber dann fährt er fort:

»In solcher großen Angst legte ich mich nochmals am erwähnten Sonntag Abend auf meine Knie und rief an den Gott, den ich noch nicht kannte noch glaubte, um Rettung aus solchem elenden Zustande, wenn anders wahrhaftig ein Gott wäre. Da erhörte mich der Herr, der lebendige Gott von seinem Throne, da ich noch auf meinen Knien lag. So groß war seine Vaterliebe, daß er mir nicht nach und nach solchen Zweifel und Unruhe des Herzens wieder benehmen wollte, sondern damit ich desto mehr überzeugt würde und meiner verirrten Vernunft ein Zaum angelegt würde, gegen seine Kraft und Treue nichts einzuwenden; so erhörte er mich plötzlich. Denn wie man eine Hand umwendet, so war all mein Zweifel hinweg, ich war versichert in meinem Herzen der Gnade Gottes in Christo Jesu, ich konnte Gott nicht allein Gott, sondern meinen Vater nennen.«

Man vergesse nicht, daß Francke gerade zu diesem Bericht hinzufügt, daß er die Wahrheit des Lutherwortes aus der Vorrede zum Römerbrief jetzt erst erfaßte: *»Glaube ist ein göttlich Werk in uns . . . ist eine lebendige, verwegene Zuversicht auf Gottes Gnade.«* Aus dem eigenen Kreis seiner Gedanken hatte ihn Gott mit gewaltigem Griff herausgerissen.

»Seit jener Stunde habe ich auch erst erkannt, was Welt sei, und worin sie von den Kindern Gottes unterschieden sei.«

Diakon und Missionar

Franckes weiteres Leben und Wirken hat von dieser Bekehrung her das Gepräge empfangen. Vom Waisenhaus in Halle konnte er rückblickend von einer Glaubensführung sprechen:

> »Und ist demnach das Waisenhaus weder auf ein schon vorhin gegenwärtiges Kapital noch auf ein gewisses Versprechen hoher Personen, sondern auf den lebendigen Gott im Himmel bloß und lediglich angefangen und gegründet worden.«

Was diese Anstalt für die Kirche bedeutet hat als eine Burg mitten im rationalistischen Zeitalter, kann nicht übersehen werden. Mag man an der Pädagogik Franckes vieles aussetzen, die Größe eines auf das Ganze des Reiches Gottes und seiner Ausbreitung gerichteten Werkes ist den Lehrern und Schülern nicht verborgen geblieben. Friedrich Wilhelm I. († 1740) war weitblikkend genug, um bis in sein Testament hinein eines so wichtigen Unternehmens zu gedenken. *Was wir heute unter der Inneren Mission und der Weltmission verstehen, den praktischen Angriff mit dem Wort und der Tat ins Volk hinein und zu den Völkern, das hat Francke pionierartig begonnen.* Die *Bibelverbreitung* mit *Baron von Canstein* zusammen, *Gründung der Cansteinischen Bibelgesellschaft,* die *Schriftenmission,* die *Schulfragen* und das Ringen um den *theologischen Nachwuchs* und nicht zuletzt der Anteil an der *dänischen Tamulenmission* durch die Sendung des ersten deutschen Missionars, *Bartholomäus Ziegenbalg* – das alles ist nicht nur im Kampf wider die Aufklärung zu verstehen, sondern von dem neugewonnenen Glauben her, der ihn in den rastlosen und vielseitigen Dienst zwang.

Fragen an Francke

Freilich, auch bei Francke und mehr noch bei ihm als bei Spener, wird die Frage wach, ob sich nicht doch mitten im Evangelium ein gewisser Psychologismus eingeschlichen hat. Eine damit verbundene Gesetzlichkeit hat Zinzendorf als Schüler der Anstalt schmerzlich empfunden. Man vergesse aber nicht, daß Francke als Professor der orientalischen Sprachen in Halle das Studium der Bibel in die Mitte stellte und dadurch für die Ausbildung der Theologen einen bedeutsamen Schritt getan hat.

c) Nikolaus Ludwig Graf von Zinzendorf (1700–1760)

Zinzendorf, Nikolaus Ludwig Graf von, 1700–1760

Schule im Waisenhaus Halle
Jurist im Dienst in Dresden
1722 Siedlung in Herrnhut
1727 Beginn der Gemeine
1732 Zinzendorf bleibt in Herrnhut
1732 die ersten Boten nach Grönland
1736 Ausweisung aus Sachsen
1742 in Pensylvanien
1745–55 Sichtungszeit in Herrnhut, Diakonie und Mission
1748 Übereinstimmung mit dem Augsburger Bekenntnis
1751–55 in England
1757 zweite Ehe mit Anna Nitschmann
Internate, Schulen, Ausbreitung durch Reisen des Grafen in Holland und im Baltikum.

Der Werdegang

Zinzendorf stammt aus einem alten reichsgräflichen Geschlecht in Österreich und später in Sachsen. In lutherisch-pietistischer Umgebung wächst er im Haus der Großmutter von Gersdorf in Großhennersdorf (Oberlausitz) auf. Sein Vater stirbt kurz nach seiner Geburt, seine Mutter geht einige Jahre danach eine zweite Ehe ein. Mit zehn Jahren kommt er in die Franckesche Schule nach Halle. Seinem zur Freiheit drängenden Willen widersteht der etwas gesetzliche Zug der Anstalt. Früh versucht er seine Mitschüler um die Bibel zu sammeln, aber sie fügen sich seiner sprunghaften Art nicht.

Statt Theologie muß er nach dem Willen seines Vormunds Jura studieren. Bei seiner Kavalierreise erfaßt ihn in Düsseldorf die Unterschrift unter einem Bild des Gekreuzigten: »Das tat ich für dich, was tust du für mich?« Diesem Herrn zu dienen, soll nun das Ziel seines Lebens sein. Dazu setzt er sich in Dresden neben seinem juristischen Amt in Wort und Schrift ein.

Eine Wendung seiner Lebensführung bedeutet die Ankunft *böhmisch-mährischer Flüchtlinge* auf seinem Oberlausitzer Besitz. Er gewährt den um ihres Glaubens willen Verfolgten auf seinem Patronatssitz Berthelsdorf Unterkunft, auf dem Hutberg. Damit beginnt die Geschichte von *Herrnhut* (1722).

Die Sammlung konfessionell verschiedener Menschen führt bald zu Streitigkeiten. Sie enden am 13. August 1727, als beim Gottesdienst Andreas Rothes in der Kirche von Barthelsdorf die Versöhnung stattfindet: »Wir lernten lieben.« Das ist der Gründungstag der *»Gemeine« von Herrnhut.* Unter Aufgabe seiner Dresdener Tätigkeit wird Zinzendorf 1732 Leiter der eigenartigen Sammlung in seinem kirchlichen Patronat.

Die Gemeine

Ein reiches Gemeinleben auf Grund einer Erweckung entsteht am Hutberg. Wort, Gebet und Lied, Seelsorge und brüderliches Liebesmahl sammeln die rasch wachsende Gemeine. In den »Chören«, nach Geschlecht getrennt, findet das allgemeine Priestertum der Gläubigen seinen Ausdruck. Gemeint sind damit die Hauskreise für Männer und Frauen, Kinder und Alte. Hier hat die Diakonie ihren Platz. Hier ist aber auch der Quellort für die Weltmission.

Zinzendorfs Theologie

»Ich habe nur eine Passion, und die ist Er, nur Er!« Im »Heiland der Sünder«, am Kreuz des Lammes Gottes ist für Zinzendorf Rechtfertigung und Heiligung zusammengefaßt. Von Wesley trennte ihn dessen Überbetonung der Heiligung. Mit Eifer erstrebt er die Anerkennung als lutherischer Theologe. Die Tübinger Fakultät erteilte sie ihm zur freien Verkündigung des Evangeliums. Daß innerhalb der Kirche sich eine selbständige und doch zu ihr gehörende Gemeine bildete, gab zu wachsender Kritik Anlaß. Er wird verleumdet, 1736 verbannt und schließlich 1738 aus Sachsen ausgewiesen. Herrnhut blieb geduldet.

Auf Reisen durch Ostseeprovinzen, England, Nordamerika wirbt er für die Brüdergemeine. Als die von ihm befürwortete Generalkonferenz die Gemeine als religiöse Sekte einordnet und 1742 dulden läßt, nimmt er die Leitung an sich. 1747 wird ihm die Rückkehr nach Sachsen gestattet. Nachdem die Gemeine 1748 das Augsburger Bekenntnis voll anerkannt hat, wird sie 1749 in Sachsen staatlich anerkannt, und zwar nicht als Sekte wie in Preußen und England, sondern als »Augsburgische Konfessionsverwandte«!

In langjährigem Aufenthalt in London blieb der Graf mit seiner nach Hessen (Wetterau) ausgewanderten Gemeine in enger Verbindung. Sie war besonders nötig, als dort, in Herrenhag bei Hanau, eine schwärmerische Bewegung entstand, die aus der Lammestheologie eine gewisse Spielerei in unnüchterner Weise machte. Daß Zinzendorfs begabter Sohn Renatus dabei nicht unbeteiligt war, hielt den Vater nicht zurück, mit scharfer Zucht einzugreifen. Hier wußte er sich als lutherischer Theologe seinem Bekenntnis verantwortlich.

Unter den mannigfachen Urteilen über den Gründer der »Brüdergemeine« ist das von Lessing und Kant beachtlich. Goethe sagte über ihn: *»Er ist kein Phantast.«*

»Wenn nicht alles trügt, ist eben das die gewiß prophetische Intuition des Grafen Zinzendorf bei der Gründung seiner merkwürdigen Brüdergemeine gewesen: nicht die Konfessionskirchen zu sprengen, nicht sie durch eine Superkirche zu ersetzen, sondern sie, in treuen Gliedern verschiedener Senderkirchen in Freiheit zusammengetreten, unter dem wunderlich genug zu ihrem »Generalältesten« gewählten Jesus Christus zunächst exemplarisch mit ihrer nicht verloren gegangenen und faktisch unverlierbaren Einheit zu konfrontieren. Es wird schon kein Zufall sein, daß derselbe Mann, der in seiner Predigt, Dichtung und Dogmatik (sofern er eine solche hatte), der größte – und vielleicht der einzige ganz echte – Christozentriker der Neuzeit gewesen ist, vielleicht auch der erste echte, d.h. ganz von der Sache aus denkende und redende Ökumeniker genannt werden muß.« (Karl Barth, Kirchl. Dogmatik IV,1,763)

Die Bruderliebe der Herrnhuter, die sie vom Neuen Testament her begründet fanden, galt den Kranken, Alten, Flüchtlingen in gleicher Weise. Aber die Gemeine schließt sich nicht nach außen ab. Ihre Boten ziehen in die Welt hinaus, nach Grönland (1732), auf die ebenfalls zu Dänemark gehörende Antillen-Insel St. Thomas. Männer, die keine Fremdsprache gelernt hatten, arbeiten unter unsäglichen Mühen und dürfen ein Erwachen unter den Eingeborenen erleben. Die Arbeit fordert Opfer durch die Malaria, Gefängnis durch politische Machthaber, aber auch Befreiung und Trost durch das persönliche Eingreifen des Grafen. Ein Band der betenden und helfenden Liebe geht von der Gemeine zu den Missionaren durch Briefe und Unterstützung. So hat Herrnhut der Mission in der deutschen Kirche eine Bahn gebrochen und für die Zukunft weite Perspektiven geöffnet.

Als Zinzendorf im Jahre 1760 starb, stand Friedrich II. auf der Höhe seines Ruhmes im Siebenjährigen Krieg. Es blieb ihm auch im Kreis seiner gläubigen Generäle – Männer wie Zieten, Schmettau und Schwerin – nicht verborgen, daß eine neue Zeit angebrochen war, die den Geist seiner eigenen Jugend, der englisch-französischen Aufklärung, ablehnte. Dazu kam, daß sich die Arbeit nach dem Tode der beiden Gründer Francke und Zinzendorf nicht nur in Halle, sondern unter Bischof Spangenbergs Leitung auch in Herrnhut weiter ausbreitete und in ruhiger Bestimmtheit befestigte.

3. Der schwäbische Pietismus – die »Stunde«

Weitere Verstärkung erhielt der Pietismus von Württemberg her, wo die Dinge wesentlich friedlicher liefen und sich nicht in erster Linie unter dem

Adel, sondern unter Theologen, Bürgern und Bauern verbreiteten. Von Anfang an nahm hier das Kirchenregiment eine im ganzen freundliche Stellung zu der neuen Bewegung ein. *Johann Albrecht Bengels* (1687–1752, zuletzt Prälat in Stuttgart) abwägende und auf gründliches Schrifstudium zielende Arbeit hat hier segensreich gewirkt. Blieb er auch, dem spekulativen Zug des Schwaben entsprechend, von apokalyptischen Berechnungen (Beginn des tausendjährigen Reiches im Jahre 1836) nicht fern, so hat dies weder bei ihm noch bei dem Prälaten *Friedrich Christoph Oetinger* (1702–1782) das Gesamtbild bestimmt. Der Neigung des Schwaben, seine Gedanken zu einem alles umfassenden System zu entwickeln, zu einer neuen Gnosis, widerstand besonders Bengels nüchterner Schriftsinn in der Erkenntnis des einzelnen Wortes in seinem »*Gnomon* (Zeiger) *zum Neuen Testament*« (1742).

Seit 1743 gibt es in diesem Gebiet die »*Stunden*«, die die nach Rußland Auswandernden in die Ukraine mitgenommen haben.

Bengel, Johann Albrecht, 1687–1752

aus Winnenden/Württemberg, studiert im Tübinger Stift,
1713 Präzeptor in der ev. Klosterschule Denkendorf, Prälat in Herbrechtingen (1741) und Alpirsbach (1749).
Forscher, Pädagoge, Seelsorger (magister Sueviae).
»Ahnherr« der geistlichen Väter Württembergs.
Der stufenmäßig verstandenen »Heilsökonomie« ordnet er die Schrift über, so daß ihn sein Biblizismus zwar nicht vor spekulativem Irrtum, jedoch vor Schwärmerei bewahrt. Hauptwerk: **Der Gnomon** (»Zeiger« 1752), ein Wort-für-Wort-Kommentar, der sich durch sorgfältige Arbeit am Text auszeichnet; der »innerbiblische Wahrheitsbeweis« wird zum Kriterium für die Auslegung. Seine prophetische Geschichtsphilosophie (Theologie der Bundesschlüsse Gottes) soll Versuch, nicht Programm sein.

Oetinger, Friedrich Christoph, 1702–1782

Pfarrer, Prälat, Förderer des mit der Kirche verbundenen Pietismus.
Theosoph, der Philosophie mit Naturwissenschaft verbindet (Jakob Böhme).

Arnold, Gottfried, 1666–1714

in Annaberg (Erzgeb.) geboren.
Pfarrer und Kirchenhistoriker.
1699 »Unparteiische Kirchen- und Ketzerhistorie«.
Geschichte der Frömmigkeit vom Pietismus aus.
Vielfach abgelehnt, von Lessing und Schleiermacher anerkannt.
Bedeutsam seine Kirchenlieder, besonders:
»O Durchbrecher aller Bande«.

d) Radikaler und schwärmerischer Pietismus

Während der Drang zur Gemeinschaft bei allen Gruppen bisher das Charakteristische war, hat es dem Individualismus der Zeit gemäß auch an sehr eigenartigen und radikalen Ausprägungen des Pietismus nicht gefehlt. Am bedeutsamsten ist *Gottfried Arnold* geworden, der Verfasser der *»Unparteiischen Kirchen- und Ketzer-Historie«*. Ihn wies die Kritik an der orthodoxen Kirche in die Reihen der Separatisten. Aber auch er fand schließlich den Weg zur Kirche zurück. Seine glutvollen Lieder sind von Kampf und Entsagung erfüllt und klingen zumeist in der Erwartung des endgültigen Sieges am Jüngsten Tag aus: »Wenn die Freiheit bricht herein«.

Der Pietismus in Deutschland

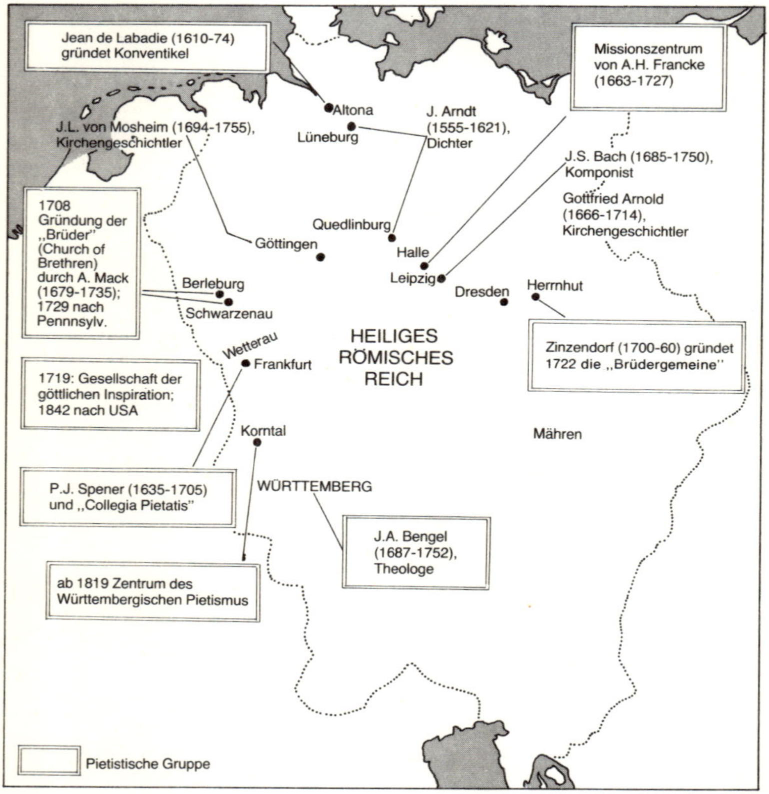

Auf Grund von Offenbarungen, »dem inneren Licht« betonte *Johann Conrad Dippel* im Zusammenhang mit der Naturphilosophie Jakob Böhmes († 1624) die allumfassende, niemand ausschließende Liebe Gottes. Von hieraus ist die Verkündigung der Allversöhnung (Apokatastasis panton) nur ein Schritt.

4. Das Gesamtbild: Weite und Grenze des Pietismus

In eine müde gewordene Christenheit brach der Pietismus wie ein frischer Wind ein. War das Evangelium in Theologie und Predigt vielfach zu einem rational begreifbarem Lehrgebäude geworden, so wurde nun *das persönlich treffende Wort der Ursprung der Erweckung*. Stand im Vordergrund die Erfahrung, so griff sie doch auf das biblische Fundament zurück. War das Gefühl oft stark beteiligt, so rief der Einsatz in die Diakonie und Mission zum schlichten Handeln. Sah man mit Sorge das Anwachsen einer Pastorenkirche, so hat dem gegenüber der Pietismus das allgemeine Priestertum der Laien gefördert, von den Hauskreisen an bis zu den Boten in den Missionsländern. Es sind der sich rasch ausbreitenden Bewegung viele Gaben geschenkt, aber auch die Grenzen gezeigt worden, der Mangel, die neue Erkenntnis theologisch gründlich zu verarbeiten. Dadurch blieb auch die Auseinandersetzung mit dem gleichzeitig um sich greifenden Rationalismus und Atheismus nur sehr schwach. Von Herrnhut und Halle aus ist aber der ökumenische Zug unverkennbar. *Das Luthertum des Grafen Zinzendorf war weltweit genug, um die Gemeine vor Enge und Selbstgefälligkeit zu bewahren.* Der Perfektionismus hat jedenfalls dort keinen Raum, wo das Evangelium vom Heiland der Sünder in der Mitte stand. Damit ist es dem Pietismus auch verwehrt geblieben, die konfessionellen Trennungen zu verstärken. Die einende Kraft des Evangeliums erwies sich stärker als die theologischen Abgrenzungen.

Literatur:

F. W. Kantzenbach, Orthodoxie und Pietismus, 1966
M. Schmidt, Wiedergeburt und Pietismus, 1969
ders, Der Pietismus, 1970
K. Aland, Der Pietismus und die Bibel
ders, Th. G. Spener, Pia desideria, 1955
J. Wallmann, Th. G. Spener und die Anfänge des Pietismus, 1961
E. Beyreuther, A. H. Francke und die Anfänge der ökumenischen Bewegung, 1957

E. Seeberg, G. Arnold, die Wissenschaft und die Mystik seiner Zeit, 1923
W. Nigg, Große Heilige, 1955
ders, Das Buch der Ketzer, 1945
S. Eberhard, Kreuzestheologie. Das reformatorische Anliegen in Zinzendorfs Verkündigung, 1930
G. Gloege, Zinzendorf und das Luthertum, 1950
E. Beyreuther, Zinzendorf, 1957ff.
F. Zündel, J. Chr. Blumhardt, ein Lebensbild, 1942[14]
Arbeiten zur Geschichte des Pietismus
G. Schrenk, Gottesreich und Bund (Correjus), 1923
Hans-Christoph Hahn u. Hellmut Reichel, Zinzendorf und die Herrnhuter Brüder 1976

32. Kapitel

Die Aufklärung und ihre Überwindung

Der Weg der Aufklärung (17. u. 18. Jahrh.)

Philosophie

René Descartes
† 1650
Baruch Spinoza
† 1677
Gottfried Wilhelm Leibniz
† 1716

Naturgefühl

Jean Jacques Rousseau
† 1778

Kritiker

David Hume
† 1776
Gottfried Ephraim Lessing
† 1781
Immanuel Kant
† 1804
Johannes Salomo Semler
† 1791

Katholische Kirchenkritiker

Joh. Nikolaus von Hontheim
† 1790
Emser Punktion 1786
Joseph II. † 1790

Leibniz, Gottfried Wilhelm, 1646 geb. in Leipzig, 1716 gest. in Hannover

Er war nicht nur Philosoph. Dieser umfassend gebildete Europäer arbeitete wissenschaftlich auf den Gebieten Jura, Mathematik, Geschichte, Politik, Naturwissenschaft, Technik, Sprachwissenschaft und Medizin.
Mitarbeit an der Neukodifizierung des römischen Rechts in Mainz bis 1672.
Jurist in diplomatischem Dienst in Paris bis 1676.
Bibliothekar und Hofhistoriograph in Hannover bis 1716.
Sein Ziel: Gründung wissenschaftlicher Akademien (nur in Berlin 1700 erfolgt) als intellektuelle Stärkung des Protestantismus und völkerverbindende kulturelle Zentren.
Reisen nach London, Rom, Petersburg, Dresden, Wien.
Mechanistische Philosophie
1. Praestabilisierte Harmonie kraft der von Gott in jeden Menschen gesetzte **Monade** (»Monaddogie« erschien deutsch 1720, lateinisch 1721, Original französisch 1840).
2. Geschichte als mechanischer Naturablauf.
3. Einigungsversuche mit der katholischen Kirche.

1. Gottfried Wilhelm Leibniz (1646–1716)

Der Bruch mit dem dogmatischen Denken durch die Philosophie

Als das Evangelium in die Welt trat, hat sich sofort die Frage nach seinem Verhältnis zur Vernunft des Menschen gestellt. Unaufhörlich empfand der griechische Geist die Botschaft vom Kreuz als eine Torheit, unerträglich erschien aber auch den Germanen die Kunde von diesem wehrlos Gemarterten. Aber Rom verstand es, Vernunft und Glaube reibungslos zusammenzubringen. Plato und Aristoteles wurden nicht als Heiden verstanden, sie gaben im Gegenteil dem Denken der Theologen die rechte Form.

Philosophie, Renaissance und Humanismus, die im Geist der Antike wurzeln, werden darum von der Kirche in jeder Hinsicht bejaht. *Die Reformation vollzieht den Bruch mit dem Aufklärungserbe Roms.* Dennoch, auch sie zahlt im Verlauf ihrer Geschichte, beginnend mit Melanchthons Beitrag, einen Tribut, der in der Folgezeit von größter Auswirkung ist. Durch die Orthodoxie und selbst auch durch den Pietismus hindurch geht ein Strom von Rationalismus, der immer wieder von der Ebene des Menschen aus die Taten Gottes begreifen und begründen will. *Diese Entwicklung wird nun im 18. Jahrhundert dadurch gefördert, daß das philosophische Denken von England her in steigendem Maße in die Kirche einbricht und dort seinen Totalitätsanspruch erhebt.*

Die Theodizee deutet die Geschichte

Mit den naturwissenschaftlichen Erkenntnissen und Entdeckungen, wie sie im neuen Weltbild seit Galilei und Kepler verankert waren, nimmt der Drang zu, sich von der mittelalterlichen kirchlichen Bevormundung zu lösen. Ein Gebiet nach dem andern trennt sich von dem dogmatisch gebundenen Denken. Staatliche Toleranz bedeutet in diesem Zusammenhang, sich von den beengenden Schranken der Kirchenlehre zu befreien und in der Politik lediglich irdische Maßstäbe anzuwenden. Was durch Descartes, Hobbes, Locke und Spinoza begonnen war, setzen *Leibniz, Hume und Kant* mit durchschlagendem Erfolg fort. Glaube und Wissen treten bei Leibniz in einen Verschmelzungsprozeß. *Wenn auch die Dinge des Glaubens höher sind als unsere Vernunft, so sind sie doch auch nicht gegen sie, und letzten Endes muß sich die Offenbarung von der Vernunft rechtfertigen lassen.* Dies geschieht bei Leibniz so, daß er in der gesamten Schöpfung eine *»praestabilisierte Harmonie«* erkennt, d.h. *eine wunderbare Ordnung und Einheit, die schon vor Anbeginn der Welt gesetzt ist.* Es ist alles darin wie in einem genialen Musikwerk aufeinander abgestimmt. Was scheinbar disharmonisch ist, löst sich beim Anhören des gesamten Vorgangs in Wohlklang auf. Damit ist auch dem Bösen sein Ort, und zwar sein notwendiger, in der Welt gegeben. Darin mündet die berühmte *Theodizee bei Leibniz.* Er sieht die Geschichte als unaufhaltsamen Ablauf von Prozessen, wie sie in den *Monaden,* d.h. den einzelnen Kraftzentren im Menschen, gesetzt sind. Unabhängig voneinander streben diese Monaden nach göttlichem Plan einem gemeinsamen Ziele zu. Wie in der Natur, so wirken auch in der Geschichte alle Kräfte geraden Weges aus innerer Notwendigkeit zur Ehre Gottes.

Der Optimismus drängt zur Welteinheit in den Religionen

Leibniz hat damit dem 18. Jahrhundert einen gewaltigen Optimismus mitgegeben. Der erschütternde Gerichtsernst der reformatorischen Verkündigung ist einem Bewundern und Staunen über die schöne Harmonie der Welt gewichen. Der Glaube an die Vorsehung, auf der *»Besten aller Welten«* zu leben, läßt die Botschaft vom Fall und vom Heil zurücktreten. Aber hinter dieser beruhigenden Weltauskunft verbirgt sich die unheimliche Ungewißheit, wohin denn das Ziel der gesamten Bewegung gerichtet ist. Der von Spinoza übernommene *Weltmechanismus* verdrängt die christliche Lehre vom Ende, vom Gericht und von der Vollendung. Der Monade kann darum kein anderer Trost geboten werden als die »Zufriedenheit«.

Es ist begreiflich, daß sich an den Namen Leibniz alle jene Bemühungen seiner Zeit heften, die Einheit der christlichen Konfessionen zu erreichen. Wer so wie er das Dogma an eine untergeordnete Stelle rückte – obwohl er es verteidigt –, vermochte über eine Union mit Rom zu verhandeln. An der Zähigkeit der Gegensätze zwischen den Reformierten und Lutheranern mußte er aber erkennen, daß nicht einmal diese Grenzen überwindbar waren. Sah er richtig, wenn er für die Zukunft an eine solche Vereinigung glaubte, oder leitet ihn auch hier nur sein Glaube an die Verklärung der Welt, an jene geheimnisvollen Kräfte, die schließlich diese Erde unter Ausschaltung aller Widersprüche zur vollen Harmonie gestalten würden? Wenn er die Anfänge der Heidenmission mit Interesse verfolgte, so war wohl auch hier der philosophische Gedanke der geistigen Weltdurchdringung wirksam.

2. *Das Naturrecht als Basis des gesamten Lebens*

Der Mensch wird sich seiner freien Verfügungsgewalt bewußt

Neue Ereignisse in der politischen Geschichte des 18. Jahrhunderts schaffen neue Erkenntnisse. Es verblaßt die innerlich schon längst unwahre und hohle Reichsherrlichkeit des Sonnenkönigs, Ludwig XIV. (1643–1715), und mit ihm sinkt die von seiner Gunst lebende französische Kirche. Dafür treten die protestantischen Reiche, *England* und *Preußen*, in den Vordergrund. Aber auch die katholischen Länder, *Österreich* und *Spanien*, lösen sich von der französischen Führung. Im Osten erhebt sich das *Rußland Peters des Großen*, um neben dem mit Sachsen verbundenen *Polen* die Bühne Europas zu betreten. Überall werden selbständige Kräfte sichtbar. Der Mensch, und hier der den Adel überflügelnde *neue Stand, der Bürger*, fühlt sich den Mächten dieser Welt in erhöhtem Maße gewachsen, denn er hat sie mit seiner Vernunft durchschaut. Solange er religiös gebunden war, im Halbdunkel der alten Kirche, hielt er am Geheimnis, am Unbegreiflichen und Unerforschlichen fest. Nun aber fordert die Würde des Menschen, daß die Schleier fallen und die feine Bildung, das Gestaltungsvermögen und Freiheitsbewußtsein endlich vor aller Welt kundtun, was wirkliche Humanität sei. Das Wissen von der Sendung des Menschen führt zu einer Kultur und Religionskritik sondergleichen.

Das 18. Jahrhundert endet in den Schrecken der französischen Revolution. Sie entspricht dem Gesamtgeist, der das Recht des Menschen, »das mit uns geboren ist« (Goethe), in den Vordergrund stellt. *Dieses »Naturrecht« ist es, um das lange vor Rousseau das zu seiner persönlichen Freiheit und Selbstbestimmung erwachte Individuum kämpft.* Hierbei werden Naturrecht und Vernunft gleichgesetzt. Hatte man den Staat bis zur Reformation und über sie hinaus als göttliche Stiftung und den Herrscher als von Gott eingesetzt verstanden, so sieht man nun beide unter dem Einfluß der englischen Philosophie als eine menschlich gewirkte und begreifliche Einrichtung, als den sozialen Vertrag *(contrat social* – Rousseau). Die Säkularisation schreitet fort und erobert auch die *Wirtschaftslehre, die das nützliche Zusammenwirken aller Kräfte neu erfaßt.* Sie steht auch vor der *Erziehungsfrage nicht still, indem man alles Gute im Kinde selbst vorfindet* und es nur auf die rechte Weise glaubt herausholen zu müssen und zu können.

3. Jean Jacques Rousseau

Rousseau, Jean Jacques, 1712–1778

Handwerkerssohn, calvinistisch erzogen.
1728 katholisch.
1750 beantwortet er eine Preisfrage der Akademie Dijon, ob die Zivilisation die Sitten günstig beeinflußt habe, mit einem glatten Nein und stellt dagegen den Ruf **»Zurück zur Natur«.**
1754 Protestant.
Schriftsteller auf den Gebieten Naturrecht – sein Buch »Contract sociale« 1762 vertritt seine Staatstheorie, die größten Einfluß auf die Revolution hat – Naturreligion, Erziehung (»Emile ou sur l'éducation« 1762) mit dem »Glaubensbekenntnis des savoyischen Vikars«. R. ist religiös, doch nicht christlich.

Zurück zur Natur

Die Tatsachen des Lebens lassen sich idealisieren. Verhängnisvoller ist es, den Menschen auf eine schier vollkommene Ebene zu rücken, wie es von Frankreich her vor allem Rousseaus Gedanken getan haben. *Jean Jacques Rousseau* († 1778) hat ähnlich wie Voltaire den englischen Deismus, die Ablösung vom Christentum der Kirche zugunsten einer Natur- und Vernunftreligion, in volkstümlicher Weise weiten Kreisen zugänglich gemacht.

Gegenüber dem platten Entwicklungsgedanken, der die Menschheit in jeder Beziehung emporsteigen sieht, hat er in seiner Bearbeitung der Preisfrage der Universität Dijon, ob denn der Kulturfortschritt die Sitten gehoben habe, zum Erstaunen seiner Zeitgenossen mit einem glatten Nein beantwortet (1750). Rousseau steht der von den Banden des gesellschaftlich unwahren Lebens befreite Mensch vor Augen, der nur den einen Schritt »zurück zur Natur« – *retournons à la nature!* – zu tun hat, um in den Kindheits- und damit Glücks- und Gleichheitsstand der Urmenschheit zurückzufinden.

Diesem Ideal dient alles, was der dichtende Philosoph über den Staat, über die Religion und auch über die Erziehungsfrage zu sagen hat. Indem seine Kritik die gegenwärtige Ordnung aufs tiefste erschüttert, macht er den Weg zur Revolution frei, ja, er gibt ihr im gewissen Sinne die Weihe, die Hoffnung auf den Anbruch des Paradieses. Wenn schon sein Menschenbild Natur und Vernunft als schärfsten Gegensatz zur Kultur und Zivilisation schildert, so muß erst recht seine Gottesvorstellung von diesem seinem Enthusiasmus ergriffen sein. Im »*Glaubensbekenntnis des savoyischen Landpfarrers*« finden wir Stellen von hinreißender Schönheit der Sprache und Gewalt der Empfindung.

> »Ich nehme Gott überall wahr in seinen Werken; ich fühle ihn in mir, ich sehe ihn rings um mich; aber sobald ich ihn in sich selbst betrachten will, wo er ist, was er ist, welches seine Substanz ist, entzieht er sich mir, und mein verwirrter Geist erfaßt nichts mehr.«

Religion ist Herzenssache in den Grenzen der Vernunft

Seinen Gott findet Rousseau in der Stimme des Gewissens, aber auch im Bilde des leidenden Erlösers:

> »Ja, wenn Sokrates' Leben und Tod ihn als den Weisen zeigen, so zeigen Leben und Tod Jesu den Gott. Oder soll man annehmen, die Geschichte des Evangeliums sei nur so erfunden worden? Mein Freund, so erfindet man nicht!«

Aber wenn man nun meinen soll, Rousseau verlasse hier den Standort der Aufklärung, so setzt schon der bald folgende Satz die Schranke:

> »Bei allem ist dies nämliche Evangelium voll unglaublicher, der Vernunft widerstreitender Dinge, die jeder vernünftige Mensch unmöglich begreifen oder annehmen kann. Was soll man tun inmitten aller dieser Widersprüche? Immer zurückhaltend und vorsichtig sein, mein Sohn; in der Stille achten, was man weder verwerfen noch begreifen kann, und sich demütigen vor dem großen Wesen, welches allein die Wahrheit weiß.«

So geht Rousseau am Ärgernis des Evangeliums vorbei. Was ihm übrigbleibt, ist trotz aller Bewunderung und Empfindung auf dem religiösen Gebiet das vernünftige Denken, das die Offenbarung kraft der Weltüberlegenheit des Menschengeistes ablehnen muß. Schließlich sind ihm alle geschichtlich erscheinenden Religionen der Ausdruck des »Klimas«, der Regierungsform, des Volksgeistes oder irgendeiner anderen Ursache.

»Ich halte sie alle für gut, wenn man Gott damit in entsprechender Weise dient. Der wesentliche Gottesdienst ist der des Herzens.«

Rousseau ist der verbreitetste Typus des religiös Suchenden geworden und *hat bis tief in den deutschen Idealismus hinein gewirkt.* Er liebte die Toleranz und kämpfte ähnlich wie Voltaire für die Freiheit des Glaubens gegenüber katholischen Übergriffen. Den Gebildeten, namentlich auch in Deutschland, täuschte er damit eine Religion vor, die man jenseits der Kirche, im Schrein des frommen Herzens und im Raum der Vernunft besitzen könne. Die Flucht der denkenden Menschen aus der Kirche ist nicht nur eine Folge der Kritik an ihrem Dogma, sondern sie ist dem trügerischen Reiz zuzuschreiben, den diese neue Religion dem Individuum versprach.

4. David Hume, Immanuel Kant und Gotthold Ephraim Lessing

Die beiden Welten im Licht des Denkens

Der Stoß gegen diese Religion der Empfindung blieb aber nicht aus. *David Hume* und *Immanuel Kant* wußten sich von der schwärmenden Frömmigkeit eines savoyschen Landpfarrers geschieden. Für *Hume* (1711–1776) geht der Ursprung der Religion auf die Angst des Menschen und auf seine »Scheu vor dem Leeren«, d.h. vor einer nicht ausgefüllten Zukunft, zurück. Logisch kalt und letzten Endes in der Haltung des Atheismus bringt seine *Philosophie des Empirismus,* d.h. der Erfahrung, das Wissen selbst zur Strecke.

Kant, Immanuel, 1724–1804 in Königsberg.

Er studiert Philosophie, Geographie, Mathematik.
Erst 1770 Professor in Königsberg.
1781 »Kritik der reinen Vernunft.«
1785 »Kritik der praktischen Vernunft.«
1793 »Die Religion innerhalb der Grenzen der bloßen Vernunft.«

Lessing, Gotthold Ephraim, 1729–1781

Theologe, Mediziner, Dramatiker, Schriftsteller.
1770 Bibliothekar in Wolfenbüttel.
1777 Herausgabe der Reimarus-Fragmente.
1779 Nathan der Weise.
Er hat sich selbst in der Denknot seines Systems als Skeptiker erklärt.

Hume und Kant bewegt die gleiche Frage: Wie verhält sich unser Denken zu unserer Erfahrung? Gegenüber dem eitlen Geschwätz der Aufklärer über Gott und Welt mutet ein schlichter Satz Kants (1724–1804) wie eine völlig andere Erkenntnis, ja wie ein echt protestantischer Wahrheitsdienst an:

»Ich fand allmählich, daß viel von den Sätzen, die wir als objektiv ansahen, in der Tat subjektiv seien, d.i. die Konditionen – Bedingungen – enthalten, unter denen wir allein den Gegenstand einsehen oder begreifen.«

Kants bekannte Lösung ist nun die, daß er unterscheidet zwischen der Sinnenwelt, die wir in Raum und Zeit vor uns haben, und der Welt der Dinge an sich, d.h. zwischen dem, was unsere in diese Raum- und Zeitwelt gebundenen Sinne erfassen können, und dem, was darüber hinaus in das Reich des intelligiblen, d.h. nur durch den Geist erkannten Denkvermögens gehört. Hier sah Kant den Ort der Religion. Je strenger die Grenze zwischen beiden Welten gehalten wird, desto freudiger darf der Philosoph von den Dingen künden, die sein Gemüt mit Bewunderung und Ehrfurcht erfüllen: *»Der bestirnte Himmel über mir und das moralische Gesetz in mir.«*

Von der Wirklichkeit einer anderen Welt ist aber Kant dennoch entfernt:

»Aufklärung ist der Ausgang des Menschen aus seiner selbstverschuldeten Unmündigkeit – der Mut, sich seines Verstandes zu bedienen« (1784).

5. *Die Vernunft macht allmählich die Religion überflüssig: Lessing und Kant*

Die Wogen der Französischen Revolution gingen schon sehr hoch, als Kant seine »Religion innerhalb der Grenzen der bloßen Vernunft« schrieb (1793). Wie er in seiner früheren Kritik in vielem an Hume anknüpfte, so ist jetzt der Einfluß *Gotthold Ephraim Lessings* († 1781) unverkennbar. Beide leben im Grunde in ihrem Denken jenseits der Kirche und wollen sie dennoch als zum mindesten wohltätige Volksanstalt nicht preisgeben. Der Satz: *»Dem Volk muß die Religion erhalten werden«*, spiegelt schon im 18. Jahrhundert die Verbindung von Thron und Altar in verhängnisvoller Weise wider. Für Lessing steht fest, daß sich die Gewißheit der Religion nie und nimmer auf »zufällige Geschichtswahrheiten« gründen könne, denn sie sind nun einmal nicht der Beweis von »notwendigen Vernunftwahrheiten«.* *»Wann wird man aufhören, an den Faden einer Spinne* (d.h. an die Wunderberichte der Evangelien) *nicht weniger als die ganze Ewigkeit hängen zu wollen!«* Indem

* »Über den Beweis des Geistes und der Kraft« 1777

er die Religion von der Bibel trennt, liefert er sie der Vernunft aus, denn »*die innere Wahrheit*« beweist sich aus sich selbst. Aber dieses »sich selbst« stellt eben doch der Mensch fest. In seinem berühmten »*Nathan der Weise*« (1779) stellt er in der Geschichte von den drei nicht zu unterscheidenden Ringen die Gleichberechtigung von Judentum, Christentum und Islam dar. Eine dem N.T. widersprechende, die Mission lähmende Nivellierung.

In der Schrift: »*Erziehung des Menschengeschlechts*« (1780) hat Lessing die letzten Grundlinien seines Denkens dargestellt. Erziehung, d.h. alles, was durch philosophische Unterweisung dem Menschen beizubringen ist, wird vom Begriff der Offenbarung, dem Bereich der geschichtlichen Religion, abgegrenzt. Brauchte die Menschheit zu ihrer Hebung gewisse Elementarbücher, zu denen nacheinander das Alte und das Neue Testament gehört, so ist doch die Bibel nur für ein gewisses Alter brauchbar.

> »Das Kind wächst darüber hinaus kraft seiner höheren Vernunft. Nein, sie wird kommen, sie wird gewiß kommen, die Zeit der Vollendung, da der Mensch, je überzeugter sein Verstand einer immer besseren Zukunft sich fühlt, von dieser Zukunft gleichwohl Bewegungsgründe zu seinem Handeln zu erborgen nicht nötig haben wird; da er das Gute tun wird, weil es das Gute ist, nicht weil willkürliche Belohnungen derart gesetzt sind, die inneren, besseren Belohnungen derselben zu erkennen. Sie wird gewiß kommen, die Zeit eines neuen, ewigen Evangeliums, die uns selbst in den Elementarbüchern des Neuen Bundes versprochen wird.«*

Lessing denkt dabei an die Verheißungen des tausendjährigen Reiches.

6. *Die moralische Religion als Befreiung vom Dogma der Kirche*

So ist denn der Kirche noch eine vorübergehende Wirksamkeit zugebilligt. Aber den Gang der Ereignisse bestimmt schon die rastlos vorwärts schreitende Vernunft, die anderer Stützen bald nicht mehr bedarf. In diesen Bahnen hat Kant, gewissermaßen als Krönung seines gesamten Werkes, die Religion beschrieben. Christi Gebote sind deshalb leicht, weil und sofern »*jeder die Notwendigkeit ihrer Befolgung von selbst einsieht*«. Von diesem Obersatz aus bestimmt der Königsberger Philosoph in der »*Religion innerhalb der Grenzen der bloßen Vernunft*« (1793) den Raum der »moralischen Religion«. Sie lebt nicht von unmöglichen Gottesbeweisen, sie bedarf auch keiner Erlösung, denn hier gilt der Grundsatz, »*daß ein jeder soviel, als in seinen Kräften ist, tun müsse, um ein besserer Mensch zu werden.*« Das übrige, »*was*

* Ebd. 85

nicht in seinem Vermögen ist, werde durch höhere Mitwirkung ergänzt werden.« Echt katholisch mutet diese Addition an, aber der Stoß geht doch noch nach einer anderen Richtung, eben in die von Lessing angeregte Aufhebung alles Kirchenglaubens:

»Alles, was außer dem guten Lebenswandel der Mensch noch zu tun, zu können vermeint, um Gott wohlgefällig zu werden, ist bloßer Religionswahn und Afterdienst Gottes . . .«

Der Kirchenglaube muß eben klar bekennen, daß es ihm um nichts anderes zu tun sei, als

»die Religion des guten Lebenswandels als das eigentliche Ziel, um jener – der kirchlichen Religion – dereinst gar entbehren zu können, herbeizuführen«.**

Gegen die positive, d.h. auf Geschichte beruhende Religion hat Kant sich damit zu der Zukunft bekannt, in der allein »die reine Vernunftreligion« zuletzt über alle herrsche, »damit Gott sei alles in allem«. Dann erst wird das Priestertum ausgerottet sein, denn nun werden alle durch die Vernunft in der wahren Freiheit stehen.***

7. Der kategorische Imperativ

Es ist schwer, den kirchengeschichtlichen Ertrag des kantischen Denkens zu ermessen. Es weist die Gotteserkenntnis in enge Grenzen, weil es nach seiner Überzeugung in der Welt der Erscheinung keinen Erweis für das Dasein Gottes gibt. Und doch ist Kant kühn genug, durch Postulate, d.h. logische Forderungen der praktischen Vernunft einen Gottesgedanken in Verbindung mit dem Gedanken an Freiheit und Unsterblichkeit aufzustellen. Er bekennt sich zum »radikalen Bösen« im Menschen gegenüber dem optimistischen Bild der Aufklärung, aber er führt doch nicht über die moralisch-heroische Haltung hinaus, daß der Mensch an seiner Besserung arbeiten müsse, *denn er kann, was er soll.* Er verwirft den *Eudämonismus* (das auf Lohn gerichtete Glückseligkeitsverlangen), aber die Ehrfurcht des mit Gott verschmelzenden Gemütes unter dem Sternenhimmel und das moralische Gesetz im Menschen sind ihm Lohn genug. Er verwirft das Gebet, weil er einen persönlichen Gott, der in dieses Weltgeschehen eingreift, ablehnt, aber er glaubt mit schier kindlicher Gläubigkeit an die wirkende Kraft und Wesenhaftigkeit der Vernunft. Mit diesen Gegensätzen ist das Geistesleben der Gebildeten durchzogen wor-

** Religionen innerhalb der Grenzen der reinen Vernunft IV, 252
*** ebd. III, 1,7.

den. Die einen sind dadurch in den Nihilismus getrieben, weil ihnen die Kritik alles zerbrach und nichts an ihre Stelle zu setzen vermochte. Hier ist *Schopenhauer der Erbe Kants,* der ihn unbedingt pessimistisch verstanden hat. Die andern ergriffen die ideale Seite des Meisters, den Glauben an den Sieg der Vernunft, an das in uns wohnende, alles bestimmende moralische Gesetz des *kategorischen Imperativs: Du kannst, denn du sollst!* Sie sind mit Fichte, Hegel und Schelling diesen Weg der Selbstvergottung des Menschen über Kant hinaus gegangen.

8. Frömmigkeit als Ehrerbietung vor dem Göttlichen: Gottsched und Gellert

Während sich der Hallesche und Herrnhutsche Pietismus gegen die wachsende Flut der Aufklärung wehrte, ohne ihren Einwänden gewachsen zu sein, haben im zweiten Drittel des Jahrhunderts Männer wie *Johann Christoph Gottsched* († 1760) und *Christian Fürchtegott Gellert* († 1769) die Vereinigung von Glauben und Zeitgeist in nicht unerheblichem Maße gefördert. Gottsched sucht alle Anstöße und Ärgernisse aus dem Weg zu räumen und geht so weit, sogar den Erlösergott auszuschalten. Eine blutige Sühne kann mit der Gerechtigkeit Gottes nicht in Einklang gebracht werden, zumal wenn ein Unschuldiger dabei leiden muß. Gellert ist weniger kritisch als sein Leipziger Kollege Gottsched, aber bei aller echten Ehrfurcht und Bewunderung in seinen Liedern über die Größe und Herrlichkeit der Natur – »Wenn ich, o Schöpfer, deine Macht . . .« – ja, selbst in seinen Festgesängen, bleibt er oft in einer gewissen *gesetzlich-moralischen Haltung. Und gerade sie wird der Durchschnitt der kirchlichen Verkündigung und Seelsorge.*

9. Bibelkritik: Samuel Reimarus

Auf dem Hintergrund dieses verkürzten Evangeliums kann man erst die Arbeit und den Vorstoß der Gruppe von Theologen verstehen, die man unter dem Namen der »Neologen« zusammenfaßt. Sie setzen die Arbeit Gottscheds fort, die kritische Behandlung der Heiligen Schrift und des Dogmas. Nicht als ihr Vertreter und doch im Grunde mit ihnen einig steht der Hamburger Gymnasialprofessor *Samuel Reimarus* († 1768). Ihm war es nicht genug, an das allmähliche Aussterben der geschichtlich überlieferten Offenbarungsreligion zu glauben. Er hat in seiner Schutzschrift für die vernünftigen Verehrer Gottes die Gedanken des englischen Deismus (Hume) wiederholt und weithin die Kritik des 19. Jahrhunderts vorweggenommen, indem er vom Standort der Vernunft und Moral aus *in der Bibel zu streichen begann, was an Wundern, an Übernatürlichem, besonders auch im Bilde Jesu, zu finden ist.* Dieser Haß gegen alles Übervernünftige machte auch vor der Wahrhaftigkeit der Jünger nicht halt und erklärte sie als zum mindesten betrogene Betrüger. Als Lessing diese »Fragmente« in den Jahren 1774 und 1777 herausgab, war der Sturm der Entrüstung so groß, daß selbst die Neologen, die Vertreter der Aufklärungstheologen, besonders *J. S. Semler* († 1791), mit diesem Radikalismus nicht mitkonnten.

10. Toleranz soweit sie den Staat nicht gefährdet als Erziehungsfaktor

Aber die Linie, wohin die Kritik zielte, lag plötzlich vor aller Augen. Sie wäre noch ganz anders zum Vorschein gelangt, wenn nicht selbst der freiheitliche Friedrich II. von Preußen Einhalt geboten hätte. Bei aller Gleichgültigkeit gegenüber den theologischen Strömungen und bei aller gründlichen Verachtung der »Pfaffen« und »evangelischen Jesuiten« legte ihm doch die Staatsraison als höchstes Prinzip seines Handelns bestimmte Grenzen auf. Er konnte im Gegensatz zu andern Ländern den Jesuitenorden in Preußen belassen: *»Sie können für meine Person ohne Sorge sein, ich habe von den Jesuiten nichts zu fürchten.«** Er konnte aber auch in seinem »Fürstenspiegel« schreiben: *»Hüten Sie sich also vor dem Fanatismus der Religion, der Verfolgungen hervorruft!«* Friedrichs Toleranz geht genau so weit, wie das Staatsinteresse sie gestattet, obwohl er schon 1740 als bekannte Randnote bemerkt:

> *»Die Religionen müssen alle toleriert* werden, und muß der Fiskal nur das Auge darauf haben, daß keine der anderen Abbruch tue, denn hier muß jeder nach seiner Façon selig werden«

– oder ob er an den Major von Borcke die Instruktion gibt:

> »Der Erzieher muß seinem Zögling in geschickter Weise fühlbar machen, daß nichts gefährlicher ist, als wenn die Katholiken in einem Land die Oberhand haben, wegen der Verfolgungen, wegen des Ehrgeizes der Päpste, und daß ein protestantischer Fürst weit mehr Herr bei sich ist als ein katholischer.«**

* an d'Alambert 1768
** K. 1744

Das Wöllnersche Edikt

Die Freiheit des Individuums und die Freiheit der Kirchen ist demgemäß eine sehr bedingte. Das wird am Ausgang des Jahrhunderts besonders deutlich, als das von *Friedrich Wilhelm II. erlassene, von Pfarrer Wöllner verfaßte Religionsedikt aller Kritik am orthodoxen Glauben plötzlich das staatliche Verbot entgegensetze.* Damals hielt es auch Kant für geraten zu schweigen. Der Gedanke, daß solche Kämpfe, die schließlich die Staatsautorität in Frage zogen, nicht vor das Volk gehörten, leitete ihn und viele Gebildete um so mehr, als man in einer doppelten Welt lebte, die, wie der Hallesche Theologe Semler es aussprach, dem schlichten Mann eine andere Erkenntnis zubilligte als sie der Weise und Unterrichtete zu vollziehen vermochte. Daß hier die Preisgabe der Kirche an einen Erziehungsgedanken zweifelhafter Art lag, war der Halleschen Fakultät noch deutlich. Als sie es ablehnte, ihre kritische Theologie von heute auf morgen zu ändern, erwies es sich, daß auch in dieser Wissenschaft der Aufklärung etwas von dem bekennenden Mut der pietistischen Vergangenheit steckte, indem man den Wahrheitsgedanken um keinen Preis fallen ließ.

Die Kirche und ihre Wirkung in Predigt und Schule

Die Predigt unter der Wirkung der Aufklärung ist als moralisierend-gesetzlich bis hin zur Lächerlichkeit bekannt (Stallpredigt an Weihnachten). Das Gesangbuch mit seinen namentlich dem 16. und 17. Jahrhundert entstammenden Liedern muß sich derbe Eingriffe gefallen lassen. In der Schule herrschen der Stock und die Lernmethode; es fehlt das Gespräch. Wie anders ist der Geist Herrnhuts, wo die Freude noch nicht verschwunden und Lied und Gebet lebendig sind!

11. Friedrich II. und der Protestantismus

Aber wenn auch Friedrich II. mit seiner Kirche so gut wie zerfallen war und darin die Reaktion zu seiner verkehrten Jugenderziehung nicht weniger als der französische Einfluß von *Voltaire* her deutlich wurde, so ist er dennoch, ohne es zu wollen, weit über seine Staatsraison hinaus zum Schirmherren des Protestantismus geworden. Und dies geschah, als er im Dreifrontenkrieg gegen das katholische Österreich und Frankreich und gegen das griechisch-orthodoxe Rußland dem evangelischen Preußen den Platz an der Sonne sicherte und im *Bunde mit England einer neuen Gegenreformation den Riegel vorschob.* Auf den Schlachtfeldern der drei Schlesischen Kriege entschied es sich, daß die Zurückeroberung Deutschlands zur römischen Kirche nicht vollzogen wurde. Es lebte aber im Heer des Königs ein Geist, vor dem Friedrichs Deismus immer wieder ehrfürchtig stillstehen mußte. Die Generäle Zieten und Schwerin sind dafür Zeugen.

Es sind besondere Augenblicke gewesen, erregte Auseinandersetzungen zwischen dem König und seinen Generalen. Sie haben ihm die tiefe Erschütterung nicht erspart, die als Pfeil im Herzen des Philosophen von Sanssouci blieb.

»Sage Er mir doch, Schmettau, was ist denn eigentlich Sein Glaube?«

Die Antwort des Generals: »Ich glaube an die göttliche Erlösung von allen meinen Sünden, an eine göttliche Vorsehung, die jedes Haar auf meinem Haupte zählt, und an ein ewiges, seliges und herrliches Leben nach dem Tode!«

»Das glaubt Er wirklich?« fragte der König.

Und als Schmettau dies bejahte, schloß das Gespräch mit dem Satz:

»Er ist ein sehr glücklicher Mensch!«

Eine neue Zeit ist inzwischen angebrochen. Der *deutsche Idealismus* entzieht sich der Aufklärung. Das Zeitalter Goethes und Schillers ist da. In diese wunderbare Welt stößt der schrille Ton der Revolution von Frankreich her. Er stellt zum mindesten die Frage, ob die Vernunft die Zeichen der Zeit wirklich zu deuten verstand oder ob sie sich in ganz anderen Räumen bewegte. Die Revolution ist aber auch die Frage an die Kirche, ob sie die ihr eigentümliche Aufgabe noch gesehen hat oder sich von den Idealen der Gegenwart blenden ließ.

Literatur:

W. Philipp, Das Werden der Aufklärung, 1957

E. Schmidt, Lessing, Geschichte seines Lebens, 1925

A. Schlatter, Die philosophische Arbeit seit Cartesius nach ihrem ethischen und religiösen Ertrag, 1959[4]

K. Barth, Die protestantische Theologie des 19. Jahrhunderts, 1946

M. Kähler, Geschichte der protestantischen Dogmatik im 19. Jahrhundert, 1962

H. Thielicke, Der Evangelische Glaube. Prolegomena BI., 1968

33. Kapitel

Die römische Kirche im 18. Jahrhundert

Römische Kirche:
Protest der deutschen Bischöfe gegen die Macht der Kurie.

† 1790 Johann Nikolaus von Hontheim
1786 Emser Punktation
Joseph II. bis 1790

1. *Mission in Asien durch den Jesuitenorden*

Das tridentinische Konzil (bis 1563) und der westfälische Frieden vom Jahre 1648 bilden den theologischen und politischen Abschluß der Gegenreformation. Es ist der römischen Kirche nicht gelungen, den für sie so verhängnisvollen Riß wieder zu heilen. Sie konnte und kann nie, wenn sie ihr Wesen versteht, irgendwelche Zugeständnisse machen oder Bündnisse mit anderen Konfessionen schließen. Das aber vermochte sie: sich mit ernstem und kraftvollem reformerischen Willen auf ihre eigentliche Aufgabe zu besinnen, so wie sie ihr durch den Jesuitenorden vor Augen gehalten wurde. Unter seiner Führung wird die Ausbreitung des Katholizismus nicht nur in den wiedergewonnenen Ländern Europas vorgenommen. Das Ziel wird in enger Verbindung mit der *Kolonialpolitik in den neuentdeckten Ländern Südamerikas, Vorderindiens, Japans und Chinas als Missionierung der ganzen Welt klar erkannt und durch die Orden mit allen Mitteln erstrebt.* Franziskaner und Dominikaner, vor allem aber die Jesuiten und ihr bedeutsamster Missionar *Franz Xavier* († 1552) sind hier zu nennen. Auch die katholische Geschichtsschreibung verschweigt nicht, wieviel äußerliche, ja dem Heidentum sich anpassende Missionspropaganda, die auf eine rasche Ausbreitung der römischen Kirche drängte, in diesen Feldzügen getrieben worden ist. Die schwersten Rückschläge, namentlich in Japan, blieben infolgedessen nicht aus. Lediglich in China gelang es, auch durch die Zeiten des Verfalls und der Verfolgung hindurch eine römische Christenheit zu erhalten. Sichtbar wurde dadurch vor aller Welt bezeugt, daß die eine katholische Kirche durch den Kampf in Europa nichts von ihrem umfassenden Anspruch preisgegeben hatte.

2. *Die Ausweisung des Jesuitenordens*

Der Orden, auf den Rom seine Hoffnung setzte, trägt die Hauptverantwortung für den Niedergang. Sah er im Beichtstuhl seine besondere Aufgabe, so mußte gerade an ihm der Widerstand entstehen, als die Aufklärung von der Vernunft her andere Beurteilungsmaßstäbe in den Vordergrund rückte. Das Beichtbuch von *Alfons de Liguori* (1696–1787, Gründer des Ordens der Redemptoristen) mit seinen Anweisungen auf dem Gebiet der geschlechtlichen Moral ist auch innerhalb der katholischen Kirche auf Widerspruch gestoßen. Was halfen demgegenüber die Übertritte von August dem Starken in Sachsen-Polen und Karl Alexander in Württemberg. Ihre Länder hielten erst recht am evangelischen Bekenntnis fest. Aber der Sturm gegen den Jesuitenorden, der zu seiner vorläufigen Auflösung führte, vollzog sich auf politischem Gebiet. *In Paraguay hatte die Gesellschaft Jesu eine eigene Wirtschaftsordnung aufzurichten versucht. Das zwang den portugiesischen Minister Pombal, die Ausweisung des Ordens anzuordnen* (1759).

Als auch Frankreich und Spanien diesem Schritt folgten, sah sich nach langem Zögern *Papst Clemens XIV.* zur Aufhebung des Ordens gezwungen (1773). Friedrich II. und Katharina II. von Rußland gewährten trotzdem dem Orden das Asylrecht im Bewußtsein ihrer Staatsmacht.

3. *Versuche des deutschen Episkopats, sich von der Kurie zu lösen*

Die Aufklärung machte auch vor der Kirche nicht halt. Die unter Pseudonym erschienene Schrift des Trierer Weihbischofs *Nikolaus von Hontheim »Über den Zustand der Kirche und die rechtmäßige Gewalt des römischen Bischofs«* (1763) hinterließ keinen Zweifel, daß der Wille zu einem übergeordneten Konzil im Gegensatz zur unumschränkten Herrschaft des Papstes nicht erloschen war. Der Bischof erhoffte vom Zusammenschluß mit den Fürsten eine Hilfe. Auch nach dem Widerruf seiner Schrift wandten sich west- und süddeutsche Bischöfe gegen die Errichtung einer Münchener Nuntiatur, d.h. eine vom Papst eingesetzte Stelle, um die Kirche wie den Staat zu beobachten (I, 157) und in diplomatischen Fragen zu lenken. Die berühmt gewordene *Emser Punktation* (1786) faßte den Protest der Erzbischöfe dahin zusammen, man wolle dem Papst nur insoweit Gefolgschaft leisten, als es mit dem Ausschluß der als Fälschung erkannten isidorischen Dekretalien gegeben sei. *Ein vom Kaiser einzuberufendes Konzil* sollte Macht des Papstes festlegen.

Die Dinge schienen zugunsten der Freiheit der Nationalkirche und gegen den römischen Machtanspruch zu laufen, als sogar Kaiser Joseph II. sich auf die Seite der Erzbischöfe stellte. Dennoch ist das Papsttum als Sieger aus diesem Kampf hervorgegangen. Es hat es verstanden, wie einst im Mittelalter, die Spannung zwischen den Erzbischöfen und Bischöfen auszunützen und seine Nuntien mit den Bischöfen gegen die Männer der Emser Punktation zu verbünden. Vor allem aber kamen der Kurie die nun einsetzenden Revolutionsjahre zustatten, die mit der Aufhebung der geistlichen Kurfürstentümer endeten (1803). Der feste Wille eines Amtes hatte sich durchgesetzt, das im Glauben an seine uralte Tradition allen Veränderungen trotzen wollte.

4. Joseph II. erläßt ein Toleranzedikt für die Protestanten und Griechisch-Unierten

Ernster wurde jedoch die Lage, als im Österreich Josephs II. (1780–1790, römischer Kaiser seit 1765, in Österreich bis 1780 nur Mitregent seiner Mutter Maria Theresia) die Gedanken der neuen Zeit Boden gewannen. Der Sohn und Nachfolger von Maria Theresia und Bewunderer Friedrichs II. glaubte, die vernünftigen und humanen Gesichtspunkte der Aufklärung in der Kirche zur Geltung bringen zu sollen. *Die katholische Staatskirche* ist das Ziel einer großen Anzahl seiner Reformen. Er wollte eine national bestimmte (von romfreien Einflüssen geleitete) Erziehung der Jugend und sonderlich der Geistlichen erreichen, eine Kirche, die in der Berufung der Bischöfe von ihrem Landesherrn abhängig ist. Ohne Zweifel, Josephs Reformen kamen nicht aus einer antikatholischen, keinesfalls aus einer religionsfeindlichen Stellung. Im Gegenteil, er sah, wie gering die sittliche Haltung und wirkliche Bildung des Klerus war, er wollte vertiefen, verbessern, aktiver machen, was in den Kirchen und Klöstern und Schulen vielfach brach lag und an den Aufgaben der Gegenwart vorbeiging. Er erließ darum in dieser Sicht das *Toleranzpatent* (1781), *das den lutherischen, reformierten und griechisch-unierten Gruppen eine beschränkte Duldung verlieh,* ausländischen (also auch römischen) Einflüssen wehrte, die Klöster von 2163 auf 1425 reduzierte, die »bloß beschaulichen« Orden beseitigte, das eingezogene Vermögen für Erziehung, auch für die Klerikerausbildung, versah, ferner die Reform des Kultus und des Eherechtes.

Hellwach sah Pius VI., was durch diesen »Josephinismus« der Kurie drohte. Der Papst erschien selbst in Wien. Die kritische Situation ist aber nicht durch einen päpstlichen Machtspruch erledigt worden. Dazu war Pius zu klug. Er vertraute der Zeit und ihrem klärenden Einfluß und hat darin recht behalten. Größere Fragen ließen die Epoche Josephs II. zurücktreten: Die Französische Revolution pochte an die Tore der Nationen (1789).

Zeittafel:

Die Revolution in Frankreich
1789 Erklärung der Menschen- und Bürgerrechte nach dem Vorbild der Amerikaner
1790 Verstaatlichung des Kirchengutes. Forderung des Bürgereides spaltet den Klerus
1791–1792 Gesetzgebende Versammlung vertreibt 40000 eidverweigernde Priester
1792–1795 Der Konvent will das Christentum abschaffen, 2000 Kirchen werden zerstört
1793 Fest der Göttin der Vernunft; christliche Zeitrechnung wird abgeschafft, der republikanische Kalender eingeführt, die christlichen Feste verboten. Notre Dame = Tempel der Vernunft
1794 Der Konvent erkennt unter Robespierre »ein höheres Wesen« an und die Unsterblichkeit
1795 Religionsfreiheit wird wiederhergestellt durch das »Direktorium«
1801 Napoleon als Konsul schließt das Konkordat mit Pius VII.: Die Kirche als Religion der Mehrheit der Bürger anerkannt

5. Die katholische Kirche im Kampf mit der Revolution

Das *»après nous le déluge«** Ludwigs XIV. ging in Erfüllung. Mit dem Sturz des Königtums und des Adels verlor die mit beiden verkettete Kirche ihre Macht. Das Bürgertum stand in der 1789 beginnenden Revolution auf und forderte dem Geist der Aufklärung gemäß seine Rechte. Selten hat die römische Kirche so unmittelbar ein langes Schuldkonto bezahlen müssen wie in diesen Jahren. Weil sie nicht Warnerin eines übermütigen Zeitalters gewesen, sondern bis zur Würdelosigkeit alles gedeckt und mitgemacht hatte, mußte sie das Gericht an ihrem eigenen Leibe erfahren. Was Joseph II. nicht durchzusetzen vermochte, schien jetzt im Sturmschritt verwirklicht zu werden in der Verwandlung des Kirchengutes zum Nationaleigentum, in der

* Nach uns die Sintflut

Auflösung der Orden und Klöster und in der völligen Umgestaltung der kirchlichen Gliederung der französischen Bistümer.

Als aber der Klerus aufgefordert wurde, auf die neue Verfassung den Eid zu leisten, erwies es sich, daß sich der weitaus größte Teil eher des Amtes entsetzen ließ, als dem Papst den Gehorsam zu versagen. In den daraufhin folgenden Bedrängnissen gewann die Kirche ihre verlorene Würde zurück. Je furchtbarer die Revolution ihr dämonisches Angesicht enthüllte bis hin zur Abschaffung des Christentums und Einsetzung des Kultus der Göttin Vernunft, um so mehr gewann die Kirche an innerer Kraft. Nach den Zeiten der größten Schrecken erklärte das Direktorium (1795–99) die Religionsfreiheit, während sich die Republik, die Staatsmacht, als religionslos bekannte.

Weiterentwicklung der Kirche nach der Revolution

Nicht geschwächt, sondern mit neuer Kraft geht die Kirche Frankreichs aus diesen zehn Jahren hervor. Daran ändert auch die vorübergehende Aufhebung des Kirchenstaates und die Verbannung des Papstes Pius VI. nichts (1798). Als die Welle der Revolution nach den Niederlanden (1795 Batavische Republik), nach Italien (1797 ligurische und zisalpinische Republik, 1798 Römische Republik), nach der Schweiz (1798 Helvetische Republik) und nach Deutschland übergreift und die geistlichen Fürstentümer durch den Reichsdeputationshauptschluß (1803) dahinsinken, als sang- und klanglos ohne Protest des katholischen Volkes das von Otto dem Großen begründete fast tausendjährige Bündnis zwischen Staat und Kirche gelöst wird, ist es keineswegs um die römische Kirche geschehen. Es erweist sich im Gegenteil, daß ihre Macht nicht in den Gütern dieser Erde liegt, die nun staatlicher Aufsicht unterliegen, nicht in der Kraft ihrer Organisation, die sich Napoleon nun zunutze macht, auch nicht im Vertrauen ihres Kirchenvolkes.

Aus dem Verfall von Sitte und Recht um die Jahrhundertwende, aus Verfolgung und Schmähung der Geistlichen und der Heiligtümer der Kirche erstand ein unaustilgbares Verlangen nach innerer Führung, nach ewigem Grund und unerschütterlicher Autorität.

Der Boden war reif für Strömungen, die aus der Mystik kamen und vielfach den Zusammenhang mit dem evangelischen Pietismus betonten. Es ist die Zeit, in der man oft die Gotteshäuser der Konfessionen gemeinsam benutzte (Simultankirchen). Die religiös sehr wirksame katholische Fürstin Gallitzin in Münster ist befreundet mit dem evangelischen Johann Georg Hamann, den sie in seinem letzten Lebensjahr (1788) aufnimmt, und mit dem Pampelforder Freundeskreis um Friedrich H. Jacobi.

Der Toleranzgedanke ergriff weite Kreise der römischen Christenheit. Im Geist einer innerlichen Versöhnung zwischen den Konfessionen wirkte der spätere Bischof von Regensburg, *Johann Michael Sailer* (1751–1832), und der von ihm beeinflußte, später evangelisch gewordene *Johannes Baptista Goßner,* der schon in die Erweckungsbewegung hineinragt und in Berlin die nach ihm benannte Mission gründet. Die Romantik schuf hier die weiteren Verbindungen, als *Graf Friedrich Leopold von Stolberg* zum Katholizismus übertrat (1800) und Männer wie *Friedrich Schlegel* das Ideal der Zeiten im Mittelalter zu sehen meinten. Während aber diese historisch rückwärts gewandten Geister ihrer unsicher gewordenen Gegenwart durch solche Restauration, d.h. durch den Griff in die Vergangenheit, zu entrinnen trachteten, betrat der Mann das Schlachtfeld, der mit vorwärtsstürmender, alles überrennender Macht seinem Zeitalter die Stirne bot, *Napoleon Bonaparte.*

6. Napoleons Verhältnis zur Kirche

Er sah mit klarem, aber der Religion innerlich abgewandtem Blick die Unmöglichkeit, den französischen Staat ohne die Kirche zu bauen. Eine Lage wie die unter Konstantin wiederholte sich. Der Unterschied war jetzt nur der, daß dem politischen Machthaber das kirchliche Oberhaupt gegenüberstand, *Pius VII.* (1800–1823) *und sein ihm überlegener Kardinalstaatssekretär Consalvi.* Nicht ohne starke Schwierigkeiten kam es zum Konkordat zwischen Kurie und Republik (1801). Die römische Kirche wird darin als die »Religion der großen Majorität der französischen Bürger« vom Staat anerkannt. Sie erhält den Rechtsschutz und die finanzielle Sicherung. In allen übrigen Punkten erscheint allerdings auf den ersten Blick *der Staat* als der Herr der Situation. Er *ernennt die Erzbischöfe und Bischöfe, fordert den Treueid von ihnen und überwacht alles bis hin zu den Pfarrwahlen.* Nachdem Napoleon dies ohne den Papst abschloß und darin in Richtung einer von ihm überwachten Nationalkirche vorging, begann er die Politik der nun folgenden Jahre. Sie sind für Pius eine Kette von Demütigungen geworden, von der Teilnahme an der Kaiserkrönung (1804) bis zu seiner Gefangennahme (Avignon) und zur Aufhebung des Kirchenstaates. Mit dem Sturz des Kaisers 1814 aber richtete sich das Papsttum wieder auf und erklärte alle erzwungenen Maßnahmen für ungültig.

So ging auch hier die Kurie mit neuem, fast märtyrerhaftem Glanz, durch die Verfolgungen gestärkt, aus den Kämpfen hervor. Zur gleichen Zeit erstanden ihr aus dem französischen Klerus zwei sehr wirksame Vertreter, die z.T. im Zug der Romantik einer neuen, persönlichen Frömmigkeit Ausdruck gaben. Diese Religiosität gewann namentlich in *Chateaubriand*, einen an Rousseau erinnernden Publizisten, Einfluß. Bedeutender als er ist *de Maistre*. In seinem Buch: »*Vom Papst*« hat er als Ertrag seines Zeitalters die Verbindung zwischen Rom und der französischen Kirche in so leuchtenden Farben dargestellt und sogar die Idee der Unfehlbarkeit des Papsttums mit glühender Begeisterung derart gepriesen, daß man ihn in Richtung auf das erste Vatikanum nie vergessen hat. Diese Schriftsteller sind die Begründer des Ultramontanismus: »Jenseits der Berge«: in Rom, ist die Kirche felsenfest verankert.

Sieht man von der Kurie her die Entwicklung der hundert Jahre zwischen dem Tode Ludwig XIV. und dem Ausgang Napoleons, so muß man staunen, mit welcher Ruhe eine mit Jahrhunderten rechnende Kirchenleitung dem Ansturm der Aufklärung, der Revolution und der kaiserlichen Diktatur begegnet. Diese Überlegenheit kommt aus dem Geheimnis des in der Messe gegenwärtigen Christus, aus dem Glauben an die jetzt schon triumphierende Kirche. Die Stimme der »Innerlichen« bleibt im Hintergrund. In die Führung aber tritt eine Kirchenlenkung, die den Bischof gegen den Erzbischof aufruft, die Diktatur des Papstes gegenüber der politischen Zersplitterung des Klerus.

Literatur:

C. Mirbt, Quellen zur Geschichte des Papsttums und des römischen Katholizismus, 1911
ders., Geschichte der katholischen Kirche von der Mitte des 18. Jahrhunderts bis zum Vatikanischen Konzil, 1913
J. Lortz, Geschichte der Kirche, 1932
G. Lefèbre, Napoleon, 1953
Fr. Stählin, Napoleons Glanz und Fall im deutschen Urteil, 1952

Der Ertrag der Aufklärung für die Kirche

Der Glaube an unsre Vernunft ist von Luthers Schrift »Von der Freiheit eines Christenmenschen« weit entfernt. **Spinoza** und **Descartes** bejahen die mathematisch berechenbare Natur. **Leibniz** bezeichnet die »Monaden« als die selbstwirkende Kraft im Menschen. **Lessing** weiß sich frei von dogmatischen und kirchlichen Zwängen. Im Erziehungsgedanken sieht er das kommende Heil. **Rousseau** preist das Naturgefühl als die befreiende Macht kurz vor der Revolution. **Kant** behauptet: »Du kannst, denn du sollst.«

Dennoch darf nicht vergessen werden: Auch Pflichterfüllung, Gehorsam und Zucht prägen den Menschen im staatlichen und persönlichen Leben. Sie führen aber auch an die Grenze. »Wollen habe ich wohl, aber das Gute vollbringen, kann ich nicht« (Römer 7,9). Eben das hat **Hamann** gegenüber **Kant** bezeugt.

Ein politischer Rückblick

Die Aufklärung geschieht in einer stürmisch bewegten Zeit.

Frankreich liefert sich in der Revolution (Hinrichtung von Ludwig XVI.) dem Glauben an die »Göttin Vernunft« aus. Es wehrt sich aber der Klerus gegen den Eid auf die neue Verfassung. **Napoleon** läßt der Kirche einige Selbständigkeit, behält aber die Macht über sie, auch dem Papst gegenüber.

England nimmt dem geschwächten Frankreich Kanada und Teile Westindiens ab (1763).

Im gleichen Jahr wird **Friedrich II.** der Besitz Schlesiens von Österreich und Sachsen zugesichert: Erfolg des siebenjährigen Krieges (Hubertusburger Frieden).

Rußland: Peter I. († 1725) und Zarin Katharina († 1796) öffnen ihr Land der westlichen Kultur, dulden wie Preußen die S.J., führen Krieg gegen Preußen bis 1763. 1721 errichtet Peter d. Gr. den »allerheiligsten dirigierenden Synod« als staatliche, den Patriarchen ausschaltende Organisation. Damit setzt eine Entwicklung ein, die zunächst die inneren Belange der Kirche (Liturgie, Theologie-Ausbildung) nicht berührt. Aber viele Klostergüter werden verstaatlicht, die diakonische Hilfe wird zum Teil untersagt. Von einer Freiheit der Kirche kann nicht mehr die Rede sein.

An der Wolga haben sich auf Einladung des Zaren schwäbische Pietisten angesiedelt, vielfach im Gedanken, nach Jerusalem weiter zu ziehen, um dort den Anbruch der neuen Welt zu erwarten. Sie haben ein starkes Gemeindeleben mit Schulen und theologischer Ausbildung geschaffen. Die orthodoxe Kirche stand ihnen entgegen, da sie ihr Monopol behauptete.

Österreich legt die Krone des römisch-deutschen Reiches durch Franz II. 1806 nieder. Joseph II. Erzherzog von Österreich, ist tolerant, reformeifrig († 1790).

Sachsen – Polen durch August den Starken vereint. Er wird Katholik († 1733).

Päpste des 19. und 20. Jahrhunderts

Pius VII. 1800–1823 Trotz Napoleons Absicht, die Kirche ganz in die Nation einzuordnen, behält der Papst seine Würde. Mit dem Wiener Kongreß 1815 erhält er seine Rechte wieder.

Pius IX. 1846–1878 Politisch liberal. Nach seiner Vertreibung (1848) kehrt er in Verbindung mit den Jesuiten streng konservativ zurück. 1854 Mariendogma (»unbefleckte Empfängnis«). 1861 Königreich Italien proklamiert. 1864 der Syllabus / 80 Irrtümer in Fragen der Religion, Wirtschaft, Wissenschaft, Kultur, Politik. 1870 Unfehlbarkeit des Papstes als Dogma. Ende des Kirchenstaates. Kulturkampf (Bismarck).

Leo XIII. 1878–1903 Beendigung des Kulturkampfes. Thomas von Aquino Normaldogmatiker.
Pius X. 1903–1914 Modernisteneid 1910: für Professoren, Seelsorger und Beichtväter. Geistliche sollen Reformbewegung bekämpfen und Antimodernisteneid ablegen.
Benedikt XV. 1914–1922 Friedensbemühungen im ersten Weltkrieg.
Pius XI. 1922–1939 Klärung zwischen Rom und dem Ostkirchenrecht.
Pius XII. 1939–1958 Heranziehung Amerikas zur kirchlichen Aktivität. Enzyklika: Christi mystischer Leib 1943. Mariendogma: Leibliche Himmfelfahrt 1950.
Johannes XXIII. 1958–1963 Das zweite Vatikanum: Aggiornamento, Ökumenismus.
Paul VI. 1963–1978 Vollender des Vatikanums im Vollzug seiner Beschlüsse.
Johannes Paul I: seit 1978.

34. Kapitel

Der Idealismus

1. *Hamann und Herder in Auseinandersetzung mit Kant*

Was unterscheidet den Idealismus von der Aufklärung? Der aufgeklärte Mensch glaubt, mit seiner Vernunft die Welt zu *erkennen*, während der Idealist die Unendlichkeit zu *schauen* meint. Kant ist die Brücke zwischen beiden. Da, wo er die Grenze zeigt, die uns in Raum und Zeit gefangenhält, bejaht er die rationale, mit unserem Verstand umschlossene Welt. Wo er aber den Ausgleich der Gerechtigkeit mit den Postulaten der praktischen Vernunft fordert, wachsen ihm die Schwingen in das Reich des Idealen, steigt er zu höheren Welten empor. Dieser Aufbruch bleibt bei Lessing und Kant noch stark *im Moralischen* gebunden. Demgemäß *vertrocknet auch das Zeugnis der von der Aufklärung bestimmten Kirche in nützlichen Anweisungen, dieses Lebens Herr zu werden.* Erst der Höhenflug zu den geheimnisvollen Hintergründen der Welt, eben zu dem »*Ding an sich*« (Hegel), das wir mit unseren Sinnen nicht begreifen können, gibt dem Idealismus den neuen Schwung, dieser reichlich verödeten Erde zu entfliehen.

DIE AUSBREITUNG DES CHRISTENTUMS

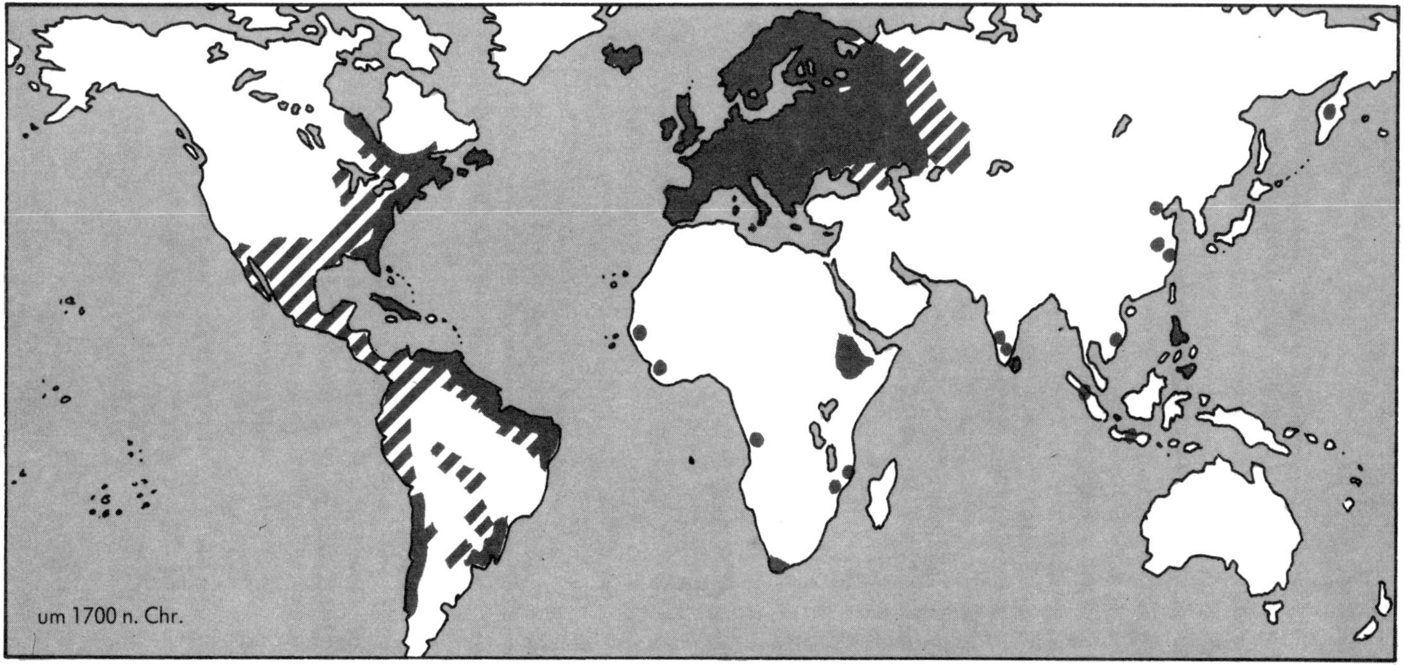

Karte A. Nach der weitgehenden Vernichtung der nestorianischen Kirche durch Timur ca. 1360–1400 beginnt mit der Entdeckung Amerikas 1492 die Zeit der europäischen Kolonisation anderer Erdteile und damit auch die Zeit einer ausgedehnten – zunächst vorwiegend katholischen – Missionstätigkeit. Jesuitenmissionare drangen bis tief ins Innere Südamerikas vor, arbeiteten aber auch in Afrika und Asien. So wurden die Philippinen intensiv christianisiert, und es entstanden bedeutende christliche Kirchen in Vorderindien, China und Japan. Politische und andere Faktoren verursachten seit der Mitte des 17. Jh., vor allem aber im 18. Jh. Rückschläge, doch konnten sich die Gemeinden auch da, wo die Missionare das Land verlassen mußten, meist halten, so etwa in Angola, Paraguay und China. Lediglich in Japan wurde das Christentum zu Anfang des 17. Jh. durch grausame Verfolgungen vernichtet.

Nordamerika wurde von Protestanten besiedelt, die in Europa um ihres Glaubens willen unterdrückt worden waren. Das orthodoxe Christentum breitete sich in Rußland langsam weiter nach Osten aus.

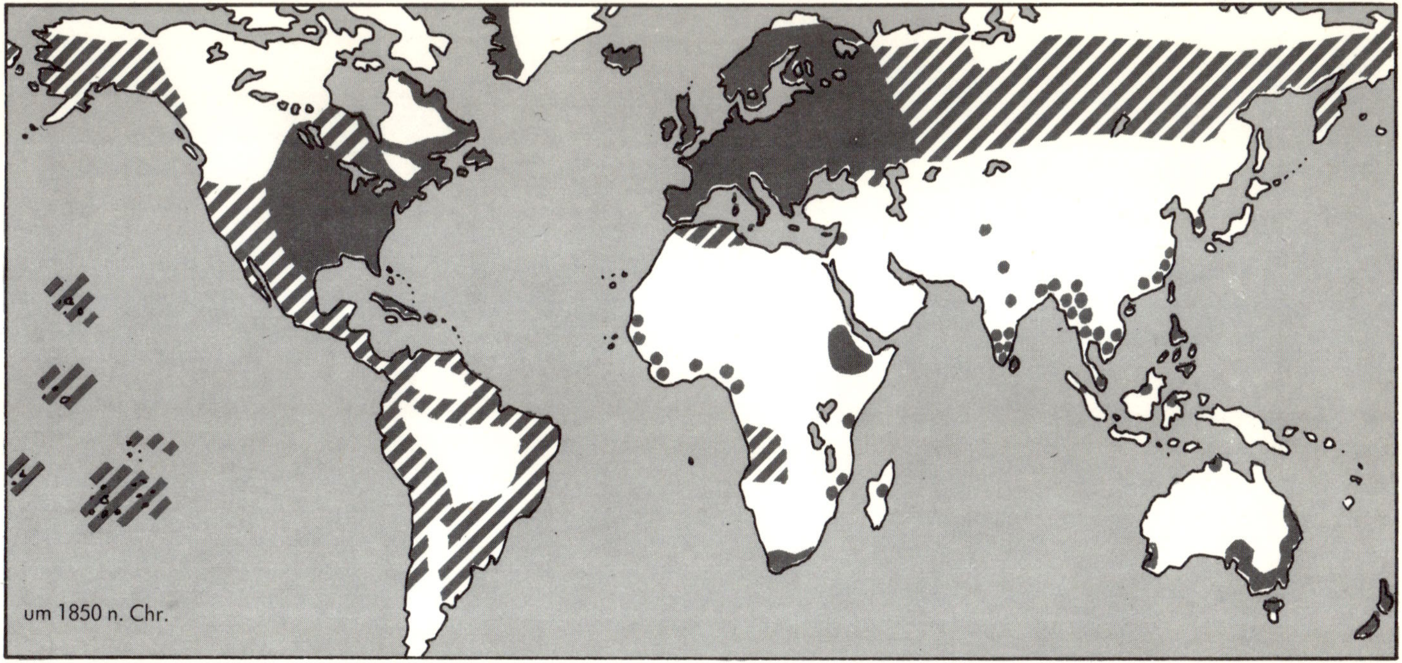

Karte B. Starke protestantische Missionsarbeit in allen Erdteilen kennzeichnet die Zeit von 1700–1850. Seit 1706 arbeiten deutsche Missionare in Indien, wenig später auch auf den Antillen, in Südafrika, Nordamerika (Indianermission), Labrador, Grönland und China. Eine starke englische und amerikanische Missionstätigkeit setzte mit 1792 ein, französische Missionare folgten seit 1829. Doch noch blieben große Gebiete Asiens und Afrikas unberührt. In Afrika beschränkten sich die Missionen hauptsächlich auf die Küstengebiete. Die orthodoxe Mission dehnte sich weiter nach Sibirien und Alaska aus.

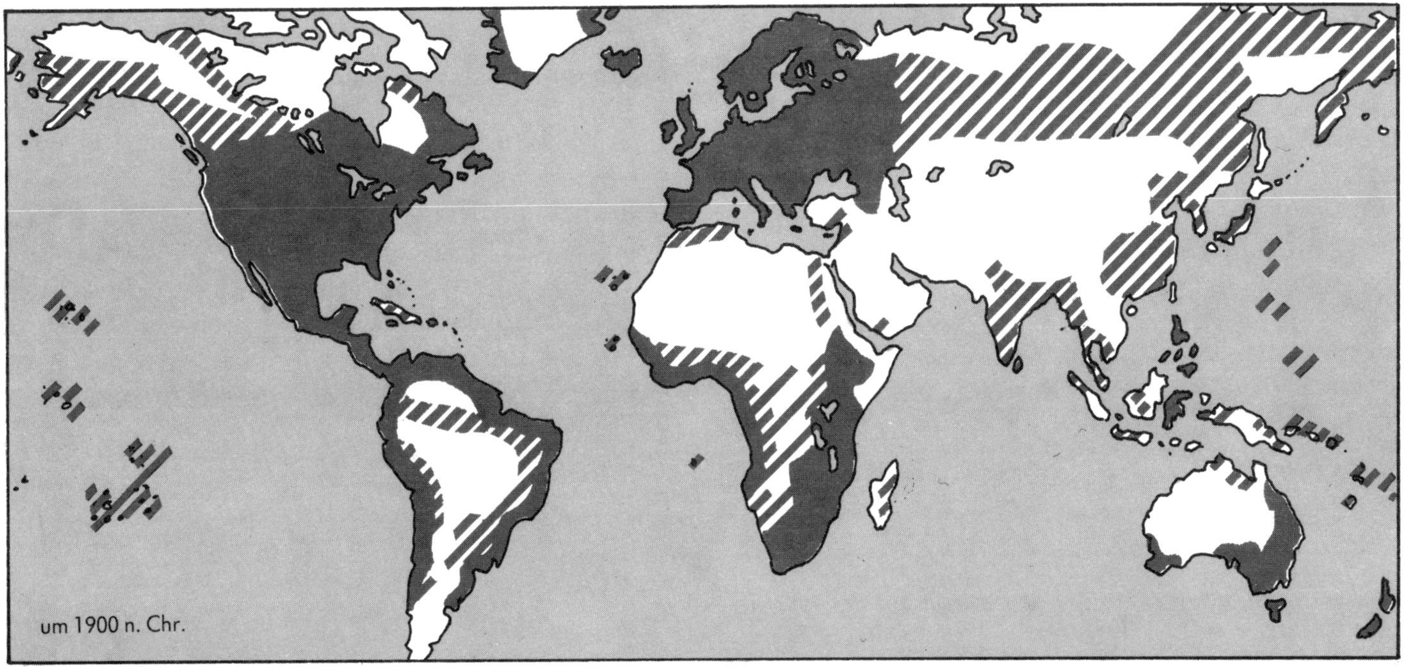

Karte C. Die Zeit von 1850–1900 brachte eine anhaltend starke Ausbreitung der Missionsarbeit, und zwar sowohl der protestantischen als auch der katholischen und orthodoxen. Die Reisen Livingstones erschlossen das Innere Afrikas. Kennzeichnend sind Wachstum und zunehmende Festigung der jungen Kirchen, mit eigener Kirchenleitung und finanzieller Unabhängigkeit, besonders in Asien und Afrika. Das Christentum war nun nicht mehr vorwiegend europäisch es war wirklich weltweit geworden.

Der Geist von Weimar – *Herder, Goethe, Schiller* –
die Zeit der deutschen Erneuerung – *Schleiermacher und die Romantiker* –
die Philosophie *Fichtes, Hegels und Schellings* –
damit ist der Rahmen dieses Abschnittes beschrieben. Deutlicher als im Jahrhundert der Aufklärung wird in dieser Epoche die Arbeit der Theologen. Aber nicht nur Herder und Schleiermacher, sondern auch die Philosophen ziehen nun die Glaubensfrage in ihr Denken hinein.

Dem Königsberger Philosophen Kant treten noch zu seinen Lebzeiten zwei seiner Landsleute entgegen als Bahnbrecher der neuen Epoche: *Johann Georg Hamann* (1730–1788) und *Johann Gottfried Herder* (1744–1803).

Johann Georg Hamann

Hamann, Johann Georg, 1730–1788

geboren in Königsberg, gestorben in Münster/Westf.
Alle Fakultäten besuchend. Kein Examen.
Kaufmann in London. Dort Bekehrung 1758 über der Bibel.
Bibel und Luther sind ihm grundlegend gegen den Unglauben seiner Zeit.
Wirkung auf Herder, Goethe, Hegel, die deutsche Romantik; Kierkegaard.

Es sind zwei mächtige Ströme, die Hamanns Denken bestimmen. An der Begegnung mit der Bibel erfährt er die Umkehr seines Lebens, die persönliche Begegnung mit Gott. Selten hat einer seit Luther die Sprache des Alten Testaments in dieser Kraft als lebendig-gegenwärtiges Wort vernommen!

> »Es gehört zur Einheit der göttlichen Offenbarung, daß der Geist Gottes durch den Menschengriffel der heiligen Männer, die von ihm getrieben waren, sich ebenso erniedrigt und seiner Majestät entäußert als der Sohn durch die Knechtsgestalt, und wie die ganze Schöpfung ein Werk der höchsten Demut ist. Wenn also die göttliche Schreibart auch das Alberne – das Seichte – das Unedle – erwählt, um die Stärke und Ingenuität (Begabung) der Profanskribenten zu beschämen, so gehören freilich erleuchtete, begeisterte, mit Eifersucht gewaffnete Augen eines Freundes, eines Vertrauten, eines Liebhabers dazu, in solcher Verkleidung die Strahlen himmlischer Herrlichkeit zu erkennen.«

Das ist die eine nachhaltig wirkende Seite bei Hamann. Er hat das entscheidende Anliegen Luthers und des Pietismus, soweit es um die Entdeckung des Wortes geht, verstanden und durch mancherlei Kanäle hindurch weitergegeben.

Was ihm den Namen »*Magus im Norden*« eintrug, ist aber nicht nur sein »sibyllischer Stil« (Goethe), sondern mehr noch sein philosophischer Versuch, der ihn in Gegensatz zu Kant versetzte. *Von seiner biblischen Gesamt-*

anschauung her unternimmt es Hamann, das abstrakte Denken seines Gegners zu durchbrechen und in der Geschichte wie in der Offenbarung den Sinn des Geschehens zu erfassen. Damit hat er aber das hohe Ziel des Idealismus aufgenommen, von einem Punkt her die gesamte Welt zu verstehen. Gebrach es ihm hierzu auch an der inneren und äußeren Kraft und Klarheit der Darstellung, so hat er doch auf seine Zeitgenossen eine spürbare Wirkung ausgeübt, besonders auf Herder und Goethe.

Es ist Hamann zu verdanken, daß die Fragen der Bibel nach dem Woher und Wozu und Wohin des Menschen wieder unübersehbar in den Mittelpunkt des Denkens gestellt werden. Nicht die Kirche bewegt diesen Individualisten, wohl aber das Verhältnis von Zeit und Ewigkeit, von Gotteswort und Geschichte, von Geist und Leib. Hamann hat der Welt wieder zu sagen vermocht, daß es Geheimnisse gibt, von denen sich die Aufklärung nichts mehr träumen ließ.

Johann Gottfried Herder

Den einen Grundgedanken des Magus hat Herder durch sein Leben hindurch verfolgt und zu hoher Fruchtbarkeit gebracht: In der Sehnsucht nach dem großen Wurf, nach der durchschlagenden Idee sich schier verzehrend, hat er in der Bibel immer wieder den Ort gefunden, wo das Höchste und geistig Bedeutsamste zu uns spricht. Den »Geist der hebräischen Poesie« wußte er in Hamanns Bahnen den Zeitgenossen in einer überaus eindrucksvollen Weise darzulegen. Aber sein faustischer Drang läßt ihn dabei nicht stehenbleiben. Über Kant hinausgehend, sucht er in der Intuition, in der lebendigen Kraft des Genies die Quelle, aus der das Innerste seine Deutung empfängt. *Das Unbewußte und zum fühlenden Ahnen Übergehende weist den Menschen in der Erfassung der religiösen Überlieferung zur geschichtlichen Tat-Offenbarung, zum lebendigen Gott.*

Aber der Bückeburger Oberpfarrer und Weimarer Generalsuperintendent bohrte gerade an dieser Stelle nicht weiter. Sein Idealismus führt ihn zum Humanitätsgedanken und zum Universum. In seinen »*Ideen zur Philosophie der Geschichte der Menschheit*« (1784) sucht er den Individualismus zu überwinden und den einzelnen als Glied des großen Ganzen zu verstehen. Hier leuchtet ihm der befreiende Punkt. Die Anschauung des Universums erfüllt ihn, Spinoza ähnlich, mit Anbetung. In dieser Weltweite fühlt Herder die Geborgenheit. Von da aus gewinnen Geschichte und Gemeinschaft, die positive Religion und das individuelle Wort einen Sinn. Ist aber damit das eigentümlich Christliche erreicht? Gerade Herder hat sich in den Bahnen Rousseaus gegen das radikale Böse im Menschen, wie es noch Kant sah, gewehrt. Im Verlangen, die einigende Formel für den Geisteskampf seiner Zeit zu finden, opfert Herder schließlich doch das Geheimnis, das Ärgernis der Gemeinde und ihrer Botschaft. Die Weimarer haben seine Verkündigung kaum als einen Angriff empfunden, war und wurde sie doch mehr und mehr zur Weltdeutung im idealsten Licht. *An Herder mochte zuletzt deutlich werden, daß der Idealismus geradlinig eine Überhöhung der Aufklärung ist. Was die Vernunft nicht erkennen kann, ergreift das Gefühl in überwältigender Macht.* Wir sind damit schon Schleiermacher nahe.

2. *Schiller und Goethe*

Friedrich Schiller

Friedrich Schiller (1759–1805) und Johann Wolfgang Goethe (1749–1832) bleiben dem kirchlichen Zeugnis fern. Sie suchen in der Geschichte (Schiller) und in der Natur (Goethe) dem Geheimnis der Welt nahe zu kommen. Schiller ist in der Linie Kants der vom Christentum entferntere. Ihm ist die Religion der Vernunft, des Willens und das im Menschenherzen Ruhende ungleich mehr als eine geschichtlich begründete Religion.

> »Welche Religion ich bekenne? Keine von allen. die ihr mir nennt! Und warum keine? Aus Religion!«
>
> Dazu ein zweites Zitat:
> »Alles wiederholt sich nur im Leben,
> ewig jung ist nur die Phantasie,
> was sich nie und nirgends hat begeben,
> das allein veraltet sie.« Mein Glaube, 1796

Schiller kann sich wohl in ästhetischer und moralischer Hinsicht vor dem christlichen Glauben verneigen, aber sein eigenes Denken spricht sich in folgenden Sätzen 1797 Goethe gegenüber aus:

> »Ich muß gestehen, daß ich in allem, was historisch ist, den Unglauben zu jenen Urkunden gleich so entschieden mitbringe, daß mir *Ihre* (Goethes) Zweifel an einem einzelnen Faktum (dem vierzigjährigen Wüstenzug Israels) noch sehr raisonnable vorkommt. Mir ist die Bibel nur wahr, wo sie naiv ist; in allem anderen, was mit eigentlichem Bewußtsein getrieben ist, fürchte ich einen Zweck und einen späteren Ursprung.« (1797 an Goethe).

Schwerer ist es, in Goethes langer Entwicklung die entscheidende Linie aufzuzeigen. Seine Jugendbriefe an den Leipziger Mitstudenten E. Th. Langer in den Jahren 1768–1771 zeigen, wie nahe er unter dem *Einfluß der Herrnhuter* vor der religiösen Entscheidung stand. »*Mich hat der Heiland endlich erhascht, ich lief ihm zu lang und zu geschwind, da kriegt er mich bei den Haaren*« – schreibt er. Und dennoch, im Kampf zwischen dem Genius in ihm, der sich seiner Kraft bewußt ist, und dem Anspruch des Christus, alles zu verkaufen, glaubte er, sich für den schöpferischen Menschen entscheiden zu müssen. War es nur eine weltflüchtige Enge des Pietismus, die ihm hier, in Frankfurt und Straßburg begegnete? War es nicht doch das Entweder – Oder, das ihn, wie er es ausdrückte, zu einem »*Christentum zum Privatgebrauch*« drängte? Er hat es als das Pelagianische bezeichnet (Buch 15, *Dichtung und Wahrheit*) und den Unterscheidungspunkt in der Verwerfung der menschlichen Natur, die durch den Sündenfall völlig verdorben sei, gesehen. Dem widersetzte er sich:

> »Pelagius gab zwar die erblichen Mängel der Menschen sehr gern zu, wollte aber der Natur inwendig noch einen gewissen Keim zugestehen, welcher, durch göttliche Gnade belebt, zu einem frohen Baume geistiger Glückseligkeit emporwachsen könne.«

Damit ist für Goethe der Bruch mit Paulus und Luther gegeben und gleichzeitig die Nähe zum Katholizismus mit seinem Sowohl – Alsauch. Er hat diese Linie bis zum zweiten Teil des Faust eingehalten. Die berühmte Stelle:

> »*Wer immer strebend sich bemüht, den können wir erlösen*«

hat Eckermann noch im Jahre 1831 gedeutet:

> »In diesen Versen ist der Schlüssel zu Faust's Rettung enthalten, in Faust selber eine immer höhere und reinere Tätigkeit bis ans Ende und von oben herab: die ihm zu Hilfe kommende ewige Liebe. Es steht das mit unseren religiösen Vorstellungen durchaus in Harmonie, nach welchen wir nicht bloß durch eigene Kraft selig werden, sondern durch die hinzukommende göttliche Gnade.«

Und doch, der Schwerpunkt in Goethes religiösen Gedanken liegt nicht in der Angleichung an christliche Vorstellungen. Gewiß hat er da als der Weise von Weimar bewundernde und ehrfürchtige Worte über »*die Hoheit und sittliche Kultur des Christentums, wie es in den Evangelien schimmert und leuchtet*«, gefunden. Aber er ist in den Bahnen Herders weitergegangen und hat mit ihm im Gegensatz zu Kant seine Basis nicht in die Geschichte, sondern in die Betrachtung der Natur verlegt. Nicht, daß er Gott und die Natur wie Spinoza gleichsetzte. Er sah aber in der Natur die Offenbarung des rastlos drängenden Lebens, den Urgrund alles Seins und Werdens, in dem wir die

»Breite der Gottheit«, des sonst Namenlosen, Unerkennbaren in etwa abzulesen vermögen. Vor die Person des weltüberlegenen, seiner Welt mächtigen Gottes stellt sich bei Goethe der dem Pantheismus nahe Gedanke von der in Gott ruhenden und bewegten, ja von ihm durchwebten Schöpfung.

Im Universum findet Herder den entscheidenden Punkt, im Kosmos und seiner Gott auf vielgestaltige Art offenbarenden Mächtigkeit sucht Goethe des Lebens Deutung. Beide lehnen die philosophische Spekulation ab.

Goethe war wie Herder wahrhaftig genug, um auch die Grenzen solcher Weltbetrachtung nicht zu übersehen. Indem er an die Stelle: »Am Anfang war das Wort«, das er »so hoch unmöglich schätzen« konnte, den Sinn und die Tat zu setzen unternahm, ergab er sich der Endlichkeit dieses Daseins, das ihm doch den Augenblick, das »Verweile doch, du bist so schön«, versagen mußte. Er vermag die Sehnsucht nach der Ewigkeit nicht loszuwerden, aber indem er sie in der Zeit zu stillen hofft an den Brunnen der Lust, des Forschens und schließlich des praktischen Dienstes, bleibt jener »Erdenrest zu tragen peinlich«, den uns der Dichter nicht verschwiegen hat. Darum klingt die Weisheit des alten Goethe mehr und mehr im Ton der ehrfürchtigen, ergebungsvollen Einordnung in die unabänderlichen Notwendigkeiten der Naturgesetze aus. Das »Stirb und Werde« in der Verbindung mit der orientalischen Mystik verstärkt diesen Zug. Er hat es, seiner Grundlinie getreu, gedeutet:

»Von der Gewalt, die alle Wesen bindet,
befreit der Mensch sich, der sich überwindet.«

3. Schleiermacher begründet die Theologie des 19. Jahrhunderts

Friedrich Daniel Schleiermacher, 21.11.1768–12.2.1834, geboren in Breslau

Sohn eines reform. Feldpredigers, wird in Niesky und Barby herrnhutisch erzogen.
1787–1789 Studium in Halle, Bruch mit Herrnhut.
1794 Hilfsprediger in Landsberg/Warthe.
1796–1802 Prediger an der Charité Berlin.
1804–1807 Professor in Halle.
1807 in Berlin als Prediger und Professor.

Der Werdegang Friedrich Daniel Schleiermachers

Von den Weimarern her muß man den Ansatz verstehen, den Friedrich Ernst Daniel Schleiermacher (1768–1834) unternahm. Er ist um eine Generation jünger als Goethe und bis fast an sein Ende dessen Zeitgenosse. Auf Schleiermachers vielgestaltigen und beweglichen Geist stürmte von Jugend an eine Fülle von Eindrücken, die er in sich zu verarbeiten suchte. Dem Einfluß der *herrnhutischen Anstaltserziehung entflieht er* ganz bewußt, behält aber doch von daher einen auf Christus als auf das Zentrum des Glaubens gerichteten Blick. *Kant* zieht ihn dann in seine kritische Bahn, ohne bestimmend für ihn zu werden. *Spinoza wirkt weit mächtiger* auf ihn. Vor das Wissen tritt, wie bei Herder und Goethe, Anschauung und Empfindung. In diesem Stadium seiner Entwicklung trifft den fast Dreißigjährigen in Berlin der Kreis der um Friedrich Schlegel versammelten *Romantiker.* Von einem neuen, idealistischen Lebensgefühl her wird hier die klassische Literatur, Plato und Shakespeare, kraftvoll ergriffen. Was aus den unbewußten Tiefen der Seele das Leben frei und individuell gestaltet, wird als das bewegende Prinzip aufgenommen.

Die Reden über die Religion

Aus dem aus Christen und Juden bestehenden Kreis erhob sich Schleiermacher, damals Pfarrer an der Charité zu Berlin, um in seinen berühmt gewordenen *»Reden über die Religion, an die Gebildeten unter ihren Verächtern«* den großen Wurf zu tun (1799), den er dann durch die *»Monologe«* (1800) weiterführte.

Was gab diesen »Reden« die nachhaltige Durchschlagskraft?

Er sah den Jammer der Aufklärung mit ihrem hohlen Wissen und die Kälte des Idealismus mit seiner Beseitigung der geschichtlich-individuellen Religion. Er sah unter den Gebildeten das Ende der Religion. Da sprang er vor, durchglüht von einem innersten religiösen Erleben als einer, der sich einem sterbenden Zeitalter gegenüber die »ewige Jugend« schwor. Frömmigkeit ist ihm kein Wissen und auch kein Wollen, nein, sie quillt *»aus dem Innern jeder besseren Seele notwendig von selbst«, sie gehört »einer eigenen Provinz im Gemüt an, in welcher sie unumschränkt herrscht«*. Diese Frömmigkeit ist ihrem Wesen nach weder Metaphysik, d.h. eine Deutung des Seins von einer jenseitigen Warte aus, sie ist auch nicht Moral, sondern sie ist *»Anschauung und Gefühl«*. Was schaut sie an? *Das Universum!* Was fühlt sie? *Den »Sinn und Geschmack fürs Unendliche«*. Und in beidem die wunderbare Harmonie des Daseins, die uns beseligt.

Schleiermacher ist nicht bei diesen beiden genannten Jugendschriften stehengeblieben, sie sind aber ein gewaltiger Anstoß für die weitere Entwicklung geworden.

Etwas anderes ist die Frage, wie es sich mit der Christlichkeit dieser »Reden« und »Monologe« verhält. Schleiermacher vermeidet es, auf das Evangelium einzugehen. Ihm ist das religiöse Anliegen wichtiger als das neutestamentliche. Dadurch erreicht er ungemein rasch die Versöhnung mit dem Zeitgeist, die Verbindung mit dem *Idealismus*, vor allem mit seinem *Humanitätsideal: »Mitten im Endlichen eins sein mit dem Unendlichen, das ist die Unsterblichkeit der Religion.«* Ihm ist der Wurf gelungen, nach dem sich Herder zeitlebens sehnte. Es bleibt aber die Frage, ob mit diesem Brückenschlag nicht alles verraten ist, was nun wirklich unaufgebbares Gebiet der Kirche und ihrer Verkündigung ist.

»Der christliche Glaube«

Über zwanzig Jahre waren vergangen, als Schleiermacher 1821 sein grundlegendes Werk veröffentlichte: *»Der christliche Glaube«*. Dazwischen liegt das Erleben der Befreiungskriege, der äußeren und inneren Erhebung des Volkes, der tiefgehende Eindruck von der Gegenwart des lebendigen Gottes im Weltgeschehen. Dazwischen liegt auch die Übernahme des doppelten Amtes, der theologischen Professur an der neugegründeten Universität in Berlin und des Pfarramts an der Dreifaltigkeitskirche. Als weiterer Faktor ist auch die Union zu nennen, die seit 1817 in Preußen zwischen den Konfessionen vom König betrieben wird und zu der sich Schleiermacher grundsätzlich stellt.

Aber trotz aller dieser bedeutsamen Anregungen ist er im wesentlichen nicht über seinen ersten Ansatz hinausgekommen. Indem er die christlichen Glaubenssätze *»als Auffassungen der christlich frommen Gemütszustände«* beschrieb und die dogmatische Theologie als *»die Wissenschaft von dem Zusammenhang der in einer christlichen Kirchengesellschaft zu einer gegebenen Zeit geltenden Lehre«* feststellte, empfängt seine Glaubenslehre einen mehr psychologischen als theologisch-zeugnishaften Charakter. Das »schlechthinnige Abhängigkeitsgefühl« ist ihm nun das Kennzeichen der von Christus bestimmten Religion. Damit ist wohl das Woher, aber nicht der Zielgedanke zum Ausdruck gebracht. Weil alles auf *das religiöse Bewußtsein in uns* bezogen ist, muß nicht nur das Alte Testament weithin beiseite bleiben, sondern alle Aussagen der neutestamentlichen Verkündigung, die das Wunder, das Dasein der Engel, des Satans, aber auch das Wunder an Christus, seine Geburt aus der Jungfrau, seine Auferstehung und Himmelfahrt und Wiederkunft bezeugen, werden gegenstandslos. *Die an sich kraftvolle Konzentration der Glaubenslehre auf Christus bleibt schließlich doch ein Rückzug auf das stets gleichbleibende Gottesbewußtsein Christi, in das wir aufgenommen werden.*

Die Wirkung Schleiermachers

Eigentümlich bezeichnend ist es, daß die von der Erweckung erfaßten Zeitgenossen Schleiermachers, Männer wie *Ernst Moritz Arndt* und *Klaus Harms* in Kiel, sich nach anfänglicher Begeisterung von dieser Theologie zurückgezogen haben. Sie spürten, wie sich über das Evangelium eine Philosophie lagerte und über dem Reden vom frommen Bewußtsein das persönliche Handeln Gottes und seines Christus zurücktrat.

Fragen, die das 19. Jahrhundert an Schleiermacher zu richten hat:

Ob er nicht doch *im subjektiven Empfinden steckenblieb,* während er den Glauben der Gemeinde beschreiben wollte.

Und weiter: ob er nicht doch *der Psychologie erlag,* während er die Religion auf sich selbst zu stellen unternahm.

Und endlich, ob er nicht doch *an der Geschichte, am Christus der Evangelien, vorbeisah,* während er das Individuelle im Bewußtsein festzuhalten suchte.

Die ruhende Anschauung, die Gemeinde im Genuß ihres religiösen Besitzes, die Erbauung als Darbietung des Vorhandenen – das alles hat jedenfalls verhängnisvoll auf die Folgezeit gewirkt und die lebendigen Anliegen beschattet, für die die Kirche einem Schleiermacher immer zu danken haben wird. Wenn er die doppelte Front bekämpft: die oft geistlose Rechtgläubigkeit der Orthodoxie und die Moralreligion der Aufklärung, dann liegt wohl in der Auffindung der entscheidenden Fragestellung seine geschichtliche Größe.

4. Fichte, Hegel und Schelling verbinden Philosophie und Religion

In welcher Zeit Schleiermacher lebte und mit welchen Mächten er rang, wird erst vollends deutlich, wenn wir uns in kurzen Zügen den drei bestimmenden Philosophen dieser Zeit zuwenden: Fichte, Hegel und Schelling.

Johann Gottlieb Fichte (1762–1814)

Johann Gottlieb Fichte, 1794 Professor in Jena, 1810 Professor in Berlin, steht mitten in der Bewegung, die vom Idealismus zur deutschen Erhebung in den Freiheitskriegen führt. Unvergessen bleiben aus den dunkelsten Tagen 1807/08 seine *»Reden an die deutsche Nation«*. Was er hier vom Ausharren im Glauben und in der Liebe »nach hundertfältigem Mißlingen« sagt, gründet er auf etwas, was nicht zweckbestimmte Sittlichkeit ist, *»sondern es ist die Religion, die Ergebung in ein höheres, uns unbekanntes Gesetz, das demütige Verstummen vor Gott, die innige Liebe zu seinem in uns aufgebrochenen Leben . . .«* Die praktische Folgerung dieser zum Widerstand aufrufenden Sätze lautet: *»Nicht die Gewalt der Arme noch die Tüchtigkeit der Waffen, sondern die Kraft des Gemüts ist es, welche Siege erkämpft.«*

Woher empfängt aber das Gemüt solche Kraft?

Fichte kam von Kant und deutete ihn so, daß wir vom Unendlichen her einen Strahl in unserem Gewissen empfangen und dadurch zur persönlichen Tat und Pflicht unseres Lebens berufen werden. Zur Bibel fand er den besonderen Zugang, ähnlich wie Schleiermacher, im Johannesevangelium. Hier aber wird sofort deutlich, wie sich der Philosoph mit seinem denkenden, die gesamte Außenwelt erfassenden Ich über alle Theologie erhaben wußte:

> »Nur mit Johannes kann der Philosoph zusammenkommen, denn dieser allein hat Achtung für die Vernunft und beruft sich auf den Beweis, den der Philosoph allein gelten läßt: So jemand will den Willen tun des, der mich gesandt hat, der wird inne werden, daß diese Lehre von Gott sei« (Joh. 7,17).

Diesen Christus richtig zu erkennen, ist wichtiger als alle äußeren Wunderbeweise.* Aber die Christuserkenntnis findet Fichte außerhalb des historischen Jesus. Die paulinische Rechtfertigung ist nur am Armsündertum schuld. In der moralischen Weltordnung und hier vor allem in der Liebe und letzten Endes im eigenen Ich und seiner Selbstvollendung ist die wirkliche Rechtfertigung gegeben. Hier gelangt der Mensch in das Kraftfeld des absoluten, weltsetzenden Geistes.

Die Anklage auf Atheismus, die beim Bekanntwerden dieser Gedankengänge erhoben wurde, hat Fichte mit Energie zurückgewiesen. Den Eindruck, daß der Gott der Philosophen ein anderer sei, einer, dem Persönlichkeit und »besonderes Wesen« ermangle, hat der sich Verteidigende nicht verwischen können. Am *Atheismusstreit* 1799, dem Anlaß für den Verlust der Jenenser Professur, mußte offenbar werden, daß die von Kant so hart gerügte Grenz-

* Anweisung zum seligen Leben, 1806

überschreitung zwischen Religion und Philosophie unter seinen Schülern wieder im vollen Gange war.

Vorwärts trieben die Gedanken Fichtes die beiden Schwaben Friedrich Wilhelm Hegel und Friedrich Wilhelm Joseph Schelling. Bei beiden hat ein hohes spekulatives Vermögen die Brücke zwischen Philosophie und Theologie zu schaffen versucht.

Friedrich Wilhelm Hegel (1770–1831)

Hegel – 1801 Dozent in Jena, seit 1818 Professor in Berlin – wurde der führende Mann in der geistigen Begründung des preußischen Staates nach den Befreiungskriegen. Mit tiefem Verständnis für die *Geschichte* – im Gegensatz zu Goethe und Schleiermacher – sieht *er in ihr die Offenbarung des absoluten Geistes,* der in leidender und überwindender Weise in der Endlichkeit um seine Gestaltung ringt (*Phänomenologie des Geistes* 1807). Von hier aus ist der Schritt zur *Religionsphilosophie* nahe. Wie in der Philosophie, so *kämpft auch in der Religion der absolute Geist* darum, zur Gestaltung zu gelangen, dort im Begriff, hier in mehr gegenständlich-anschaulicher Form. Ausgehend von dem Ziel, *»die Vernunft zu versöhnen mit der Religion und diese in ihren mannigfachen Gestaltungen als notwendig zu erkennen«*, unternimmt es Hegel, die christlichen Dogmen von der Dreieinigkeit, von den beiden Naturen in Christus und von der Kirche als notwendige und vor dem Denken des absoluten Geistes gerechtfertigte Wahrheiten darzustellen. Als Grundgesetz erkennt er hier wie überall in der Geschichte die *Entwicklung des Menschengeistes, der* sich durch Gegensätze hindurch immer neu zur höheren Einheit emporringt und dadurch *Gott, d.h. aber den absoluten Geist, offenbart* (Thesis, Antithesis, Synthesis).

Königlich groß und eindrucksvoll ziehen die Gedanken Hegels einher, die Zeitgenossen mächtiger packend als Schleiermacher. Und doch befand sich die Kirche dieser Philosophie gegenüber in ähnlicher Lage wie anderthalb Jahrtausende zuvor, als Origenes ihr sein System darbot. Nahm sie es an, so war es um ihre Selbständigkeit geschehen. Die Theologie unterstand dann dem Schutz der Philosophie. Wer in Hegel den Retter des orthodoxen Dogmas sah, verzichtete gleichzeitig auf eine ernsthafte Auseinandersetzung mit dem Idealismus und verkaufte den Heiligen Geist an die Philosophie.

Joseph Schelling (1775–1854)

Schellings Leben, das früh und verheißungsvoll zu höchster Blüte strebt, endet in langem, geistigem Siechtum, zumeist zum produktiven Schaffen unfähig: 1798 ist er Professor in Jena, später in Würzburg, Erlangen, München, seit 1840 in Berlin. In diesem häufigen Ortswechsel kommt sein schwerer innerer Kampf ans Licht, das Ringen zwischen Natur und Geschichte, zwischen Idee und Offenbarung in seinem Denken. Wie Hegel versucht er, das Christentum philosophisch zu deuten und als seine Zentralidee die Menschwerdung darzustellen. Der historische Jesus von Nazareth, wie er als Mensch gelebt und gelehrt, ist ihm aber nicht das Wesentliche des Christentums, sondern Gott kommt im Menschen überhaupt zum Bewußtsein. Menschwerdung ist ein sich ewig wiederholendes Ereignis. Dazu muß Schelling die gesamte Geschichte als Offenbarung erklären. Griechen und Inder haben Wahrheitskeime der christlichen Verkündigung in ihren religiösen Überlieferungen.

Die Auswirkungen der Philosophie auf die Kirche

Über die Geschichte hinaus wird Schelling zum Mythus geführt als der eigentümlichen Heimat des Religiösen. Durch diese Wendung seiner Philosophie enttäuscht er in den vierziger Jahren alle, die von ihm in Berlin eine Hilfe gegenüber den Hegelschen Gedanken suchten. Es sollte auch bei Schelling sichtbar werden, daß eine Kirche verraten ist, die ihr Evangelium in die Hand der Philosophen gibt. Wird das christliche Dogma von ihnen gedeutet, dann muß es eben doch auf denknotwendige Vernunftwahrheiten hinauskommen bis hin zu Schellings These: *Gott ist auch die Ursache der Sünde, und Sünde ist nicht nur Wirklichkeit, sondern Notwendigkeit.* Gegen diesen Gottesgedanken vom Denken des Menschen her mußte die Theologie Front machen. Daß sie es nur mit schwachen Kräften tat, lag an dem Doppelten: Hegel wie Schelling erschienen den Vertretern des alten Glaubens als Retter in der Stunde der Not im Kampf gegen den allgemeinen Unglauben der Zeit. Und andererseits: Unter dem nachwirkenden Einfluß Schleiermachers beabsichtigte man gar nicht, gegen den Idealismus eine scharfe Frontstellung einzunehmen. Der Bund zwischen Weimar und der Kirche schien für ein Jahrhundert durch die Philosophie gesichert zu sein. Die Frage bleibt, inwieweit die Erweckung zusammen mit der nationalen Erhebung in dieses Gefüge brach und der Kirche den Weg zur Freiheit und Sendung zu weisen vermochte.

Literatur:

F. Blancke, Hamann als Theologe, 1928. Hamann und Luther, 1928
H. Schreiner, Die Menschwerdung Gottes in der Theologie J. G. Hamanns, 1946
M. Doerne, Die Religion in Herders Geschichtsphilosophie, 1927
E. Neubauer, Goethes religiöses Erleben; E. Lilje, Goethes Glaube, 1943
P. Pöhlmann, Goethes Naturauffassung, 1927
P. Althaus, Goethe und das Evangelium, 1953
K. Barth, Die protestantische Theologie im 19. Jahrhundert, 1952
E. Hirsch, Fichtes Religionsphilosophie, 1914
K. Leese, Die Geschichtsphilosophie Hegels, 1928
K. Jaspers, Schellings Größe und Verhängnis, 1958
H. Zeltner, Schelling, 1954
H. Lamparter, Prüfet die Geister oder von Kant bis Bloch, 1975
F. Flückiger, Idealismus und Materialismus, 1975
H. Fischer, Subjektivität und Sünde bei Schleiermacher, 1947

Überblick zum Idealismus

Hamann und **Herder** im Abstand zu Kant: Vom Wort Gottes (Hamann), vom »Geist der Bibel« aus

Schiller: Geschichte,
Goethe: Natur als Glaubensgrund

Schleiermacher: Schlechthinniges Abhängigkeitsgefühl von Gott

Fichte: Das Ich ist der Welt überlegen.
Hegel: In der Geschichte entwikkelt sich der Menschengeist. Darin offenbart sich Gott.
Schelling: Geschichte ist Offenbarung

35. Kapitel

Die Erweckung im 18. und 19. Jahrhundert

1. Der Methodismus als Erweckungbewegung

Was wir unter dem Namen »Erweckung« zusammenfassen, ist mehr als eine einzelne, örtlich begrenzte kirchengeschichtliche Erscheinung. Wir stehen vor der Tatsache, daß im 18. und 19. Jahrhundert von England und Amerika aus eine Bewegung nach dem europäischen Kontinent hin im Gange ist, die der Kirche ein Aufwachen, ein neues Leben vermittelt. Sie ist verbunden mit den Strömungen, die vom Pietismus her stammen. Und doch kann die Erweckung damit nicht einfach erklärt werden. Sie ist überall von führenden Persönlichkeiten bestimmt. Wer aber in ihnen die Wurzel der Ereignisse zu suchen unternimmt, bleibt bei einer menschlichen, psychologischen Deutung stehen. Gewiß ist sie – wie einst der Pietismus um die Wende des 17. Jahrhunderts – im bewußten Gegensatz zur Aufklärung oder zur starr gewordenen Orthodoxie entstanden. Wir würden jedoch auch damit noch keinen ausreichenden Grund für eine so kraftvolle religiöse Erneuerung finden. An einer solchen Stelle historischer Betrachtung wird es deutlich, ob wir von den Entwicklungsgesetzen Hegels her den Pendelschlag der Dinge zu erkennen glauben oder am Geheimnis der Kirche halt machen, weil der Wind weht, wo er will.

Wesley, John (1703–1791) und **Charles** (1707–1788)

Söhne einer anglikanischen Pfarrerfamilie.
Studium in Oxford. Beide gehören dem Oxforder Studentenverein an. 1738 in London Bekehrung bei den Herrnhutern.
Missionare in Georgia, Amerika.
Evangelisten in Stadt und Land.
Aktivierung der Laien. Sie bleiben in der anglikanischen Kirche.
Theologe, Seelsorger, Evangelist, Organisator.
John überragte Charles als Prediger, Charles war bedeutend als Liederdichter.

George Whitefield, 1714–1770

Sohn eines Schankwirts.
Ebenfalls Mitglied des Oxforder Studentenvereins.
Bereist England, Schottland, Amerika.
Genialer Prediger mit großer Anziehungskraft.

Mit dem Methodismus in England fängt die Erweckung an. Auf die Zeiten Cromwells mit ihren religiösen Wellen war die Aufklärung, der Deismus, eine allgemein um sich greifende innere Gleichgültigkeit gefolgt. Man hatte die kirchlichen Formen, aber das Leben nährte man aus anderen Quellen. Das Wissen schied die Gebildeten von den schlichten Menschen in den Gemeinden. Der Genuß, wie ihn Reichtum und Sinnlichkeit ermöglichten, trennte von einem wirklichen Hören auf das Wort. Die soziale Lage der im Beginn der Industrie ausgebeuteten Arbeiterschaft (14–16 Stunden Tagesleistung bei niedrigen Löhnen, Kinderarbeit) ist ein wesentlicher Grund für die Aufgeschlossenheit dieser Schicht. Wesley war ihr eine Verheißung!

Die Brüder Wesley: Eine neue Kirche?

Man nannte die Brüder John und Charles Wesley schon damals spottweise »Methodisten«, als sie ihre Studien in Oxford mit Andachtsübungen und einem asketischen Leben verbanden. Was daran gesetzlich war, konnte John Wesley, als er mit herrnhutischen Kreisen in Berührung gekommen war, zum Teil abtun. In ihrer Verkündigung wird ihm die Heilsgewißheit als das zentrale Anliegen deutlich. Sie wird ihm selbst geschenkt an jenem 24. Mai 1738, als er bei den Herrnhutern in London Luthers Vorrede zum Römerbrief hörte, das Wort, das 40 Jahre zuvor Francke getroffen hatte.

Es war für die anglikanische Kirche ein schwerer Schlag, als in ihrer Mitte eine Bewegung entstand, die mit ihrem Ruf: Bekehre dich heute! auf offener Straße die Fabrikbevölkerung in den Städten wie die auf den Dörfern Lebenden erfaßte. John Wesley, der Führer und Organisator († 1791) und sein Bruder Charles († 1788) und der evangelistisch begabte George Whitefield († 1770) haben nicht nur in England und Schottland, sondern auch in Amerika Gemeinden gegründet, die in Übersee zu einer großen Kirche geworden sind. Die Frage nach der Trennung von der Kirche von England wurde durch die Berufung von Laienpredigern, durch die Ordinierung von Brüdern und eigene Ausbildungsstätten immer mehr akut. Die Brüder Wesley haben sich nach dem Vorbild von Herrnhut verstanden: *innerhalb der Kirche und doch als freie Gemeinde.* Erst nach Wesleys Tod – 1791 – ist die methodistische Kirche in England gegründet worden, während sie in Amerika als Freikirche neben den andern schon sehr bald Gestalt gewann.

Ähnlich wie A. H. Francke hat J. Wesley aus seinem persönlichen Leben die Norm für das Werden und Wachsen des Christen gelehrt: Mit der Bekehrung setzt eine Entwicklung ein, die zur Vollendung zielt. Im Gespräch mit Zinzendorf (1741) wurde der Gegensatz in der Rechtfertigung deutlich. Es ging dabei um den neuen Menschen. Zinzendorf sah ihn vom Kreuz her mit Luther als »gerecht und Sünder zugleich«. Wesley sprach von der *Rechtfertigung*, die der Gläubige *in seiner Erfahrung wahrnimmt*. Blieb er dabei mehr an der *Heiligung* stehen, so warf, Luther folgend, Zinzendorf ein: Unser Rechtsgrund am Kreuz erlaubt uns nicht die Selbstbeobachtung. Sie wird immer wieder zur Ungewißheit führen oder zur Überheblichkeit. Sie hat Wesley zum Fortschritt in der Heiligung bis hin zur Vollkommenheit geführt. Er stand dabei Pelagius und Armin näher und mußte sich dabei die Kritik Zinzendorfs zuziehen.

Gewiß sind die Nachfolger Wesleys nicht bei seiner Theologie in allen Teilen geblieben. Aber der missionarische Akzent einer im Glauben geeinten Gemeinde hat den Methodismus weltweit in die Heidenmission gesandt. Auch darin war er den Herrnhutern verwandt. Was er in der Bekämpfung der Armut geleistet hat, entsprang schlicht der Bruderliebe.

2. *Erweckungen in den außerdeutschen Ländern*

Hier seien fast nur Namen genannt.

In *England* schafft der glaubensstarke Georg Müller (1805–1898) in Bristol den Waisenkindern Heimat.

In *Schottland* schuf Thomas Chalmers († 1847) eine Freikirche mit starkem sozialen Einsatz.

In *Frankreich* sind Alexander Vinet († 1847) und Adolf Monod († 1856) Führer der Erweckung.

In den *Niederlanden* ist es Green van Prinsterer († 1876), der im Zug des neuen Lebens auch politisch wirksam ist.

Norwegen verdankt dem Bauernsohn Hans Nielsen Hauge († 1834) trotz langer Gefängnishaft das für ihn unverbotene Wort, das kein Staatsgesetz verbieten kann.

Severin Grundtwig († 1872) gründete die Volkshochschule in *Dänemark* und überwindet den Rationalismus seiner Kirche durch die Besinnung auf Luther.

Unter manchen Spannungen haben diese Männer ihrer Kirche gedient und die Freiheit des Glaubens gegenüber der Orthodoxie wie der Aufklärung und dem Idealismus im reformatorischen Geist bezeugt. Bis über die Mitte des 19. Jahrhunderts reicht diese Erweckung.

Lavater, Johann Kaspar, 1741–1801

Reformierter Theologe, Dichter, Schriftsteller.
Schweizer Pfarrer, dem deutschen Idealismus nahe.
Als Pfarrer in Seelsorge und Apologetik wirksam.
Für die Parapsychologie interessiert.

3. Die deutsche Erweckung

Männer der Erweckung – Gegner der Aufklärung

Ein lebendiger Strom geistlichen Lebens durchzieht um die Wende zum 19. Jahrhundert große Teile Deutschlands. Goethe begegnet in Straßburg und später, 1778, in Elberfeld dem Augenarzt *Heinrich Jung-Stilling* († 1817), einem Menschen, für den das Gebet und seine Erhörung eine Wirklichkeit ist.

Johann Kaspar Lavater († 1801), ein Schweizer, theologischer Schriftsteller, wirkt auf weite Kreise durch sein Zeugnis.

Der rheinische Arzt *Samuel Collenbusch* († 1803) und der Pfarrer *Gottlieb Menken* in Bremen († 1831) werden Mittelpunkte von Bibelkreisen.

In Berlin sind es *Baron von Kottwitz* († 1843) und *Johannes Jänicke*, die in Seelsorge und Verkündigung in weite Kreise, auch unter der Studentenschaft, wirken.

Was hier in einzelnen Kanälen fließt, faßt in Basel *Johann August Urlsperger* († 1806) in der *»Deutschen Christentumsgesellschaft«* (1780) zusammen. Die Bibelgesellschaft in Basel ist eine der Quellen, aus der die Missionsgesellschaft dort entstanden ist. Wenn auch nicht unmittelbar zur Erweckung gehörend, so doch von ihr beeinflußt, wurde der »Wandsbecker Bote« *Matthias Claudius* († 1815). Es ist der biblische Realismus, der wie bei vielen, so auch bei ihm den Idealismus Goethes überwindet und in schlichtem Glauben von frohem Leben und seligem Sterben erfüllt ist.

Im Zug der Befreiungskriege

Die Jahrhundertwende riß nun im Zuge des großen weltgeschichtlichen Geschehens der napoleonischen Zeit diese einzelnen Bäche und Ströme in eine Gesamtbewegung hinein. Im Rückblick auf die Befreiungskriege urteilte der Historiker H. Leo († 1879):

> »Es war ein Geisterkampf, dieser Krieg, ein Kampf der Scharen des lebendigen Gottes wider den Erdgeist. In dieser Zeit ist es, daß die abgetragenen Kleider des schalen Rationalismus in Deutschland zuerst in Lumpen zerrissen worden sind, daß Gottes lebendiger Hauch die Menschen wieder allgemeiner, mächtiger berührt hat.«

Die Glaubensentscheidung in den Jahren des napoleonischen Drucks bestand für die Männer der Regierung und des Heeres – *Freiherrn vom Stein, Scharnhorst, Clausewitz, Königin Luise* – darin, ob sie sich dem Korsen beugten oder im Vertrauen auf den lebendigen Gott den Glauben »an den Sieg der gerechten Sache« behielten; ob die Frömmigkeit dieser Jahre der Krise beim »deutschen Gott« in einer gewissen alttestamentlichen, völkischen Linie stehenbleibt oder zum Christusglauben durchdringt. In der inneren Entwicklung *Ernst Moritz Arndts* († 1860) wird dieser Umbruch deutlich sichtbar. Er hat so ziemlich alle Stadien von der Aufklärung bis zur lutherischen Konfession durchlaufen. In der großen Zeit der Befreiungskriege hören wir diese Tonart: »Der Gott, der Eisen wachsen ließ« und »Wer ist ein Mann? Wer beten kann«, die wie ein mächtiges Signal die Lande durchzieht. Bald darauf aber vertieft sich sein Lied und findet aus der Schrift ein zentrales Bekenntnis: »Ich weiß, woran ich glaube.«

Erweckung um die Mitte des 19. Jahrhunderts

Was mehr aus nationaler Begeisterung geboren war, schied sich bald nach 1850 von dem, was sein Leben aus dem Grunde des Evangeliums hatte. Nur in kurzen Umrissen kann angedeutet werden, wie dieser neue Sturmwind Gottes durch Deutschland zog.

Im Westen sind als Zentren der Erweckung zu bezeichnen das *Wuppertal*, das *Siegerland* und *Minden-Ravensberg.* Es war, als ob auf ein ausgedörrtes Land ein fruchtbarer Regen fiel. *Gottfried Daniel Krummacher* († 1834) in Elberfeld und *Johann Heinrich Volkening* († 1877) im westfälischen Jöllenbeck sind durch ihre Erweckungspredigt vielen, die im Kirchenschlaf gefangen lagen, zu einem Erwachen geworden. Bremen vergißt seinen *Ludwig Mallet* nicht († 1865), Hannover verdankt *Ludwig Harms* († 1865) die Gründung der *Hermannsburger Mission.* In Hamburg wirkt neben *Rautenberg* Claudius' Schwiegersohn, der Buchhändler *Friedrich Perthes,* in Pommern sind Männer aus dem Adel die Führer, *A. von Thadden-Triglaff, Kleist-Retzow* und andere. Hier ist Bismarcks geistliche Heimat. *Gustav Knak, Moritz Goerke* und *Hermann Theodor Wangemann* sind dort als Pfarrer und Missionsprediger im gleichen Geist wirksam. In Württemberg sind der früh gestorbene *Ludwig Hofacker* (1828) und der Liederdichter *Albert Knapp* († 1864) zu nennen. Sie stehen im Zusammenhang mit den Vätern des 18. Jahrhunderts: *Oetinger* und *Bengel.* In Baden ist es der frühere katholische Priester *Aloys Henhöfer,* in Bayern wird mit der Rückkehr zu Luther eine Belebung unverkennbar. Hier ist vor allem *Wilhelm Löhe* († 1872) zu nennen, der Gründer des *Neuendettelsauer Diakonissenhauses* und Betreuer der nach Amerika ausgewanderten Lutheraner.

Blumhardt, Johann Christoph, 1805–1880

Pfarrer in Möttlingen. Heilung der Gottliebin Dittus, Erweckung 1842, 1852 in Bad Boll Seelsorger, Heilgabe, Schriftsteller.

Blumhardt, Christoph, 1842–1919
Erbe des Vaters als Seelsorger in Bad Boll. Dem Sozialismus nahe, auch zeitweise im Parlament.
Befreundet mit Kutter und Ragatz, christlich-sozial eingestellt. Die sozialistischen Ansätze erscheinen ihm als notwendig eschatologische Entwicklungen.

Bad Boll wird nach der Erweckung im schwäbischen Möttlingen die Stätte eines reichen Wirkens der *Blumhardts,* Vater (*Johann Christoph,* † 1880) und Sohn (*Christoph,* † 1919) in Krankenheilung und Seelsorge.

Die theologischen Fakultäten erfahren eine Wendung an vielen Orten: Halle durch *August Tholuck* († 1877), Tübingen durch *Johann Tobias Beck* (†1878), Erlangen durch *G. Ch. Konrad Hoffmann* († 1877) und *G. Thomasius* († 1875).

Grenzen der Erweckung

Während die Predigt Schleiermachers das fromme Selbstbewußtsein der Gemeinde darstellen will, wagt die *Erweckungspredigt das Wort der Entscheidung zu verkündigen.* Warum hat dieser mit brennender Liebe laute Ruf nicht die ganze Kirche erreicht? Es blieben sehr viele Gebiete in Deutschland fast unberührt.

Gewiß hielt sich der Idealismus der Gebildeten in Goethes Bahnen von diesem Angebot fern. Wer von Kant lebte, behauptete sich mit der Vernunft als mündiger Mensch. Dennoch darf nicht übersehen werden, daß es den Boten der Erweckung an bestimmten Punkten gefehlt hat. Merkten die Professoren und Pfarrer zu wenig von der Last der mit dem Aufkommen der Industrie überforderten Arbeiterschaft? Der Staat und zum Teil auch die Kirche hatten wenig Verständnis für die Arbeit der Diakonie und der Mission. Und endlich: Wo war die biblizistische Theologie mit dem Geist ihrer Zeit, also mit Rationalismus und Idealismus, in ein Gespräch gekommen, um ihn geistlich zu überwinden? Das gilt im Blick auf die fehlende Auseinandersetzung mit Hegel und Karl Marx. Und dennoch, die Erweckung bleibt für ihre Vertreter ein Ereignis, das ihnen selbst als Wunder Gottes zuteil wurde.

Literatur:

Nuelsen, Mann, Sommer, Kurzgefaßte Geschichte des Methodismus, 1934[7]
L. Tiesmeyer, Die Erweckungsbewegung in Deutschland während des 19. Jahrhunderts, 1902–1912
W. Wendland, Erweckungsbewegungen in Deutschland, 1926
Fr. Hauss, Erweckungspredigt und Erweckungsprediger, 1924
W. Lütgert, Bd. II. Idealismus und Erweckungsbewegung, 1923
M. Schmidt, John Wesley, 1953/66
E. Beyreuther, Kirche in Bewegung, Geschichte der Evangelisation und Volksmission, 1968
F. W. Kantzenbach, Die Erweckungsbewegung, Studien zur Geschichte ihrer Entstehung . . . 1957

36. Kapitel

Restauration und Union

1. Kritik an der Erweckung durch den Staat

Der preußische Kultusminister Altenstein beurteilte die Erweckungsbewegung folgendermaßen:

> »Frömmelei führt leicht zum Liberalismus; jede Entfernung von der gewöhnlichen Ordnung und jedes Selbstgefühl, daß man das Bessere ergriffen hat, ist nach der menschlichen Ordnung bedenklich.«

In einem Schulerlaß vom Jahre 1825 nimmt er Stellung gegen

> »die gemeinhin sogenannte pietistische Richtung, wo bei überspannten und einseitigen Vorstellungen teils von der Natur des sündlichen Verderbens, teils von den Wirkungen der göttlichen Gnade, des Gebets und des Glaubens entweder eine dumpfe, trübe und ängstliche Lebensansicht oder der Wahn eines begünstigten, unmittelbaren Verhältnisses zu Gott und einer bevorzugten Erwählung, eben damit aber sowohl Unduldsamkeit, liebloses Urteil und Splitterrichterei als geistlicher Dünkel, Stolz und Selbstgenügsamkeit hervorgebracht werden« (E. Foerster, siehe Literaturangabe).

In diesen Sätzen sind gewiß manche richtige Beobachtungen enthalten, wie sie schon Spener zu seiner Zeit gemacht hat. Aber der Grundton kommt doch von dem Geist her, den wir in den Jahren nach den Befreiungskriegen als den der *Restauration* bezeichnen, d.h. den Versuch, einen früheren als ideal bezeichneten Zustand wieder zu erreichen. Charakteristisch dafür ist die Abwehr aller Strömungen, die in den Bahnen einer vorwärts gewandten und erneuernd freiheitlichen Bewegung liefen. Die Geschichte der *Burschenschaften* ist ebenso wie die des *neuen Glaubenslebens* hierfür ein Beispiel. Man fürchtete ganz offenbar in den Kreisen der Regierung die Rückkehr zur Revolution und sah nicht, daß man gerade diejenigen Kräfte zurückstieß, die am Aufbau des neuen Staates in den Freiheitskämpfen ihr Bestes geleistet hatten. Männer wie *Freiherr vom Stein* in ihrer politischen Tätigkeit, aber auch ein führender Mann der Erweckung wie *Adolf von Thadden* haben die harte Ablehnung von seiten der Restauration, bis hin zu Geldstrafen für Betstunden, erfahren müssen. Was lebendige Kirche werden wollte, wurde mit steigendem Mißtrauen angesehen und verdächtigt.

In diesen Jahren wuchs *Bismarck* auf. Als Schleiermachers Konfirmand blieb ihm die Verbindung mit dem neuen Glaubensleben fern. Das Gebet warf er im Zuge seiner pantheistischen Gedanken schon mit 16 Jahren als innere Unwahrhaftigkeit fort. Während der Idealismus mit seinen gemeinschaftsfernen, individualistischen Zielen den Gebildeten aus der Kirche trieb, gab z.B. Hegels Philosophie den Rat, dem Volk die Religion zu erhalten. J. Chr. Gaß urteilt von dieser Wendung der Dinge nach dem großen Erleben der Nation: »Ein politisches Bewußtsein ist allenthalben erwacht; es hat sich weit verbreitet und in den herrlichsten Erfolgen offenbart; keineswegs so das kirchliche.«

Nationalkirche?

Das lag aber auch daran, daß Ernst Moritz Arndts religiöse Gedanken im *»Katechismus für den Deutschen Krieg- und Wehrmann«* (1812) darauf hinzielten, den konfessionellen Streit zwischen den Papisten, Lutheranern und Calvinisten durch eine Nationalkirche zu beenden. Ähnliche deutsch-christliche Ideen wurden in den Kreisen der Burschenschaft genährt. Was *Richard Rothe* in Heidelberg theologisch vertrat, die Kirche müsse im Staat, im Volk aufgehen, war nicht nur der Gedanke eines Gelehrten. Gegenüber diesen Gärungen sah sich die Restauration als Hüterin von Staat und Kirche berufen, allen Bewegungen Widerstand zu leisten, die das Kräfteverhältnis der beiden Größen verändern wollten. Wenn parallel zur politischen Entwicklung, etwa im Sinn der Steinschen Reform, das *Selbstverwaltungsrecht der Gemeinden* betont wurde, wenn Schleiermacher für den *synodal-presbyterialen Aufbau der Kirche* eintrat und damit viel Zustimmung fand, sonderlich im Rheinland und in Westfalen, aber auch in der Kurmark, so mußten die nächsten Jahre lehren, daß die Kirchenregierungen hierfür wenig Verständnis zeigten.

2. *Union nach königlichem Willen*

In diesem Zusammenhang ist das Unternehmen des Preußenkönigs Friedrich Wilhelm III. zu sehen, der seinem Volk zum Jubiläum der Reformation im Jahre 1817 *die Union der beiden Bekenntnisse* unter Wahrung ihrer Selbständigkeit, aber mit einer einheitlichen Liturgie durch die von ihm selbst geschaffene Agende geben wollte. Man darf auch hier nicht vergessen, daß die Hohenzollern seit 1613 reformiert waren und seitdem darauf sannen, die konfessionelle Kluft in ihren Landen zu beseitigen. Hatte die Aufklärung und auch der Pietismus auf Erweichung dieser Gegensätze hingewirkt, lebten auch im Idealismus und in der Romantik durchaus keine trennenden Ideen in dieser Frage, sondern eher einigende Momente, so schien nun wirklich der geschichtliche Augenblick gekommen zu sein, um die *eine* Kirche zu schaffen. Der König erklärte:

> »eine Vereinigung, in welcher die reformierte nicht zur lutherischen, und diese nicht zu jener übergehe, sondern beide eine neu belebte evangelische christliche Kirche im Geist ihres heiligen Stifters werden«.

Ein Verschmelzungsprozeß sollte die getrennten Gruppen ohne Zwang zusammenführen, so wie man sich in gemeinsamen Abendmahlsfeiern in Berlin 1817 verband. Auch Schleiermacher trat als warmer Befürworter der Union für diese Entwicklung ein.

3. *Die lutherische Gegenwehr*

In diesem Augenblick kam vom Archidiakonus *Klaus Harms* (1778–1835) aus Kiel, einem nach der Lektüre von Schleiermachers »Reden« Erweckter, der Angriff in seinen berühmten *95 Thesen* gegen die Aufklärung und gegen die Union. Daß der Zusammenhang zwischen diesen beiden Größen so rücksichtslos aufgedeckt wurde, rief eine wahre Geisterschlacht auf den Plan.

> »Mit der Idee einer fortschreitenden Reformation, so wie man diese Idee gefaßt hat . . ., reformiert man das Luthertum ins Heidentum hinein und das Christentum aus der Welt hinaus« – lautet die dritte These.

Man kann in dieser Grundanschauung Klaus Harms zustimmen und hier den Punkt erkennen, der ihn von Schleiermacher schied. Wer das Schwergewicht in das religiöse Bewußtsein legt, muß die Lehre nach dem Menschen formen, und das bedeutet: »*dem veränderten Zeitgeist gemäß*« (These 1). Eine Verkündigung, die Gegensätze nur durch Kompromisse ausgleichen will, hat ihren Auftrag preisgegeben. Man darf aber auch nicht übersehen, daß diese Thesen den Aufbruch zu einer neuen konfessionellen Entwicklung bedeuten:

> »Die evangelisch-katholische Kirche ist eine herrliche Kirche. Sie hält und bildet sich vorzugsweise am Sakrament. Die evangelisch-reformierte Kirche ist eine herrliche Kirche. Sie hält und bildet sich vorzugsweise am Worte Gottes. Herrlicher als beide ist die evangelisch-lutherische Kirche. Sie hält und bildet sich am Sakrament wie am Worte Gottes.«

Die besondere Wertung der Sakramente wurde für Harms charakteristisch.

4. Lutherische Freikirche und rheinisch-westfälische Synodal- und Presbyterialordnung

Es konnte nicht ausbleiben, daß sich gegen die Kirchenpolitik des Staates Widerspruch erhob. *Er hat zur Gründung einer lutherischen Freikirche geführt. Johann Gottfried Scheibel* († 1843), Pfarrer und Professor in Breslau, und der Jurist Professor *Th. Eduard Huschke* († 1886) erreichten nach langem Kampf 1845 die staatliche Anerkennung. Mitten in der Union blieb diese Freikirche der aufgehobene Finger, und zwar nicht für irgendeine Sonderlehre, sondern für das Zeugnis einer Kirche, die Verfassung und Bekenntnis nicht als zwei getrennte Größen ansah. Mehr wollte Huschke nicht sagen, wenn er das göttliche Recht des Kirchenregiments lehrte.

Einen ebenso bedeutsamen Sieg hatten zehn Jahre zuvor die Kirchenprovinzen *Rheinland und Westfalen* errungen (1835), als sie allen Einordnungsversuchen des Königs zum Trotz *die synodal-presbyteriale Kirchenordnung zur staatlichen Anerkennung* brachten. Gerade auch vom reformierten Verständnis der Kirche her mußte das Unternehmen der Hohenzollern als unkirchlich abgelehnt werden. Das landesherrliche Kirchenregiment, der König als Bischof seiner Kirche, wurde durch diese Maßnahmen unglaubwürdig. Das Staatschristentum ist jedenfalls durch die Synodalordnung in eine verschärfte Krisis geraten. Die Laienwelt, die sich auf das Jahr 1848 hin entwikkelte, hatte kein Verständnis mehr für eine staatliche Kirchenführung. Die Theologen aber vermochten nur mit verschwindenden Ausnahmen ein begründendes Ja zur Union zu finden. Während man den 300. Jahrestag der

Augustana (1830) zu einer neuen Bezeugung der Einheitsbestrebungen benutzte, regte sich in der ernsten Besinnung auf Luther und sein Werk an manchen Orten, z.B. in Hannover, das konfessionelle Bewußtsein. Entrang sich damit die Kirche dem staatlichen Druck, so zog sie gleichzeitig auch den Trennungsstrich zum Rationalismus. Sie fand aber auch mit dem Pietismus nicht die Verbindung. Damit treten Erweckung und Luthertum, die sich einen Augenblick berührten, bald wieder auseinander. Das zweite Drittel des Jahrhunderts wird dessen Zeuge.

Literatur:

E. Foerster, Die Entstehung der preußischen Landeskirche unter der Regierung Friedrich Wilhelms III. nach den Quellen erzählt, 2 Bd., 1905/06
K. Holl, Die Bedeutung der großen Kriege für das religiöse und kirchliche Leben innerhalb des deutschen Protestantismus, (Bd. III der gesammelten Aufsätze) Der Westen, 1928
P. W. Kantzenbach, Zwischen Erweckung und Restauration
P. Brunner, Das lutherische Bekenntnis der Union, 1933
M. Kiunke, G. G. Scheibel und sein Ringen um die Kirche der luth. Reformation, 1941

37. Kapitel

Die Innere Mission

Wichern, Johann Hinrich

21.4.1808–7.4.1881, geboren und gestorben in Hamburg, früh verwaister Sohn eines Notars, besucht das Barmer Johanneum.
1829–1831 Theologiestudium in Göttingen und Berlin, wo er Hegel und Ranke hört.
Enge Beziehung zu A. Neander.
Als Kandidat beim Hamburger Erweckungsprediger Rautenberg.
1833 Gründung des Rauhen Hauses.
1848 Rede auf Wittenberger Kirchentag; Gründung des »Zentralausschusses für Innere Mission.«
1858 Gründung des Berliner Johannesstiftes.

1. *Wichern und das Rauhe Haus*

Ansätze zur Diakonie: Johannes Falk

Das 18. Jahrhundert zeigt in zwei großen Linien den Weg der Kirche zur praktischen Liebesübung. Der Pietismus hat durch seine Anstalten in Halle und bei den Herrnhutern eine tiefgreifende Erziehungsarbeit übernommen. Aber auch der Humanitätsgedanke, wie ihn namentlich der Schweizer Pädagoge *Johann Heinrich Pestalozzi* († 1817) pflegte und praktisch in hingebender Weise verwirklichte, hat vielen die Augen geöffnet, daß man sich der Kinder, der Armen und Waisen annehmen müsse. In seinen Bahnen ging *Johannes Falk* († 1826) mit der »*Gesellschaft der Freunde in der Not*« in seiner Anstalt in Weimar für verwahrloste Kinder. Durch den Tod seiner eigenen Kinder wurde seine Liebe für die durch die napoleonischen Kriege Verwaisten geweckt. Was nun hier und anderswo in bescheidenster Weise begonnen wurde, was Amalie Sieveking († 1859) in Hamburg in der Kranken- und Armenpflege auf dem Weg von Vereinsbildungen unternahm, das hat als Vater und Bahnbrecher der Diakonie Johann Hinrich Wichern als *Innere Mission* der evangelischen Kirche ins Leben gerufen. »Die Kirche erkläre, die Liebe gehört mir wie der Glaube!«

Johann Hinrich Wichern und das Rauhe Haus

Wichern (1808–1881) ist Hamburger, ein Mann der praktischen Tat und des weiten Blicks. In Berlin ergriff den Studenten mehr die Arbeit des *Baron von Kottwitz* unter den Armen als die Theologie Schleiermachers. In fünfzehnjährigem Dienst hat er dann bis 1848 im Hamburger »*Rauhen Haus*« (gegründet 1833) die reichen Erfahrungen in der Rettungsarbeit an verwahrlosten und straffälligen Kindern gesammelt und damit die Grundsätze einer evangelischen Erziehung von dem Wunder der Vergebung her praktiziert, Erfahrungen, die für seine weitere Wirksamkeit bedeutsam wurden. Die Begründung der *männlichen Diakonie*, des *Zentralausschusses für die Innere Mission* und die Arbeit an der *Erneuerung des Gefängniswesens* als vortragender Rat im Ministerium zu Berlin, das sind die äußeren Etappen seines Lebens.

Kirchengeschichtlich gesehen steht Wichern am Wendepunkt, als man mit dem Aufkommen des »vierten Standes«, der Fabrikarbeiter, mit dem Beginn der sozialen Frage im Zeitalter der Maschine, der werdenden Großstadt, des Problems der Vermassung und ihrer Verelendung, ganz neue Aufgaben für die Christenheit erkennt. Er sah mit dem Auge dessen, der in der Kleinarbeit in Hamburg erkannt hatte, daß die Riesennot eines Volkes durch Krieg und Sieg nicht gemildert wird. Ihn packte der Jammer um die zerrütteten Familien, um die zum inneren und äußeren Ruin bestimmten Kinder. Er rief es ihnen bei ihrer Aufnahme im »Rauhen Haus« zu:

> »Mein Kind, dir ist alles vergeben! Sieh um dich her, in was für ein Haus du aufgenommen bist! Hier ist keine Mauer, kein Graben und kein Riegel; nur mit einer schweren Kette binden wir dich hier, du magst wollen oder nicht; du magst sie zerreißen, wenn du kannst: diese heißt Liebe, und ihr Maß ist Geduld!«

2. Der Wittenberger Kirchentag 1848

Der Ruf zur evangelistischen Diakonie

Als Wichern auf dem »Wittenberger Kirchentag zur Gründung eines deutschen evangelischen Kirchenbundes« (September 1848) seine berühmte Rede hielt, jenen gewaltigen Bußruf für die Pfarrer und die Gemeinden, sich auf ihre Liebespflicht zu besinnen, lagen die Grundlinien seines Programmes schon fest. Er verstand die Innere Mission als eine Lebensäußerung der Kirche. Und er stellte andererseits *die Kirche in das Volk und in den Staat mit der Aufgabe, ihn mit christlichem Geist zu durchdringen und dadurch in Wahrheit zum christlichen Staat zu machen.* In diesen Linien wirkt sich die Größe, aber auch die Tragik des Wichernschen Werkes und damit auch der Inneren Mission aus. Wenn er das »heilserfüllte Volk« aufrief, dem »heillosen Volk« die Botschaft durch Wort und Tat zu bringen, damit *»zuletzt im Umkreis der evangelischen Kirche kein Glied derselben mehr sei, das nicht das lautere Wort Gottes in rechter, d.h. gerade ihm sich eignender Weise hörte«*, dann fragt man sich, ob Wichern die Kraft der Kirche nicht doch überschätzte, als er ihr den volksmissionarischen Dienst in dieser Weite zuwies. Rührt nicht von daher gerade das Mißtrauen der Erweckten gegen ihn? Und spannte er nicht doch den evangelischen Dienst allzu schnell in die Idee einer umfassenden Volksdurchdringung, die damit starke Berührung mit der Erweckung hatte (Kottwitz, Rautenberg)?

Enttäuschung

Tatsächlich wurde es die schmerzliche Enttäuschung seines Lebens, daß die Kirche, der er sich ganz zugehörig wußte, seinem stürmischen Drang zur Tat nur langsam, z.T. auch unter Widerstand, folgte, weil die Kräfte der Restauration auch dabei hemmend wirkten. Stärker noch mußte er aber die Zusammenarbeit mit dem Staat als die Fehlentwicklung seines persönlichen Wirkens empfinden. Wohl wehrte er die Überordnung der wirtschaftlichen Fragen über die christlichen ab und trat dadurch in Gegensatz zu seinem Freund *Viktor Aimé Huber*. Und dennoch wurde es ihm als Ministerialrat in Berlin seit 1857 immer spürbarer, daß der Staat und in ihm Friedrich Wilhelm IV. mit seiner christlichen Romantik dem christlich-sozialen Geist fremd gegenüberstand.

Hinzu kam, daß sich Wichern *als Bürger gegen den neuaufkommenden Stand des Proletariats* stellte und den Kommunismus sofort mit dem Urteil des Atheismus verband, d.h. den politischen mit dem religiösen Kampf. Indem er in heißer Liebe um sein Volk rang, mußte er sich wie nach ihm Adolf Stoecker daran zerreiben, für Thron und Altar zu streiten und doch im letzten Grunde gerade dadurch seine Basis zu erschüttern, die ihn einst allein vom Evangelium aus zu den Armen getrieben hatte.

3. *Diakonie als umfassende Hilfe*

Der Dienst der Frau

Man muß sich, um den Begriff »Innere Mission« in Wicherns Sinn inhaltlich zu füllen, nicht nur die große Zahl von Anstalten der rettenden Liebe vor Augen halten, sondern daneben auch die Neugründung des *Diakonissenwesens* durch *Theodor Fliedner* († 1864) in Kaiserswerth (1836) und *Wilhelm Löhe* († 1872) in Neuendettelsau als lebendiges Bekenntnis der Kirche erkennen. Ein Strom zurechtbringender Liebe ist von der Diakonie in unser Volk gegangen. Indem sich die überall entstehenden Mutterhäuser im Kaiserswerther Verband (1861) zusammenschlossen, gewannen sie einen wachsenden Reichtum von Dienstmöglichkeiten. Und wo sie, z.B. in Straßburg unter Pfarrer Franz Härter, aus der Erweckung ihre Quellen empfingen, wurden sie für das innere Leben der Kirche von besonderem Segen. Der Dienst der Frau in der Gemeinde, von den Kindern bis zu den Alten, Kranken und Einsamen ist ein Arbeitsfeld, ohne das die Innere Mission der Kirche nicht mehr gedacht werden kann. Bedeutsam für die Kinderarbeit ist das in einer Erweckung entstandene Miechowitzer Diakonissenhaus durch *Eva von Thiele-Winckler* († 1930) (jetzt in Freudenberg).

Volksmission

Wicherns Gedanken waren aber weiter auf die Gesundung des gesamten Volkslebens, auf die Reinigung und Stärkung der Familien, auf den gewerkschaftlichen Zusammenschluß der Handwerker, der in der Lehre befindlichen Jugend, auf Unterkunft für die auf der Wanderschaft Heimatlosen (der Bonner Jurist *Klemens Perthes* gründet die »*Herbergen zur Heimat*«) gerichtet. In die Breite des Volkes sollte auch *das gedruckte Wort der Sonntagspresse* seinen Weg nehmen. Außerordentliche Wortverkündigung sollte die neue Liebesübung unterstützen. *Einer gottlosen Öffentlichkeit hat der entschlossene Wille der Christenheit gegenüberzutreten.*

Adolf Stoeckers Ringen um das Volk. Naumann

Das sind Gedanken, die namentlich *Adolf Stoecker* (1835–1909) mit brennendem Herzen aufgriff. Wie Wichern ein Kind des Volkes, so wurde auch er von der wirtschaftlichen und sittlichen Not in den Jahren nach dem Krieg mit Frankreich 1870/71 ergriffen. Diese »Gründerjahre« Berlins – die hohen Wiedergutmachungszahlungen Frankreichs flossen ins Reich und verursachten einen Boom von Firmengründungen der Industrie und des Handels – haben die in die Großstadt strömenden Massen von der Kirche losgerissen und der von Karl Marx erzogenen Sozialdemokratie und ihrer atheistischen Weltanschauung ausgeliefert. Der Jammer um sein Volk warf den Hofprediger Stoecker in die Spannung seines Wirkens, Mann der Domkanzel und Volksredner im »Eiskeller« zu sein, der sich für die Arbeiterschaft einsetzte. Er mußte ähnliches wie Wichern erleben. Seine sozialen und auch die wirtschaftlich und politisch, nicht religiös, verstandenen antisemitischen Tendenzen rissen die Berliner Bewegung in den Strudel des politischen Lebens. *Bismarck,* der deutsche Reichskanzler (1815–1898), konnte von seinem konservativen Verständnis der Lage her, in Stoecker keinen brauchbaren Mitkämpfer finden und überzeugte den erst von seinem Hofprediger begeisterten jungen *Kaiser Wilhelm II.* (1888–1918) von dem »Unsinn« des parteimäßig verstandenen »Christlich-Sozialen«. Wie der Kanzler mit staatlicher Macht das katholische Zentrum zu besiegen glaubte, so hielt er auch nichts von einer Abwehr des Sozialismus durch Stoecker. In den Jahren bis 1890, als es mehrfach um die Entlassung des unbequem gewordenen Hofpredigers ging, schrieb Pastor von Bodelschwingh an den damaligen Kronprinzen Friedrich:

> »Wenn das Banner sich im Kampf neigen sollte, das Stoecker erhoben, so sind auch die Tage des christlich-deutschen Kaiserreiches und die Tage unseres geliebten Hohenzollernhauses gezählt, was Gott in Gnaden verhüten möge« (1885).

Wohl hat der unerschrockene Volksführer auch nach seiner Entlassung vom Hofpredigeramt das Banner ein halbes Menschenalter hindurch noch hochgehalten. Er wirkte im Land- und Reichstag, im politischen und kirchlichen Leben; aber es lag doch zuletzt eine Wehmut über dem einst so tatenfrohen Mann. Er sah die Trennung von Staat und Kirche als notwendig an, wenn anders die Kirche ihrer Sendung getreu bleiben wollte. Darum galt dem freien Verein der *Berliner Stadtmission*, die er seit 1877 leitete und die sein Lebenswerk wurde, bis zuletzt seine ganze Liebe und mit ihr der volksmissionarischen Arbeit im Sinn der Verkündigung und nachgehenden Seelsorge.

Naumann, Friedrich, 1860–1919

Theologe und Politiker.
Pfarramt der Inneren Mission in Frankfurt/M. Bemüht sich vergeblich, die Arbeiterschaft zu einer evangelischen Bewegung zu führen.
Christlich-sozial – dann national-sozial.
Mitarbeit an der Weimarer Verfassung.
Mit Stoecker nur am Anfang verbunden.
Theologisch liberal.

Die Gegner Stoeckers

Gegen Stoecker stand die Restauration in der Leitung der Kirche (im »Oberkirchenrat«), der politische Konservatismus, dem das Wort »sozial« ein Greuel war, aber auch das Judentum (Stoecker bekämpfte es wegen seines Einflusses in der Presse und in den führenden Schichten) und schließlich neben der Sozialdemokratie auch der wachsende Kreis der jungen Generation um *Friedrich Naumann* († 1919). Naumann sah die Hilfe in einem Zusammengehen von Demokratie und Kaisertum auf dem Boden eines nationalen und christlich-sozialen Geistes. Im Bindestrich zwischen beiden Worten liegt die Gefahr, das Evangelium nicht als die umfassende, bestimmende Größe anzuerkennen.

Martin Kähler sah die Verfälschung der evangelischen Botschaft in Gestalt eines protestantischen »Zentrums« in Parallele zur katholischen Partei. Wird der christlich-soziale Gedanke zu einer Parteibildung im Parlament, ist es um die geistliche Substanz geschehen.

4. Das Lebenswerk Friedrich von Bodelschwinghs

Bodelschwingh, Friedrich von, 1831–1910

Vater der Anstalt Bethel.
Pfarrer in Paris bei den deutschen Auswanderern.
Seit 1872 Leitung von Bethel, den Epileptischen dienend.
Sozial aufgeschlossen für die »Brüder von der Landstraße«.
Gründer der »theologischen Schule in Bethel« (1905), ebenso Mitarbeiter bei der »Ostafrikanischen Missionsgesellschaft«.
2. Kor. 4,1 auf seinem Grabstein.

Friedrich von Bodelschwingh (1831–1910) hat in der Anstalt Bethel ein unübersehbares Zeichen für die Diakonie aufgerichtet. Es sind vor allem die Epileptischen, denen der Dienst der Liebe gilt. Aber die »Fallsucht« sah der Vater von Bethel auch bei der Masse der irgendwie Gestrauchelten, bei den »Brüdern der Landstraße«, den Alkoholikern und geistig Gehemmten. Ihnen nicht nur eine Heimstätte zu bieten, sondern durch die sogen. »Arbeitstherapie« nach dem Maß ihrer Kraft ein sinnvolles Dasein zu geben, ist Ungezählten unter der Verkündigung der Weg zu einem vollen Leben geworden. Bodelschwinghs Blick war auf die ganze Kirche gerichtet. So hat er durch die Gründung der »theologischen Schule« eine gründlich sprachlich und zugleich positiv-lebendige Ausbildung neben den staatlichen Fakultäten geschaffen (1905). In seinen Briefen, die gesammelt sind, gewinnt man ein Bild, in welche Gebiete des staatlichen, bürgerlichen und persönlichen Lebens die nimmermüde Liebe des Vaters von Bethel eingreift.

Literatur:

M. Gerhardt, Johann Hinrich Wichern, 2 Bde., 1927–1931
D. von Oertzen, Adolf Stoecker, 1910
W. Frank, Hofprediger Stoecker und die christlich-soziale Bewegung, 1928
G. von Bodelschwingh, Friedrich von Bodelschwingh, ein Lebensbild, seit 1922
K. Pergandz, Der Einsame von Bethel, 1953
M. Gerhardt, Friedrich von Bodelschwingh, 1952/58
Th. Heuss, Friedrich Naumann, der Mann, das Werk, die Zeit, 1937
F. v. Bodelschwingh, Briefwechsel von 1852–1910 hrsg. v. A. Adam ab 1966
G. Brackelmann, Kirche und Sozialismus im 19. Jahrhundert, 1966
R. Grunow, Wicherns Ruf und Antwort, 1958

38. Kapitel

Die römische Kirche im 19. und 20. Jahrhundert

1. *Staat und Kirche im Ringen um das gegenseitige Verhältnis*

Im Jahre 1815 trat der *Wiener Kongress* zusammen. Er ordnete nicht nur die durch Napoleon umgestaltete politische Situation in den Siegerstaaten. Es gelang der geschickten Hand des päpstlichen Kardinalsekretärs *Consalvi, den Kirchenstaat wieder herzustellen.* Überblickt man aber die Jahre bis zu seiner Aufhebung 1870, so kann man nicht finden, daß dieses mittelalterliche Reich dem Papsttum Ansehen und Gewinn verschafft hat. Im Gegenteil, eine Unsumme politischer Zerwürfnisse in Italien selbst und mit Österreich, eine Fülle von wirtschaftlichen und kulturellen Schwierigkeiten sind die Folge einer Regierung geworden, die mit Maßstäben der Vergangenheit sich der Neuzeit bewußt entgegenstellte. In dieser Linie wurde aber das Papsttum bestärkt, als 1814 Papst Pius VII. sich mit der *Wiederbestätigung des Jesuitenordens* dem Geist der Restauration noch intensiver verschrieb. Im Widerspruch zu den katholischen Reichen Spanien und Österreich, gegenüber immer neuen Ausweisungen des Ordens in diesen Ländern, ist die Kurie dennoch ihren Weg gegangen, sich der Leitung der Jesuiten anzuvertrauen, die ihr so großen Einfluß versprachen. Der *Ultramontanismus* verankert die Völker im Papsttum in Rom. Dieses Denken zu begründen und zu fördern, ist die Tat der Jünger des Ignatius im 19. Jahrhundert geworden.

2. *Das Mischehen-Gesetz*

Während die evangelischen Kirchen ein Teil der Staatsverwaltung waren, ergaben sich in der Neuordnung nach 1815 für das Verhältnis zwischen den Staaten und der römischen Kirche eine nicht unbedeutende Menge von Auseinandersetzungen. Consalvi ist ihrer Herr geworden, indem er eine Anzahl *Konkordate* abschloß, mit Bayern (1818), Preußen (1821) und anderen Ländern. Wohl wußten die Staaten im allgemeinen ihre politischen Hoheitsrechte zu wahren und ebenso die Rechte ihrer evangelischen Untertanen. Dennoch haben die mit der Kurie Verhandelnden die Diplomatie und Macht ihres Partners oft unterschätzt. Sie ahnten nicht, wie bald sich der Ultramontanismus auf Grund eines Konkordats mit Forderungen bemerkbar machte, die eine Kette von Mißhelligkeiten im Gefolge hatten.

Auf dem Gebiet der Mischehen kam es zum Kampf. Als 1825 das preußische Gesetz auch für den Westen die Konfession des Vaters in bezug auf den Glauben der Kinder für maßgebend erklärte, erhob sich ein scharfer Protest von katholischer Seite. Der Konflikt spitzte sich zu unter dem Erzbischof Freiherrn von Droste-Vischering in Köln, einem Gegner dieser preußischen Gesetzgebung. Er wurde berühmt, als ihn die Regierung schließlich gefangensetzte und *Joseph von Görres*, Roms begabtester Publizist, in seiner Broschüre »Athanasius« für ihn eintrat. Die Massen des katholischen Kirchenvolkes errangen hier erstmalig einen Sieg über den evangelischen König, der sich nun der römischen Mischehenpraxis nicht mehr entgegenstellte. Die Forderung, im Fall einer katholischen Trauung alle Kinder katholisch zu taufen, ist bis heute, wenn auch nicht gesetzlich, weithin in Übung geblieben.

3. Die Oxfordbewegung in England. Die Kirche 1848 in Italien

Ruhiger verlief die Entwicklung in England. Dort kam es zu einer Befestigung der römischen Kirche durch die von *Pusey* und *Kardinal Newman* (1801–1890) geführte Oxford-Bewegung. Sie stellte gewissermaßen eine Verbindung zur Hochkirche dar. Während sich die römische Kirche hier anzupassen wußte, erwies sie sich als unduldsam überall dort, wo sie die Mehrheit bildete, so vor allem in den romanischen Ländern des Kontinents, aber auch in Südamerika.

Freilich mußte sie häufig genug auch politische Rückschläge erfahren. Dies war vor allem in Italien der Fall, wo sich gerade der liberale Papst *Pius IX.* (1846–1878) im Verlauf des Revolutionsjahres 1848, als die römische Republik ausgerufen wurde, nicht mehr in seinem Kirchenstaat halten konnte. Er hat Rom erst zwei Jahre später mit Hilfe französischer und österreichischer Waffen wieder betreten und blieb seitdem in enger Gefolgschaft der Jesuiten und dadurch von der nationalen Bewegung Italiens (Cavour) getrennt. Die Auflösung des Kirchenstaates 1870 erlebte er im Vatikan, den er seitdem nicht mehr verließ.

4. Erwachen im Kirchenvolk

Der Umschwung Pius IX. vom Liberalismus zum streng konservativen Katholizismus wirkte sich in der gesamten Kirche aus. Er gab auch dem Ultramontanismus neuen Antrieb. Hinzu kamen die von Hunderttausenden besuchten Wallfahrtsstätten, die wie in *Lourdes* durch Wunderzeichen eine starke Anziehungskraft besaßen. Der *»ungenähte heilige Rock Christi« in Trier* oder die sich öffnenden Wundmale Christi der Nonne *Katharina von Emmerich* begeisterten die Menge.

Zugleich traten im Zug sozialer Hilfeleistungen die *Bonifatius-* und *Piusvereine* in Aktion. Die »Katholikentage« seit 1848 hielten das Bewußtsein wach, in einem Kampf zu stehen, der letzten Endes der katholischen Wiedereroberung Deutschlands dienen sollte. Es kann demgegenüber die Arbeit des *Gustav-Adolf-Vereins* (seit 1832) und des *»Evangelischen Bundes«* (seit 1887) nur von denen als unnötig erachtet werden, die vom Kampf der Diaspora nichts wissen. Wie weit eine katholische Regierung dort gehen konnte, wo sie die Macht zu besitzen glaubte, zeigt die bayerische *Kniebeugungsorder* (1838), die den evangelischen Soldaten zwang, vor der Hostie niederzufallen.

5. Neue Dogmen: 1854, 1864, 1870

Das Mariendogma

Seine eigentlichen Absichten tat Pius IX. der Welt kund, als er 1854 das Dogma von der *unbefleckten Empfängnis der Maria* veröffentlichte. Ein langer theologischer Streit wurde durch diesen Machtspruch zu Ende geführt. Daß Maria wie Christus von Erbsünde frei ist, steht nun für den Katholiken fest. Ihre Auferstehung und Himmelfahrt bedarf nur noch der Dogmatisierung.

Der Syllabus

Den zweiten Stoß bildet zehn Jahre später der *»Syllabus«* (1864), d.h. ein Verzeichnis der hauptsächlichsten Irrtümer unserer Zeit. Gegen achtzig Irrlehren und Irrtümer wird hier Protest erhoben und damit der katholische, und das will nun sagen ultramontane, Geist klar umrissen. Nach drei Seiten hin sind die Sätze dieses Syllabus besonders bezeichnend.

Dem Staat wird bedeutet, daß der römische Stuhl nicht daran denke, auf seine weltliche Herrschaft zu verzichten. *Der Kirche* wird erklärt, daß sich das Papsttum in seiner Lehrentwicklung und in seinen Ansprüchen keinen Irrtum und keine Grenzüberschreitung nachweisen lasse. *Der Protestantismus* aber muß hören, daß er als eine Religion der Gewissensfreiheit neben der katholischen Kirche keine Daseinsberechtigung habe. Es muß verworfen werden – so schließt der Syllabus, dieses Verzeichnis der Irrtümer – wer behauptet,

> »der römische Papst kann und muß sich mit dem Fortschritt, mit dem Liberalismus und der modernen Bildung versöhnen und vergleichen«, d.h. wer das behauptet, muß verworfen werden.

Das Dogma von der Unfehlbarkeit des Papstes

Diese Verfügung ist nur die letzte Stufe vor dem entscheidenden Beschluß des Vatikanums vom 18. Juli 1870. Es wird immer denkwürdig bleiben, daß dieses Dogma gegen eine nicht unerhebliche Minderheit von Bischöfen und Theologen, aber schließlich doch ohne einen größeren Riß in der Kirche von Pius IX. durchgesetzt wurde. *Die altkatholische Kirche,* die am Widerspruch zu diesem Dogma entstand, kann nicht als Gegenkirche von Bedeutung angesehen werden. Aber mit Negationen, Modernismen und nationalkirchlichen Gedanken ist der Ultramontanismus stets fertig geworden. In Rom schloß sich die Kuppel über dem gewaltigen Dom der Lehre, und auch die anfänglich Widerstrebenden unterwarfen sich bis auf wenige dem Satz von der »Infallibilität«, der Unfehlbarkeit des Papstes in folgendem Sinne:

> »Wir erklären als ein von Gott offenbartes Dogma, daß der römische Papst, wenn er ex cathedra redet, d.h. wenn er in Ausübung seines Amtes als Hirte und Lehrer aller Christen kraft seiner höchsten apostolischen Autorität eine den Glauben oder die Sitten betreffende Lehre als von der gesamten Kirche festzuhaltende entscheidet, vermöge des göttlichen, ihm in dem heiligen Petrus verheißenen Beistandes im Besitz der Unfehlbarkeit ist, mit der nach dem Willen des Erlösers seine Kirche ausgestattet ist, wenn sie eine auf den Glauben oder die Sitte sich beziehende Lehre entscheidet.«

Damit war auch der Syllabus als unfehlbar erklärt. Es half kein Widerspruch des Dogmenhistorikers *Ignatius von Döllinger* († 1890), kein Hinweis auf die Tatsache, daß Papst Honorius vom 6. ökumenischen Konzil in Konstantinopel (681) wegen Irrlehre verdammt wurde. Schärfer konnte Rom das Nein zur Reformation nicht aussprechen und seine Unfähigkeit enthüllen, einen einzigen Schritt zurückzunehmen.

6. *Der Kulturkampf in Preußen und das neue Verhältnis zwischen Staat und Kirche*

Vergebliches Ringen zwischen Kirche und Staat

Geschlossener denn je, durch die Zentrumspartei im Parlament geeint, trat der Katholizismus gegen das evangelische Kaisertum an. Bismarck unternahm mit seinem liberalen Minister Falk den Versuch, die Kirche dem Willen des Staates in Schule und Presse unterzuordnen. Es wurde in diesem sogenannten »*Kulturkampf*« sichtbar, daß die »Imponderabilien«, d.h. Unwägbarkeiten, von denen der Kanzler so oft sprach, größer waren, als er dachte. Daß ein Staat mit Kanzelparagraphen, Maigesetzen (1873), (z.B. Standesamt vor kirchlicher Trauung), Inhaftierungen u.a. schließlich nur fanatisierte Massen schafft, mußte Bismarck schließlich erkennen, wiewohl er nicht nach »Canossa« zu gehen bereit war. Als die Jesuiten aus dem Reich ausgewiesen wurden und dadurch die Erbitterung wuchs, suchte Pius zu vermitteln, indem er an Kaiser Wilhelm I. schrieb:

> »Jeder, der die Taufe empfangen hat, gehört in irgendeiner Weise . . . dem Papst an.«

Das entsprach der römischen Sakramentsauffassung. In königlicher Ruhe antwortete der Monarch:

> »Der evangelische Glaube, zu dem ich mich gleich meinen Vorfahren und mit der Mehrheit meiner Untertanen bekenne, gestattet mir nicht, in dem Verhältnis zu Gott einen anderen Vermittler als unseren Herrn Jesus Christus anzuerkennen« (1873).

Der Kulturkampf ist abgebrochen worden. Neue politische Umstände, vor allem die soziale Frage, erwiesen seine Unmöglichkeit und zwangen dazu, die schnell wachsende Partei des Zentrums in die Mitarbeit einzubeziehen. Stärker als je ging der Katholizismus als kirchlich-politischer Ultramontanismus aus ihm hervor.

Konzentration der Kirche in der Theologie

Leo XIII. (1878–1903), geschmeidiger als sein Vorgänger, gelang es, nicht nur mit Preußen, sondern mit der gesamten Welt auf der Bahn eines moderner erscheinenden Kulturverständnisses zum Frieden zu kommen. Gleichzeitig erklärte er *Thomas von Aquino zum Normaldogmatiker der Kirche* (1879). Geist der Scholastik und soziales Verständnis, Mittelalter und Neuzeit reichen sich hier die Hand. Jeder Widerspruch aber wird als »Modernismus« verdammt. Wer sich unterwarf und den »*Antimodernisteneid*« (1910)

schwört, hatte die todernste Frage entschieden, die einst einen von Döllinger umtrieb: Kann ich um der Kirche willen die historisch erkannte Wahrheit preisgeben? In einer Reihe von Enzykliken äußert sich Leo zu Fragen der Zeit: Sozialismus, bürgerliche Gewalt, Freimaurerei, Arbeiterfrage u.a.

7. Die römische Kirche im 20. Jahrhundert

Soziale Verantwortung

In den Enzykliken *Pius' XI.* (1922–1939) und *Pius' XII.* (1939–1958) hat die Kirche zur sozialen Frage Stellung genommen. Die wirtschaftlichen Verhältnisse nach den beiden Weltkriegen machten es dringend notwendig, durch Sonderaktionen einzugreifen. Dem evangelischen »*Brot für die Welt*« ist nach dem Krieg (1945) ebenfalls die »*Caritas*« zur Seite getreten, beide weltweit ausgerichtet im Blick auf die Entwicklungsländer. Dennoch wurden die Pariser Arbeiterpriester in ihrer Tätigkeit auf Straßen und in Fabriken von Amts wegen gehindert, weil man es nicht für angemessen hielt, daß Geistliche einen Dienst leisteten, der ihrem eigentlichen Dienst die Zeit nahm.

Dogma von der leiblichen Himmelfahrt der Maria

Erstaunt war man, als der moderne Pius XII. im Jahre 1950 das Mariendogma veröffentlichte, in dem die leibliche Auferstehung und Aufnahme der Maria in den Himmel erklärt wurde. Daß hierfür nur die Tradition und nicht die Bibel zugrunde lag, ist vielen Katholiken eine Anfechtung gewesen. Aber die Kirche hatte durch ihren maßgebenden Vertreter gesprochen.

Trennung von Staat und Kirche in Frankreich

Nach langem Kampf zwischen Staat und Kirche in Frankreich kam es zum Bruch zwischen beiden (1905). Die bittere Saat der französischen Revolution und der Säkularismus, wie er im Freimaurertum zutage trat, ging auf. Die römische Kirche erlebte im 20. Jahrhundert gerade in den romanischen Ländern das Anwachsen des Atheismus, der zur Kirchenflucht namentlich in der Männerwelt führte. Antiklerikale politische Strömungen halfen dabei mit. Auch die evangelische Kirche Frankreichs wurde davon betroffen. Sie hat aber missionarisch und diakonisch ihre Lebendigkeit bezeugt.

8. *Das zweite Vatikanum 1962–1965*

Johannes XXIII. (1958–1963)

Das hervorragende Ereignis der letzten Zeit ist das zweite Vatikanische Konzil. Es ist von dem Nachfolger Pius' XII. Papst *Johannes XXIII.* auf Grund einer ihm zuteil gewordenen Offenbarung einberufen worden. Die große, auch menschlich Vertrauen erweckende Aufgeschlossenheit dieses Papstes hat in der ganzen Welt ein freudiges Echo gefunden. Sollte nicht doch der Kirche der Aufbruch zu einer neuen Offenheit geschenkt werden? Auf diesen, reformbereiten, vorwärts gerichteten Führer der Kirche sah eine große Zahl der Bischöfe in gespannter Hoffnung. Ihnen gegenüber stand die Kurie, die sich als Vertreter der Tradition in mehr oder weniger konservativer Haltung befand. Es ist im Ringen dieser drei Faktoren – Papst, Kurie, Bischöfe – zu schweren Auseinandersetzungen gekommen. Der geistlichen Vollmacht des noch während des Konzils verstorbenen Papstes und seinem Nachfolger Paul VI. ist es zu verdanken, daß die Verhandlungen in der Bereitschaft, aufeinander zu hören, dennoch in einer Atmosphäre des Friedens verliefen. Worum ging es auf diesem Konzil?

Ökumenismus und Aggiornamento

Es sollte vor allem die Einheit der gesamten Kirche Christi bezeugt werden. Zwei Worte sind hierfür charakteristisch. Mit Ökumenismus ist das Streben nach der Einheit der gesamten Christenheit bezeichnet. Sie umfaßt auch die »getrennten Brüder« der außerkatholischen Kirchen, denn die Taufe ist das einigende Band. Das andere Stichwort entsprach besonders Johannes XXIII.: »Aggiornamento«. Es ist nicht einfach mit »Anpassung« zu übersetzen, meint vielmehr die Bereitschaft, auf die veränderte Welt und ihre besonderen Probleme zu hören und sie zu verstehen versuchen. Kam es nun zwischen der Kurie und den Bischöfen – und ihnen untereinander – zu gelegentlichen Spannungen, so hatte doch der Papst kraft der ihm im ersten Vatikanum verliehenen Vollmacht das letzte Wort.

Die Verhandlungspunkte

Im einzelnen hat es sich bei den vier Sitzungsperioden um folgende Themen gehandelt:

1. Die verstärkte Bedeutung der Heiligen Schrift muß auch bei der Messe wie in der Verkündigung und in der Verbreitung der Bibel kundwerden. Es ist aber dabei die Auslegung der Schrift gemäß dem päpstlichen Lehramt zu beachten.

2. So sehr die Mannigfaltigkeit im Ökumenismus der Kirche besteht, so ist doch die unaufgebbare Bindung an das Dogma und an die hierarchische Gestalt der Kirche Voraussetzung.

3. So sehr man sich der mancherlei Gaben des Geistes in den nichtrömischen Kirchen freuen kann, so hat sie ihre Grenzen in der Frage, ob und inwieweit in ihnen »Elemente der Heiligung und Wahrheit« vorhanden sind.

4. Ein neues Ja zur gegenseitigen Versöhnung darf dennoch das Ziel der Rückkehr und Unterwerfung in der einen Kirche nicht verdecken, nennt sie sich doch die katholische, die allgemeine.

5. Selbst über die Grenze der Getauften hinaus ist die Gnade wirksam, und doch – so hat es schon Bischof Cyprian im 3. Jahrhundert gesagt: – »Außerhalb der Kirche ist kein Heil.«

6. Religionsfreiheit gilt als staatliche Sicherung, aber doch nur soweit es dem allgemeinen Sittengesetz nach römischer Auslegung entspricht.

7. Anerkennung der Autonomie der Wissenschaft und Kultur gilt – aber nur insoweit sie sich vom kirchlichen Lehramt aus verantworten lassen.

8. Kirchliche und politische Verantwortung sind zu unterscheiden, aber als Herrscher des Kirchenstaates sind dem Papst auch politische Aufgaben zugewiesen.

Gesamturteil über das Vatikanum

Im Grunde ist kein Satz des ersten Vatikanums unter Pius IX., 1869–1870, zurückgenommen. Im Primat des Papstes ist die unveränderliche Festlegung jeder Position beschlossen. Und doch, es ist ein Verlangen vorhanden, über die Tradition hinauszukommen, den gegenwärtigen Anfragen gerechter zu werden, in der Buße den Schritt zu wagen, ohne den keine Kirche leben kann. Darum ist in den Gottesdiensten des Konzils mit Ernst gebetet worden. Darum ringt die Una sancta Bewegung. Sieht sie aber die Erhörung in der Sammlung innerhalb der Kirche Roms, im Primat des Apostelfürsten, dann muß sie erkennen, daß ihr hier ein Widerstand entgegensteht, der Christus allein als den Herrn seiner Kirche ehrt und anbetet.

Als eine Frucht des zweiten Vatikanums ist die lebhafte Annäherung der Konfessionen zu bezeichnen, wie sie in ungezählten Gemeinsamkeiten, in Gesprächen, Veranstaltungen und politischem wie sozialem Zusammenwirken sichtbar wird. Auch theologische Bemühungen sind im Gange, um Unterschiede, sogar in der Rechtfertigungslehre, aus dem Wege zu räumen. Eine Verheißung zum wirklichen Begegnen im Glauben wird wohl nur dann erfüllt werden, wenn ein geistliches, biblisch zwingendes Ereignis die trennenden Mauern durchbricht und dem hierarchischen Denken ein Ende macht. Um diese innerste Einigung ringt die Una sancta Bewegung, die durch Cardinal Bea besonders gefördert wurde.

Literatur:

J. Lortz, Geschichte der Kirche, 1932
C. Mirbt, Geschichte der katholischen Kirche von der Mitte des 18. Jahrhunderts bis zum Vatikanischen Konzil (1870), 1913
J. Görres, Athanasius, 1938
L. Fendt, Die religiösen Kräfte des katholischen Dogmas, 1921
H. Bornkamm, Die Staatsidee im Kulturkampf, 1950
E. Schlink, Nach dem Konzil, 1966
L. Vischer, Überlegungen nach dem Konzil, 1966
G. Maron, Kirche und Rechtfertigung, 1969
Augustin Bea, Der Weg zur Einheit nach dem Konzil, 1966

39. Kapitel

Die evangelische Theologie seit Schleiermacher

1. Rothe, Feuerbach, Strauß und Marx

Es gibt kein kirchliches Handeln, das sich nicht an der Theologie ausweisen muß. Die soziale Frage, das Verhältnis von Staat und Kirche, die Union sind nicht nur praktische Angelegenheiten der Kirche, die man ohne theologische Besinnung erledigen kann. Die Theologie seit Schleiermacher hat sich mit diesen Problemen auseinandergesetzt. Sie tat es von sehr verschiedenen Ausgangspunkten her.

Richard Rothe: Die Kirche geht im Staat auf

Schleiermacher hat keine theologische Schule begründet. Es standen ihm wohl geistig diejenigen am nächsten, die wie *Richard Rothe* (1799–1867) die Verbindung mit dem Idealismus bewahrten. Rothe versucht, die Enge des persönlichen Christentums zu überwinden, indem er den gesamten Weltprozeß ins Auge faßt. Er wird dadurch Theosoph, Geschichtsdeuter, im Sinn Hegels das Wesen Gottes aus dem Ablauf des Geschehens zu beschreiben. Was erkennt er dabei als Hauptlinie? Eine merkwürdige Entdeckung für einen Theologen: Die Kirche macht sich in ihrer selbständigen Gestalt allmählich überflüssig, indem sie den Staat mit ihrem Geist erfüllt, so daß er als die sittlich-humane Form des Daseins genügt. Tritt das in Vollkommenheit auch erst am Ende der Weltzeit ein, so ist der Kirche damit nach Rothe der Weg gewiesen, sich mit aller Anspannung dem modernen Leben dienend einzugliedern und nicht in sich zu erstarren.

Ludwig Feuerbach: Christentum ist Illusion

Es konnte diesem Denken kein härterer Schlag versetzt werden als durch *Ludwig Feuerbachs* (1804–1872) Philosophie. In seinem *»Wesen des Christentums«* (1841) erklärte er den gesamten christlichen Glauben als Schöpfung des menschlichen Geistes. *Gott ist* nichts anderes als *»das vergötterte Wesen des Menschen«* und *Christus »die Allmacht der Subjektivität«*. Unser religiöses Denken hat seine Wurzel lediglich im Glücksverlangen unseres Ichs. Jenseits der Geschichte, des Gewissens und der Kirche greift Feuerbachs Stoß an das Fundament: Haben wir es in der Religion mit einer Illusion zu tun, dann – und so schließen Karl Marx und seine Anhänger – ist sie das Opium des Volkes in der Hand der besitzenden Klasse. Auflösung der Kirche in den Staat hingegen heißt dann, sozialistisch verstanden, nichts anderes als Verrat des Proletariats an ein das Volk zertretendes System.

David Friedrich Strauß: Jesus ist nur mythisch zu deuten

Es blieb nicht aus, daß dieser völligen Mißachtung der Geschichte des Christentums gegenüber die historische Arbeit mit neuem Eifer einsetzte, in manchem die Anfänge der Aufklärung fortführend. Ähnlich wie die Fragmente des Reimarus (s. S. 120) wirkte das »Leben Jesu« (1835) des jugendlichen Schwaben *David Friedrich Strauß* (1808–1874). Er bricht mit der Methode, die Geschichte vernünftig zu deuten. Sie ist ihm überhaupt nicht das Wesentliche, leuchtet doch hinter ihr der Mythos, das Erzeugnis der dichtenden Sage. Jesus ist von der Legende umrankt und kann nur von ihr aus verstanden werden. Damit war die Grundfrage an die geschichtliche Forschung noch einmal in schärfster Form gestellt.

Karl Marx: Die Änderung der Verhältnisse schaffen den neuen Geist

Marx, Karl, 5.5.1818–14.3.1883

stammt väterlicher- und mütterlicherseits von Rabbinen ab. Seine Familie – Vater ist Rechtsanwalt in Trier – tritt 1824 zum Protestantismus über. Studiert Jura in Bonn, Berlin. Unter dem Einfluß von »Linkshegelianern« Studium von Geschichte und Philosophie.
1841 Promotion in Jena.
1842 Chefredakteur der Rhein. Zeitung.
1843 in Paris, wo er auf Betreiben der preuß. Regierung ausgewiesen wird.
1845 Brüssel. Hier schreibt er 1847 das »Kommunistische Manifest«.
1849 nach London ins Exil. Hier erscheint 1867 sein Hauptwerk »Das Kapital«.
Am 28.9.1865 Gründung der »Internationalen Arbeiterassoziation«.

Während bei Feuerbach wie bei Hegel die Geschichte und die Religion vom Menschen aus, also anthropozentrisch, gesehen wird – denn unser Geist bewirkt alles bis in die materiellen Gebiete hinein –, dreht Karl Marx (1818–1883) den Satz um! Die Verhältnisse schaffen den Geist. Die Welt, in der wir leben, prägt uns. Von daher kommt der revolutionäre Aufruf, die durch die wachsende Industrie entstandenen Strukturen zu ändern, vor allem den Kapitalismus zu bekämpfen. Erst wenn der arbeitende Mensch nicht mehr vom Betrieb versklavt wird, sondern selbstverantwortlich, ja Eigentümer des Werkes ist, bricht die Freiheit einer neuen Welt an. Mit dieser Hoffnung haben Marx und nach ihm Lenin († 1917) Millionen mit brennender Erwartung erfüllt. Religion kann dabei nur hinderlich sein. Sie lähmt den Willen des schöpferischen Menschen, sie bindet an das vorhandene System. Die Antwort auf diesen Marxismus müssen heute die Länder geben, die sich ihm unterworfen haben und im Atheismus die Befreiung sehen.

Karl Marx 1818-1883

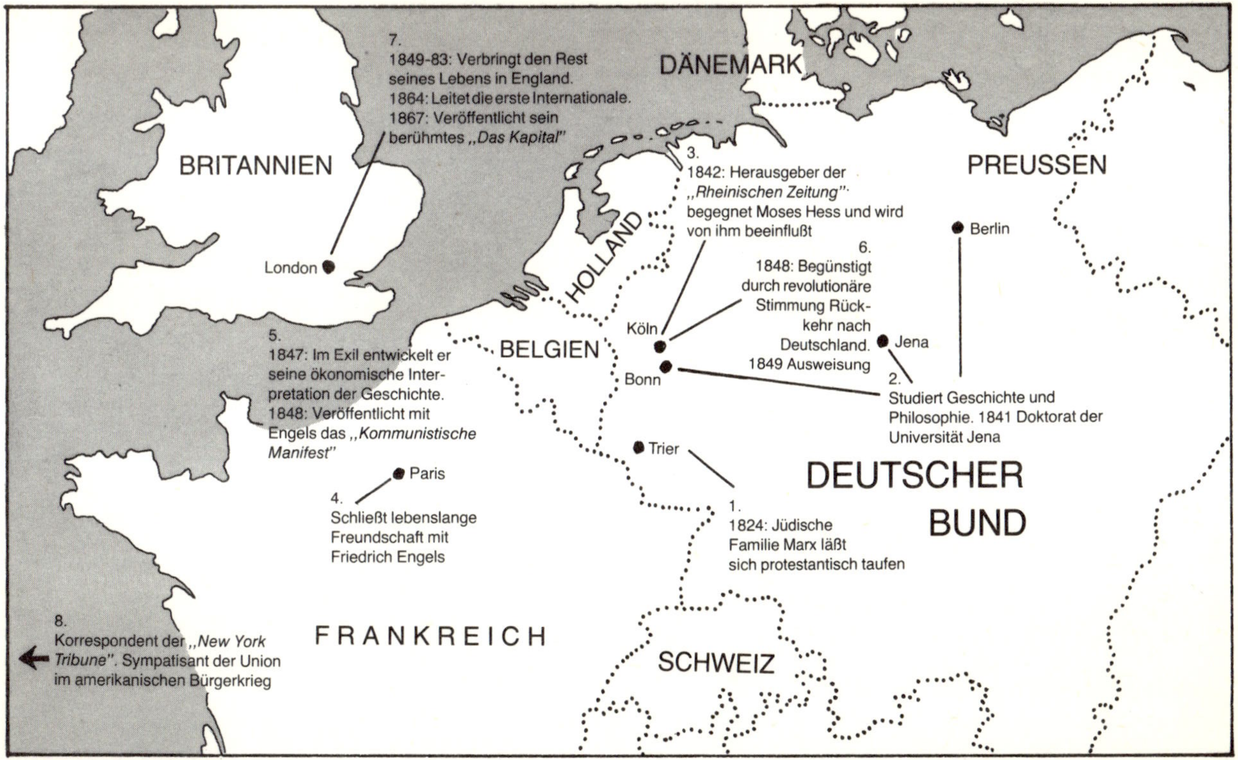

2. Christian Ferdinand Baur, Albrecht Ritschl, Adolf von Harnack, Ernst Troeltsch

Die Kirchengeschichte in kritischer Sicht (Baur), das ethische Verständnis des N.T. (Ritschl)

Ferdinand Christian Baur († 1860) stellt die Frage nach der historischen Glaubenswürdigkeit der Bibel. Nicht dieser und jener Ertrag der kritischen Arbeit an der neutestamentlichen, dogmen- und kirchengeschichtlichen Forschung in der Beurteilung der Quellen sei hier herausgestellt. Das wichtigste Ergebnis war die Erkenntnis von der Fülle der Probleme im Gebiet der historischen Arbeit – Anwendung des Entwicklungsbegriffs auf die Geschichte der Kirche. *Es war von da aus nicht schwer, die geschichtslosen Thesen von Strauß als unhaltbar zu erweisen.*

Über Baur hinaus führte die Lebensarbeit seines bedeutendsten Schülers *Albrecht Ritschl* (1822–1889). Für eine Generation von Theologen ist dieser von Kant, Schleiermacher und Baur beeinflußte Historiker und Systematiker maßgebend gewesen. Er brach mit den Spekulationen der Philosophen und *betonte den geschichtlichen Boden des Christentums.* Dunkel blieb nur, wie er Offenbarung und Geschichte verband. Hier schob er das *Urteil der Gemeinde* als Wertbegriff ein, die z.B. Christus als Gottes Sohn bekennt, auch wenn sie davon kein erkenntnismäßiges, d.h. durch ein Dogma bestimmtes Verstehen hat. Der Nachklang von Kant kommt in der *starken Ethisierung des Evangeliums* ans Licht.

Ritschl ist der Betoner des *praktischen Christentums,* der Berufstreue des Gekreuzigten (!), des Vorsehungsglaubens, der Nächstenliebe, in der alle Liebe zu Gott beschlossen liegt, und endlich der Liebe Gottes, hinter der die Rede von seinem Zorn verschwinden müsse. Mit alledem schuf er eine sehr *vermittelnde Theologie,* die sich den Rang einer positiv kirchlichen Haltung gab und doch der Kritik am Dogma freie Bahn ließ.

Baur, Ferdinand Christian, 1792–1860

1826 Professor in Tübingen für historische Fächer.
Nach Baur ist das 4. Evangelium unhistorisch;
Matthäus hat die besten Quellen (gegen Strauß gerichtet).
Paulus und Petrus = Griechen- und Judentum.
»Ohne Philosophie bleibt die Geschichte tot und stumm«.
Von Hegel abhängig.
»Väter« der Tübinger Schule.

Harnack, Adolf von, 1851–1930

Professor in Leipzig, Gießen, Marburg, Berlin.
Kirchenhistoriker. Dogmengeschichte.
1900 **»Das Wesen des Christentums«.**
Theologie und Kulturfragen verbindend.
1911 Gründung der **Kaiser Wilhelm Gesellschaft zur Förderung der Wissenschaften.**
1923 Auseinandersetzung mit Karl Barth.
Ein Buch über **»Marcion«.**
1924 bekennt sich H. zum dogmenfreien Christentum.

Die Auflösung des Dogmas (Harnack)

Dogmenkritik bei positiv kirchlicher Einstellung zeigt auch Adolf von Harnack, der führende Kirchenhistoriker aus Ritschls Schule: Er sah in der Dogmengeschichte den großen Selbstauflösungsprozeß aller formulierten Glaubenssätze, weil Religion sich nicht denkmäßig binden lasse und die griechische Fassung des Dogmas für uns nicht mehr maßgebend ist.

Hier spricht der Geist des von Kant und Goethe bestimmten *deutschen Idealismus.*

In der Auseinandersetzung zwischen Harnack und Karl Barth kam das deutlich ans Licht, als der altgewordene Historiker an den Vertreter der dialektischen Theologie die Frage richtete, *»warum der Pantheismus Goethes oder der Gottesbegriff Kants lediglich Gegensätze zu den wahrhaften Aussagen über Gott sind und nicht vielmehr zugleich doch Stufen der Gotteserkenntnis.«** Um die Jahrhundertwende hatte Harnack in seiner Vorlesung über das *»Wesen des Christentums«* den Satz vertreten, Jesus gehöre nicht in das Evangelium, d.h. er verkündigt den Vater, aber nicht sich selbst. Auch darin kam die Abwehr des Dogmas, die Neigung zu einem ganz schlichten, fast überkonfessionellen, weil rein ethisch faßlichen Christentum zum Ausdruck: *»Die Verständlichkeit des Evangeliums war für ihn zugleich der höchste Beweis seiner Göttlichkeit.«* Die Nähe Goethes leuchtet hier noch einmal auf.

Wichtig ist für Harnack, daß die Kirche die soziale Frage erkennt. Das hat ihn zur *Zusammenarbeit mit Friedrich Naumann* geführt, zur Mitarbeit am *Evangelisch-sozialen Kongreß.*

* Agnes von Zahn-Harnack, Biographie über A. v. Harnack, 1951[2]

Das Nein zur Absolutheit des Christentums (Troeltsch)

In engem Zusammenhang mit Harnacks dogmengeschichtlicher Forschung und der Erkenntnis, wie stark der griechische Einfluß auf die Entstehungsgeschichte der katholischen Kirche ist, erwuchs *die religionsgeschichtliche Schule.* Hier haben am A.T. Hermann Gunkel (1862–1932) und Wilhelm Bousset († 1920) am N.T. wichtige Parallelen in der außerchristlichen Literatur entdeckt. Dem mytischen Verständnis blieben sie verbunden, die nun die Fäden zwischen der Bibel beider Testamente und ihrer heidnischen Umwelt zu erweisen suchten.

Statt einer großen Zahl weiterer Namen sei nur noch Ernst Troeltsch (1865–1923) genannt. Er bleibt nicht bei Einzelbeobachtungen stehen, sondern überschaut den gesamten Entwicklungsprozeß, indem er überall die Bodenständigkeit, die Erdverwurzelung und soziale Bedingtheit des religiösen Lebens feststellt. *Das Christentum ist nur aus seiner Verbundenheit mit dem gesamten Geistes- und Naturleben zu begreifen.* Damit wird aber die Frage nach seiner Unbedingtheit, seiner Absolutheit aufgeworfen. Es ist nicht belanglos, daß Troeltsch als Professor in Berlin zur Philosophie überging. Der Drang zum Universalismus bestimmt die Religionsgeschichte und läßt sie auf Herders Spuren in der Weite der Menschheitsgeschichte nach dem Gemeinsamen, alles Verbindenden, suchen. Als 1910 der »*Weltkongreß für freies Christentum und religiösen Fortschritt*« in Berlin tagte, wurde vor aller Öffentlichkeit die Preisgabe des Offenbarungscharakters der evangelischen Botschaft, d.h. ihrer Ausschließlichkeit erkennbar.

3. Die konfessionelle, biblische und dialektische Theologie

Im Kampf für Luther

Alle theologischen Richtungen, die noch zu nennen sind, die konfessionelle, positiv-biblische und dialektische, haben den Kampf gegen die Verdunkelung des Absolutheitsanspruches unseres Glaubens aufgenommen.

Die »Erlanger« erfuhren es seit den dreißiger Jahren unseres Jahrhunderts, welche Quellen in der Wiederentdeckung lutherischen Erbgutes liegen. Der Union gegenüber haben Männer wie *Adolf Harleß* und J. Chr. Hofmann eine deutliche Abwehrstellung eingenommen. Hofmann sieht die Schrift als heilsgeschichtlichen Organismus. Er betreibt biblische Theologie. Individuelle Erfahrung der Wiedergeburt. Dem orthodoxen Widerstand begegnet er mit den »Schutzschriften für eine neue Weise, alte Wahrheit zu lehren« (1856–1859); seit 1852 erscheint der »Schriftbeweis«. Neben ihm und *Franz Frank* in Erlangen wirkten in Leipzig namhafte Vertreter des Luthertums, (z.B. *Franz Delitzsch* und *Ernst Luthardt*), weiter an der Universität Marburg die überragende und eckige Gestalt eines *August Vilmar*, in Mecklenburg *Theodor Kliefoth*, in Hannover *Gerhard Uhlhorn*. Für die Lutheraner in der Union kämpfte *Ernst W. Hengstenberg* in der *»Evangelischen Kirchenzeitung«*, wachsam und streitbar allem Liberalismus gegenüber. Dieses Luthertum wußte sich nicht nur in Schlesien kraftvoll von der Union zu separieren, sondern auch in Hessen, wo dreiundvierzig »renitente Pfarrer« im Kampf gegen ein konfessionell gemischtes Konsistorium auf Amt und Heimat verzichteten.

Union und Erweckung

Auf dem Boden der Union erstanden selbständige Theologen, die wie *August Neander*, seit 1813 Professor in Berlin, *August Tholuck*, seit 1826 Professor in Halle und *Johann Tobias Beck*, seit 1843 Professor in Tübingen, durch die Erweckung beeinflußt wurden. Sie versuchen alle von der idealistischen Philosophie loszukommen und im biblischen Glauben das Fundament zu finden. Darum ist für den Kirchenhistoriker (vom Standpunkt des Pietismus) *Neander* (1789–1850) das Gleichnis vom Sauerteig das Bild der Geschichte, für den wirksamen Studentenseelsorger *Tholuck* (1799–1877) das paulinische Erlebnis der Bekehrung und die Lehre von der Rechtfertigung das zentrale Anliegen, für *Beck* (1804–1878) der Lebensorganismus der Schrift, das Reich Gottes, das der Theologe in »pneumatischer Exegese« begrifflich darzulegen versucht. Gewirkt haben diese Biblizisten durch ihr lebendiges Zeugnis vielleicht stärker als durch ihre Theologie. Daß man die Kirche nicht durch einen engen Konfessionalismus bauen könne, war ihnen an der überragenden Stellung der Schrift deutlich geworden. Aber auch sie können darüber nicht hinwegtäuschen, wie im Verlangen, zum »biblischen Realismus« vorzudringen, das psychologische und philosophische Moment eine nicht unbedeutende Rolle spielen.

Die Einheit der Schrift im Christuszeugnis

Von Tholuck und Beck haben *Hermann Cremer* († 1903), *Martin Kähler* († 1912) und *Adolf Schlatter* († 1938) starke Anregungen empfangen. In der

Bibel als dem Urdokument der Kirche, in der Rechtfertigung des Sünders die innere Einheit der Bibel erkennend, haben diese drei Theologen ihrer Zeit das Christuszeugnis in eindrücklicher Weise verkündigt. »Die Idee tötet, der Geist macht lebendig.« *»Der historische Jesus ist der übergeschichtliche Christus«* (Kähler). »Die Geschichte des Christus, wie sie die Apostel bezeugen – vom Judentum zur Zeit Jesu her neu verstanden – ist die Offenbarung seiner Herrlichkeit« (Schlatter).

Zuletzt ein Blick auf die *»dialektische Theologie«*. Sie kann in *Sören Kierkegaard* (1813–1855), dem tiefgrabenden Dänen, ihren Begründer sehen, wenn sie nicht eindeutiger noch auf den neu verstandenen Luther zurückgeht. In klarer Ablehnung Hegels und eines scheinbar objektiven Geschichtsbildes stößt Sören Kierkegaard gegen die Brüchigkeit dieses Wissenschaftsbegriffes vor, gegen alles, was sich als Eigenwert behauptet bis hin zum Dasein und Sosein der Staatskirche. Indem er vom Neuen Testament her die Existenzfrage stellt, erkennt er nur eine einzige Seinsweise an, die »Gleichzeitigkeit mit Christus«.

Barth, Karl, 1886–1968

1904–1909 Theologiestudium in Bern, Tübingen, Berlin, Marburg.
1911–1921 Pfarrer in Safenwil.
1919 Römerbriefauslegung, 1922^2 neu bearbeitet.
1921–1935 Professor in Göttingen, Münster und Bonn.
1934 Mitarbeit an der Barmer Erklärung.
1935 Ausweisung aus N.S.-Deutschland wegen Eidesverweigerung auf Hitler.
1935–1962 Professor in Basel.
1932–1967 Die »Kirchliche Dogmatik«.

Heim, Karl, 20.1.1874–30.8.1958

Erlebt unter dem Eindruck einer Evangelisation Elias Schrenks seine Bekehrung.
1899–1902 Reisesekretär der Dt. Christl. Studentenvereinigung.
1903 Inspektor am Schles. Konvikt in Halle.
1907 Dozent für Systemat. Theologie in Halle, 1914 Professor in Münster, seit 1920 in Tübingen.
Sucht modernes Denken in der Philosophie zur Glaubensentscheidung für Christus zu führen. Prägt eine ganze Theologengeneration, da er als einziger ev. Denker eine produktive Auseinandersetzung mit dem modernen naturwissenschaftlichen Denken vollzieht. Hauptwerk: **»Der evangelische Glaube und das Denken der Gegenwart«.**

Für die theologische Arbeit hat *Karl Heim* (1874–1958) den Existenzkampf menschlichen Denkens aufgenommen, und zwar von der »einen dritten Dimension Christus« aus in immer neuen Auseinandersetzungen mit der Philosophie der Gegenwart.

In der Krisis über allem, was Mensch heißt, ist *Karl Barth* mit seinen Freunden weitergegangen. *Vom neuen Verständnis des Wortes Gottes aus, das es als Offenbarung in seiner Anrede an uns zu hören gilt, werden alle bisherigen theologischen Positionen in einen Angriff versetzt, der auch den letzten Rest der »natürlichen Theologie« zerstört.* Indem die bisherige Theologie von der Basis der Erfahrung, des Erlebnisses, aber ebenso des Vertrauens auf das »geschichtlich Objektive« ausgeht, werden Orthodoxie, Pietismus, Rationalismus und der Kulturprotestantismus vor die Frage gestellt, ob sie sich allein auf das Wort Gottes gründen. Damit ist noch einmal die Grundfrage der Reformation entscheidend geworden. Der Kampf um Karl Barth ist noch im Gange. An seiner Bibelauslegung und manchen dogmatischen Aussagen (Praedestination) wird es sich zeigen, ob sein grundlegendes Anliegen wach bleibt: Gott redet in seinem Wort zu uns.

Literatur:

A. Kähler, Theologe und Christ, 1926

K. Heim, Glaube und Leben, 1928; Glaube und Denken, 1931

K. Barth, Dogmatik im Grundriß, 1947

H. Engelland, Die Gewißheit um Gott und der neuere Biblizismus, 1933

40. Kapitel

Die Kirche im Kampf mit dem Nationalsozialismus

1. Die deutsch-christliche Kirche im 19. Jahrhundert

Deutschtum und Christentum in Einheit

Der Nationalsozialismus ist keine unvorbereitete, plötzliche Erscheinung unserer Geschichte. Romantik, Idealismus, Befreiungskrieg 1813–15 sind die Quellflüsse aller folgenden Entwicklungen.

Der »Eine Gott, an den wir glauben, ist ein deutscher Gott«, so hieß es in den »Grundsätzen und Beschlüssen zur Wartburgfeier« der Studenten (1817). Alle konfessionellen Unterschiede sind dabei aufgehoben. Die Reformation, deren 300jähriges Jubiläum man soeben gefeiert hatte, trat in den Hintergrund. Im Volkstum findet das Evangelium seine eigentliche Bedeutung. Paul de Lagarde († 1891) und nach ihm Friedrich Nietzsche († 1900) wollen eine deutsche Religion, die mit dem Christentum der Kirche nichts mehr zu tun hat.

Während die Arbeiterschaft zunehmend vom Marxismus und Sozialismus ergriffen wird, vertraut man in der Kirche bis 1918 auf die unauflösliche Einheit von Thron und Altar. Zu wenig wird die Rassenideologie eines H. St. Chamberlains beachtet, die den nordischen Menschen verherrlicht. Doch in alledem sind Ansätze zum Nationalsozialismus gegeben. Vor der »Machtergreifung« Hitlers (1933) marschierten Tausende bei Kundgebungen in Bünden wie dem »Stahlhelm« und anderen Organisationen.

Warnende Stimmen

Gewiß haben Männer der Kirche gegen diese Strömungen warnend ihre Stimme erhoben. Ein Vertreter der Erweckung, Professor *August Tholuck* in Halle, rief schon 1848 zur Umkehr auf:

> »Deutsches Volk, du hast in den letzten Jahren deine hohen Ideen zu deinen Göttern gemacht und bist vom lebendigen Gott abgefallen. Götze ist alles, worauf ein Volk neben und außer dem lebendigen Gott seine Hoffnung setzt.«

50 Jahre später urteilte *Martin Kähler* in Erinnerung an Bismarcks Wort: »Setzen Sie Deutschland in den Sattel, reiten wird es schon können« und das andere »Wir Deutsche fürchten Gott und sonst niemand«:

> »Hat der greise Kanzler von diesem Gott geschwiegen, so ist's nicht seltsam, daß bei Wiederholung dieses Wortes der Sinn ›überhaupt niemand‹ entstand, während man in der Tat nur vom ›Fürchten‹ bewegt wird, politischem, sozialem, gewerblichem, und wie vielem auch!«

2. *Der Kirchenkampf 1933–45*

Der Machtanspruch des NS-Staates

Bei der Machtergreifung durch den Nationalsozialismus stand die deutsche Kirche vor der Frage nach ihrer Existenz. Nun war es nicht wie in der Reformation der Primat des Papstes, sondern der Totalitätsanspruch eines politischen Führers, der zur Entscheidung, zum Kirchenkampf führte. Die Fronten waren nicht nur durch die politischen Gruppen der SA und SS gebildet. In der Kirche selbst waren es die *»Deutschen Christen«* (D.C.), die sich nach dem Führerprinzip in »unbedingte Gefolgschaft« begaben. Daneben stand die *Deutsche Glaubensbewegung* (W. Hauer) mit ihrer Tendenz, entschlossen die Juden auszurotten.

Nur allmählich entwickelte sich der Kampf, die Fronten waren verhüllt, zumal das *»positive Christentum«* zum Parteiprogramm der NSDAP gehörte. Manche meinten, auf dem Weg über die Partei die Arbeiterschaft wieder für die Kirche zu gewinnen. Diesem Mißverständnis widerstanden die zur Sammlung der *»Jungreformatorischen Bewegung«* Gehörenden. Sie hatten nicht umsonst Luther neu verstanden mit seinem Bekenntnis von den »zwei Reichen«.

Als der *Arierparagraph* die davon Betroffenen aus dem Amt in Staat und Kirche trieb, sammelte *Martin Niemöller* im *Pfarrer-Notbund* die *Bruderhilfe*. Vielen gingen die Augen auf, als im November 1933 im Sportpalast in Berlin eine Kundgebung stattfand, die den antichristlichen Geist offen erkennen ließ. Vergeblich versuchte die Opposition, Pastor *Friedrich von Bodelschwingh* zum Reichsbischof zu wählen. Hitlers Rede am Vorabend der Kirchenwahl: »Wer NS ist, wählt D.C.« erbrachte eine Mehrheit der D.C. in den Synoden und Kirchenleitungen.

Die Antwort der »Bekennenden Kirche«

Gegen diese Vergewaltigung der Kirche erhob sich die *»Bekenntnisgemeinschaft der Deutschen Evangelischen Kirche«* (Bekennende Kirche). Auf ihrer ersten Synode in Wuppertal (Pfingsten 1934) kam es in den sechs Sätzen der *»Barmer Erklärung«* zum Ausdruck:

1. a) Ich bin der Weg und die Wahrheit und das Leben; niemand kommt zum Vater denn durch mich (Joh. 14,6).

Wahrlich, wahrlich, ich sage euch: Wer nicht zur Tür hineingeht in den Schafstall, sondern steigt anderswo hinein, der ist ein Dieb und ein Mörder. Ich bin die Tür; so jemand durch mich eingeht, der wird selig werden (Joh. 10,1.9).

b) Jesus Christus, wie er uns in der Heiligen Schrift bezeugt wird, ist das eine Wort Gottes, das wir zu hören, dem wir im Leben und im Sterben zu vertrauen und zu gehorchen haben.

c) Wir verwerfen die falsche Lehre, als könne und müsse die Kirche als Quelle ihrer Verkündigung außer und neben diesem einen Worte Gottes auch noch andere Ereignisse und Mächte, Gestalten und Wahrheiten als Gottes Offenbarung anerkennen.

2. a) Jesus Christus ist uns gemacht von Gott zur Weisheit und zur Gerechtigkeit und zur Heiligung und zur Erlösung (1. Kor. 1,30).

b) Wie Jesus Christus Gottes Zuspruch der Vergebung aller unserer Sünden ist, so und mit gleichem Ernst ist er auch Gottes kräftiger Anspruch auf unser ganzes Leben; durch ihn widerfährt uns frohe Befreiung aus den gottlosen Bindungen dieser Welt zu freiem, dankbarem Dienst an seinen Geschöpfen.

c) Wir verwerfen die falsche Lehre, als gebe es Bereiche unseres Lebens, in denen wir nicht Jesus Christus, sondern anderen Herren zu eigen wären, Bereiche, in denen wir nicht der Rechtfertigung und Heiligung durch ihn bedürfen.

3. a) Lasset uns aber rechtschaffen sein in der Liebe und wachsen in allen Stücken an dem, der das Haupt ist, Christus, von welchem aus der ganze Leib zusammengefügt ist (Eph. 4,15.16).

b) Die christliche Kirche ist die Gemeinde von Brüdern, in der Jesus Christus in Wort und Sakrament durch den Heiligen Geist als der Herr gegenwärtig handelt. Sie hat mit ihrem Glauben wie mit ihrem Gehorsam, mit ihrer Botschaft wie mit ihrer Ordnung mitten in der Welt der Sünde als die Kirche der begnadigten Sünder zu bezeugen, daß sie allein sein Eigentum ist, allein von seinem Trost und von seiner Weisung in Erwartung seiner Erscheinung lebt und leben möchte.

c) Wir verwerfen die falsche Lehre, als dürfe die Kirche die Gestalt ihrer Botschaft und ihrer Ordnung ihrem Belieben oder dem Wechsel der jeweils herrschenden weltanschaulichen und politischen Überzeugung überlassen.

4. a) Ihr wisset, daß die weltlichen Fürsten herrschen, und die Oberherren haben Gewalt. So soll es nicht sein unter euch; sondern so jemand will unter euch gewaltig sein, der sei euer Diener (Matth. 20,25.26).

b) Die verschiedenen Ämter in der Kirche begründen keine Herrschaft der einen über die anderen, sondern die Ausübung des der ganzen Gemeinde anvertrauten und befohlenen Dienstes.

c) Wir verwerfen die falsche Lehre, als könne und dürfe sich die Kirche abseits von diesem Dienst besondere, mit Herrschaftsbefugnissen ausgestattete Führer geben.

5. a) Fürchtet Gott. Ehret den König! (1. Petr. 2,17.)

b) Die Schrift sagt uns, daß der Staat nach göttlicher Anordnung die Aufgabe hat, in der noch nicht erlösten Welt, in der auch die Kirche steht, nach dem Maß menschlicher Einsicht und menschlichen Vermögens unter Androhung und Ausübung von Gewalt für Recht und Frieden zu sorgen. Die Kirche erkennt in Dank und Ehrfurcht gegen Gott die Wohltat dieser seiner Anordnung an. Sie erinnert an Gottes Reich, an Gottes Gebot und Gerechtigkeit und damit an die Verantwortung der Regierenden und Regierten. Sie vertraut und gehorcht der Kraft des Wortes, durch das Gott alle Dinge trägt.

c) Wir verwerfen die falsche Lehre, als solle und könne der Staat über seinen besonderen Auftrag hinaus die einzige und totale Ordnung menschlichen Lebens werden und also auch die Bestimmung der Kirche erfüllen.

d) Wir verwerfen die falsche Lehre, als solle und könne sich die Kirche über ihren besonderen Auftrag hinaus staatliche Art, staatliche Aufgaben und staatliche Würde aneignen und damit selbst zu einem Organ des Staates werden.

6. a) Siehe, ich bin bei euch alle Tage bis an der Welt Ende (Matth. 28,20). Gottes Wort ist nicht gebunden (2. Tim. 2,9).

b) Der Auftrag der Kirche, in welchem ihre Freiheit gründet, besteht darin, an Christi Statt und also im Dienst seines eigenen Wortes und Werkes durch Predigt und Sakrament die Botschaft von der freien Gnade Gottes auszurichten an alles Volk.

c) Wir verwerfen die falsche Lehre, als könne die Kirche in menschlicher Selbstherrlichkeit das Wort und Werk des Herrn in den Dienst irgendwelcher eigenmächtig gewählter Wünsche, Zwecke und Pläne stellen.

Durch die Bruderräte in den Landeskirchen wurde in Dahlem im gleichen Jahr die »*Vorläufige Kirchenleitung*« gebildet, deren Führer Bischof *Marahrans* in Hannover war. Die klare Linie einer vom Staat getrennten Kirche wurde verlassen. Die lutherischen Kirchen (Bayern, Württemberg, Hannover) glaubten immer noch, durch das Bischofsamt eine gewisse Freiheit behalten zu können. Sie haben sich darin geirrt und das Eindringen staatlicher Funktionäre nicht verhindert (Württemberg, Bayern, Hannover).

Unter Leiden bis zum Ende des Kampfes

Unter Verfolgungen mancher Art bis zum KZ und zum Martyrium (*Paul Schneider* in Buchenwald), Gefangennahme von M. Niemöller in Sachsenhausen und Dachau (8 Jahre) hat die mutige Arbeit des *Reichsbruderrates* die noch möglichen kirchenleitenden Funktionen durchgehalten, z.B. die Prüfung und Anstellung der Vikare, die Verwaltung und Bestimmung der Kollekten. Das alles geschah im Widerstand zu dem Ziel der NS: Die Kirche muß auf organisatorischem Wege zum Verkümmern gebracht werden. Daß es nicht zu einer Kirche der »Deutschen Christen« gekommen ist, lag nicht nur am Ausgang des Krieges, der der NS-Herrschaft ein Ende machte. Unter dem Druck hatte sich eine Gemeinde am Wort und im Gebet gesammelt. Das war mehr als eine polemische Gegenaktion in einer Widerstandsbewegung. Dennoch war kein Triumph am Platze. Das »*Stuttgarter Schuldbekenntnis*«, wie man es genannt hat (Oktober 1945) war eine »Erklärung des Rates der evangelischen Kirche in Deutschland gegenüber den Vertretern des ökumenischen Rates der Kirchen«. Darin heißt es:

> »Wohl haben wir lange Jahre hindurch im Namen Jesu Christi gegen den Geist gekämpft, der im nationalsozialistischen Gewaltregiment einen furchtbaren Ausdruck gefunden hat; aber wir klagen uns an, daß wir nicht mutiger gekämpft, nicht treuer gebetet, nicht fröhlicher geglaubt und nicht brennender geliebt haben.«

Der NS-Staat

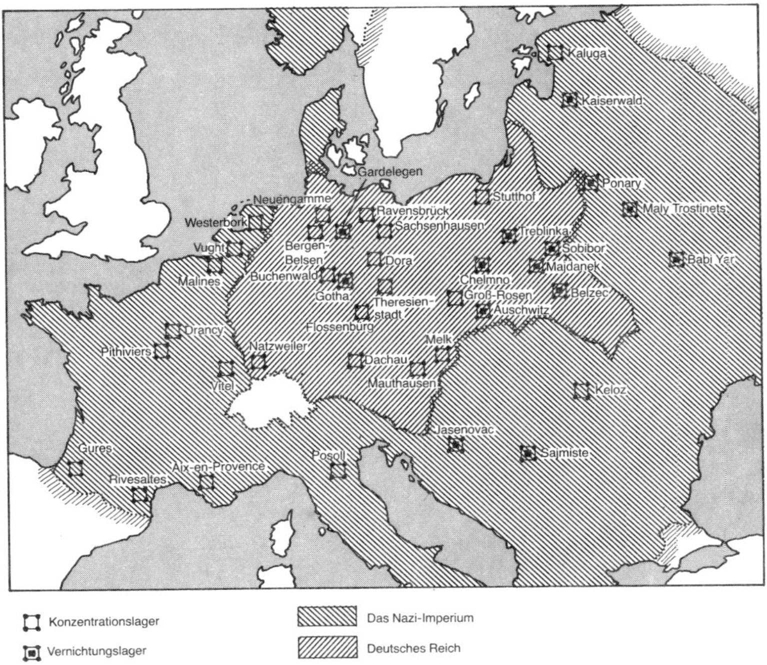

3. Die Kirche nach 1945

Die Einigung der Kirche

In Eisenach, 1948, vereinigten sich die Landeskirchen zum Bund der *»Evangelischen Kirche in Deutschland«* (EKiD). Zu einer vollen Kirchengemeinschaft kam es nicht, weil man die Abendmahlsgemeinschaft nicht erreichte. Die Selbständigkeit der *Vereinigten lutherischen Kirchen* (VELKD), des *Reformierten Bundes und der Unierten* (EKU) hinderte die Einigung, schloß aber die gemeinsame Arbeit in der EKiD nicht aus.

Die konfessionellen Gegensätze waren nicht nur durch die Theologie Karl Barths entschärft. Aber auf dem theologischen Gebiet kam es durch *Rudolf Bultmann* (1884–1976) zu starken Spannungen. In Verbindung mit der Philosophie Martin Heideggers (1889–1976) glaubte er, den geschichtlichen Tatbestand der Evangelien relativieren zu können und nur noch im Wort der Verkündigung (Kerygma) das Anliegen der Kirche zu erkennen. Die Welt des N.T. ist nach ihm durch mythologische Vorstellungen geprägt. Das wird für ihn an den Wunderberichten deutlich. Sie widersprechen nach seiner Meinung dem Kausalmechanismus und dem Denken des modernen Menschen überhaupt. *Die »Entmythologisierung« will dem existentialistischen Verständnis freie Bahn machen und den Schwerpunkt auf das Verstehen legen, durch das der Mensch zum Selbstverständnis durch das Wort »hier und jetzt« kommt. Die Frage nach dem konkreten Ereignis der Offenbarung in der Geschichte wird unwesentlich gegenüber dem »Kerygma«* (Verkündigung). Die Frage nach dem Sendungsbewußtsein des irdischen Jesus wird illegitim. Seine Auferstehungsgeschichte begibt sich im Kerygma.

Professor *Walter Künneth* (geb. 1901) hat in seinem Buch *»Glaube an Jesus«* die Frage an Bultmann gestellt:

> »Ist Jesus der Herr, an den wir glauben, oder bleibt uns nur der Glaube, wie er ihn hatte?«

Der bayerische Bischof Dietzfelbinger hat auf der Synode 1961 in Bayreuth formuliert, was ihn von der Theologie Bultmanns schied.

> »Einer Theologie, die mir das Verhältnis zum persönlichen, dreieinigen Gott nicht erlaubt, die mir den gekreuzigten, auferstandenen Herrn Jesus Christus verdunkelt, die das Anrufen des Namens Jesu, das Gebet, nicht oder fast nicht kennt, die mich bezüglich meiner wahren Existenz auf mich selbst verweist und nicht auf den lebendigen Gott, möchte ich mich nicht anvertrauen.«

Diese Fragen um den Grund unseres Glaubens haben in der »*Bekenntnisbewegung kein anderes Evangelium*« (Galater 1,6), gegründet 1966, in großen Versammlungen, Auseinandersetzungen, im Schrifttum und vielen Gesprächen die Kirche zum Aufhorchen gebracht. Eine Wendung kann aber nur durch eine Theologie erfolgen, der es durch den Heiligen Geist gegeben ist, mit Vollmacht die Wahrheit und Tatsächlichkeit der Bibel und ihres Christus zu bezeugen.

Literatur:

W. Niemöller, Kampf und Zeugen der Bekennenden Kirche, 1948
ders., Die Evangelische Kirche im Dritten Reich, 1950
E. Wolf, Barmen, 1957
E. Schlink, Der Ertrag des Kirchenkampfes, 1947
R. Bultmann, Jesus, 1951^2
ders., Theologie des N.T., 1953
K. Barth, Rudolf Bultmann – ein Versuch ihn zu verstehen, 1952
W. Künneth, Fundament des Glaubens, 1975
W. Brandt, F. v. Bodelschwingh 1877 – 1946 Nachfolger und Gestalter, 1967
K. Scholder, Die Kirchen und das Dritte Reich, 1977/78

Die Hohenzollern als Deutsche Kaiser (Reichsgründung 1871 in Versailles)

1871–1888 Wilhelm I. (König von Preußen 1858/61–88), beruft Bismarck
1888 Friedrich III., Sohn Wilhelms I., liberaler Fürst
1888–1918 Wilhelm II., Sohn Friedrichs III., dankt nach dem 1. Weltkrieg ab
1918 Ende des Kaiserreiches. Deutschland wird Republik
1919–1933 Weimarer Republik
1933–1945 Diktatur Hitlers
1945 Teilung Deutschlands

41. Kapitel

Die Gemeinschaftsbewegung des 20. Jahrhunderts im Kampf mit dem Schwarmgeist und den Deutschen Christen

1. Die Pfingstbewegung – Chance und Gefährdung

Um die Mitte des 19. Jahrhunderts erfuhr der Pietismus Deutschlands von England und Amerika her eine starke evangelistische Anregung, später besonders durch die *Erweckung in Wales* um 1903. Das wirkte sich nicht nur auf die Gemeinschaften und Freikirchen aus. Der Christliche Verein junger Männer (CVJM) und die Studentenbewegung (DCSV), die Schüler- und Schülerinnenarbeit (B.K. und seit 1919 MBK), zuletzt der Jugendbund für entschiedenes Christentum (E.C.) – sie alle wurden durch den erwecklichen Geist beeinflußt.

Kämpfe blieben zu Beginn des 20. Jahrhunderts nicht aus, als eine Heiligungsbewegung im Zusammenhang mit der Erweckung in Wales mit dem besonderen Akzent des Perfektionismus auftrat. Von Amerika über Norwegen kamen »prophetische« Botinnen, die die Zungenrede und die Geistestaufe zum Charakteristikum echten Christenstandes erklärten. Über Wiedergeburt und Bekehrung hinaus sollten diese Kennzeichen maßgebend sein. Eine Spaltung der Gemeinschaften war die Folge, als in Kassel (1909) exzentrische Versammlungen stattfanden, die mit einem wilden Enthusiasmus endeten. Der 1897 gegründete »*Gnadauer Verband*« mit 6000 Gemeinschaften, inzwischen der größte Gemeinschaftsverband, gab 1910 die »*Berliner Erklärung*« heraus, die die sogen. Pfingstbewegung als dämonisch belastet bezeichnete (»Geist von unten her«). Es gelang den führenden Männern *(Elias Schrenk* und *Walter Michaelis)*, den Verband im ganzen aus dieser enthusiastischen Bewegung herauszuhalten.

Schrenk, Elias, 1831–1913

Der Württemberger gab mit 22 Jahren seinen Beruf als Kaufmann auf und trat in das Missionshaus in Basel ein. Arbeit als Generalkassierer und Generalpräses in Afrika. Evangelist im Auftrag der Berner Ev. Gesellschaft, Freier Evangelist in Deutschland, hier Bahnbrecher der Evangelisation innerhalb der Kirche. Er gab der Inneren Mission starke Impulse. Mitverfasser der sogen. Berliner Erklärung gegen die Pfingstbewegung von 1910.

2. Die deutschen Christen

Eine zweite Spaltung drohte, als nicht wenige Gemeinschaften in den dreißiger Jahren sich den »Deutschen Christen« anschlossen. Wieder war es der Vorsitzende des Verbandes, *Walter Michaelis* († 1953), der in Tuchfühlung mit der »*Bekennenden Kirche*« und zusammen mit dem unter Fritz von Bodelschwingh geleiteten volksmissionarischen und diakonischen Werk die Verwirrung erkannte und überwand.

3. Das Selbstverständnis der evangelischen Gemeinschaften

Die Freiheit der Gemeinschaft von staatlichen wie von kirchlichen Eingriffen ist das Grundanliegen des Gnadauer Verbandes. So hat es Professor *Theodor Christlieb* (1833–1889) ausgedrückt:

»In der Kirche, wenn möglich mit der Kirche, aber nicht unter der Kirche.«

Die *Sammlung der Gläubigen am Wort und im Gebet*, die *Evangelisation und Diakonie* sind die Aufgaben der Bewegung, mit der sie auch der Volkskirche durch tätige Helfer auf den Synoden und in den Presbyterien einen wichtigen Dienst tut. Württemberg, Rheinland und Westfalen wissen besonders, was sie dem Pietismus von der Erweckung her auch heute zu danken haben. Die *Diakonie* hat durch das Vandsburger Werk des Pfarrers *Krawielitzki* seit 1900 eine weite Verbreitung gefunden. Von *Marburg* (Marburger Gemeinschafts-Diakonie-Verband seit 1899) aus gehen die Fäden nach Westfalen, Bayern und in die DDR.

Im Zusammenhang mit der Gemeinschaftsbewegung und der christlichen Jugendarbeit enstanden Ausbildungsstätten für den Dienst der Verkündigung. Genannt sei u.a. das *Johanneum in Wuppertal* (1886), *St. Chrischona in Basel*, die *Bahnauer Missionsschule in Unterweissach* (Württ.), das *Schulungszentrum des CVJM in Kassel*, das *Bibelhaus Malche* (1900) jetzt auch in Barkhausen und seit 1924 das *Seminar der Mädchen-Bibel-Kreise* (MBK) *in Leipzig später in Bad Salzuflen*, sowie seit 1926 das *Burckhardthaus in Berlin-Dahlem*. Viele Kräfte kamen von dort für die weltweite *Missionsarbeit*. Für die Evangelisation werden Evangelisations- und Traktatvereine, wie die *Evangelische Gesellschaft* (1848), gegründet und die *Zeltmission*.

Das Selbstverständnis der Gemeinschaftsbewegung hat *Hermann Haarbeck* († 1976) in folgenden Punkten zusammengefaßt:

1. Gemeinde Jesu Christi ist keine menschliche Organisation, sondern eine von Jesus selbst zusammengefügte Schar.
2. Glied der Gemeinde wird man durch das Wunder der Wiedergeburt zu einem neuen Leben in Abkehr von der Sünde.
3. Die Bekehrung ist nie ein Abschluß, sondern immer nur Anfang und darum unlöslich mit der Heiligung verbunden.
4. Trotz Sünde und Anfechtung ist die Gewißheit des Heils als ein Glied des Leibes Christi der immer neue Heilsstand.
5. Die Gemeinschaft der Gläubigen ist in Christus gegeben. Sie wird im Bekenntnis des Glaubens und Betens und im Dienst wirksam.
6. Das »allgemeine Priestertum der Gläubigen« will wie in der Volkskirche neben dem geordneten Amt zur Geltung kommen.
7. In freudiger Hoffnung auf den Tag der Wiederkunft Christi wartet die Gemeinschaft auf die sichtbare Königsherrschaft Christi, die die völlige Wiedervereinigung mit Christus und seinem Leibe bringen wird.

Mit diesem Bekenntnis sind auch die Freikirchen im Ganzen eins.

Literatur:

P. Fleisch, Die moderne Gemeinschaftsbewegung, 1912/14
L. Thimme, Im Kampf um die Kirche, 1930
W. Michaelis, Erkenntnis und Erfahrungen in 50 Jahren Dienst am Evangelium, 1939
H. Dallmeyer, Die Zungenbewegung, 1925
M. v. Sauberzweig, Er der Meister – wir die Brüder, 1975

42. Kapitel

Die Evangelischen Freikirchen in Europa und Amerika

Im Unterschied zu den konfessionell bestimmten Kirchen haben die evangelischen Freikirchen ihren Ursprung in der Erweckung.

1. *Die Methodisten*

Für die Methodisten ist die von den Brüdern John und Charles Wesley in Bewegung gesetzte englische Erweckung im 18. Jahrhundert der Ursprung.

Rückwanderer dieser weltweiten Kirche, die aus Amerika heimkamen, haben in der zweiten Hälfte des 19. Jahrhunderts zunächst in Württemberg methodistische Gemeinden gegründet. In Frankfurt entstand ein Predigerseminar. *Theologisch stehen die Methodisten dem Luthertum in der Rechtfertigungslehre nahe, wiewohl sie, Wesley gemäß, auf die Heiligung besonderes Gewicht legen.*

Stärker als die übrigen Freikirchen sind die methodistischen Gemeinden organisatorisch *bischöflich geordnet und durch ihre »Konferenzen« synodal gegliedert.* Ökumenisch wissen sie sich mit den Weltbünden eins, wiewohl nicht ohne Kritik. In der Evangelisation arbeiten sie gut mit anderen Freikirchen zusammen.

2. *Die Freien Evangelischen Gemeinden*

Gemeinden in Lyon und Genf sind für die freien evangelischen Gemeinden in Deutschland die geistlichen Quellen geworden. Der deutsche Kaufmann *Hermann Heinrich Grafe* (1818–1869) hat von Lyon her die innere Berufung zur Gründung einer Gemeinde in Elberfeld bekommen (1854). Es ging ihm darum, eine dem Neuen Testament ähnliche Gemeinde des allgemeinen Priestertums der Gläubigen darzustellen. Im Rheinland und dann in Westfalen fanden in den folgenden Jahrzehnten ähnliche Gründungen statt. Während die *Einheit der im Leibe Christi versammelten Gemeinde* das Leitmotiv der Elberfelder wurde, namentlich durch den mit Grafe zusammen arbeitenden *Friedrich Heinrich Neviandt* (1827–1901), sahen die in Witten unter Friedrich Fries und Otto Schopf Versammelten in der *Selbständigkeit und Freiheit der einzelnen Gemeinde* und ihrer Glieder das Kennzeichen. Dennoch wurde die Verbindung beider Richtungen zum Bekenntnis der in Christus geschenkten Einheit. Grafe drückte es mit dem Satz aus:

> »In der Heilslehre bin ich reformiert, in der Gemeindeverfassung Independent und im Leben ein Pietist.«

3. *Die Baptisten*

Oncken, Johann Gerhard, 1800–1884

In London von presbyterianischer und methodistischer Frömmigkeit beeindruckt, will Menschen zu Gott führen.

In Hamburg Anschluß an die independente deutsch-englische Gemeinde.
1829 in der Elbe getauft.
Mission im Auftrag der Continental Society, einer Bibelgesellschaft.
1824 gründet er eine Sonntagsschule, in die später Wichern eintritt.
Gründet 1836 den Hamburger Traktatverein.
Durch ihn entstanden Baptistengemeinden in Deutschland, Holland, Skandinavien und Osteuropa.

Eine besondere Rolle hat immer wieder die Tauffrage bedeutet. Die »Freien Evangelischen Gemeinden« (Elberfeld und Witten) hielten die Erwachsenentaufe für die Regel, machten sie aber nicht zum Gesetz und erkannten auch die Kindertaufe an. Im Baptismus dagegen wurde die Glaubenstaufe als allein gültig betrachtet. J. G. Oncken empfing sie 1834 in Hamburg. In einem langen Leben hat er nach Osten hin bis nach Rußland selbständige Gemeinden gegründet und zu einem Bund zusammengeschlossen. In Amerika, wo die Baptistengemeinden auf Roger Williams (1639) zurückgehen, ist die baptistische Kirche die verbreitetste. Im osteuropäischen Raum stellen sie eine geistliche Größe dar.

4. Die »Christliche Versammlung«

Durch den Engländer John Nelson Darby (1800–1882), einem hochbegabten anglikanischen Juristen und Theologen, entstand die »Christliche Versammlung«. In Deutschland hat sie in der sogen. »Brüderbewegung« Eingang gefunden. Sie will keine Kirche im üblichen Sinn sein und alle Institutionen vermeiden.

1850 gründete Carl Brockhaus mit anderen in Elberfeld den »Evangelischen Brüderverein«, aus dem er 1852 austritt und sich mit anderen Christen in seiner Wohnung zu Wortbetrachtung und Abendmahl versammelt. Die unbedingte Geltung der Bibel – Brockhaus gab sie zusammen mit Darby und v. Poseck in neuer, weit verbreiteter Übersetzung heraus (»Elberfelder Bibel«) – und das sonntäglich im geschlossenen Kreis gefeierte Abendmahl sind mit der nicht unbedingt geforderten Großtaufe die Kennzeichen dieser Brüdergemeinde. Vor dem 2. Weltkrieg verbot die Regierung die »Versammlung« (1937). Indem sie sich organisatorisch einte, konnte sie ohne innere Zugeständnisse weiter bestehen und sich mit dem »Bund der Baptistengemeinden in Deutschland« zusammenschließen, der sich dann »Bund Evangelisch-Freikirchlicher Gemeinden in Deutschland« nannte. Zu einigen Spaltungen der Versammlung, die wieder auf Selbständigkeit drängten, ist es im Lauf der Nachkriegsjahre gekommen.

5. *Mennoniten*

Aus der Reformationszeit stammen die Mennoniten. Im Sinn ihres Gründers *Menno Simons* († 1561) leben sie in der Ablehnung des Eides und Kriegsdienstes in einer durch den Toleranzgedanken geübten Verbindung mit allen Gemeinden, die im Glauben ihnen nahe stehen.

Alle freikirchlichen Gemeinden gehören zur »*Arbeitsgemeinschaft christlicher Kirchen in der Bundesrepublik Deutschland und Berlin*« und zum »*Internationalen Bund Freier evangelischer Gemeinden*« (Sitz in Stockholm).

6. *Der Auftrag der Freikirchen*

Alles in allem sind die evangelischen Freikirchen ein aufgerichtetes Zeichen für die Volkskirchen geworden. Sie haben die neutestamentlichen Grundelemente der Gemeinde gezeigt und den ökumenischen Zusammenhang des Leibes Christi neu erkannt. Sie haben sich nicht auf ihren Kreis zurückgezogen, sondern in missionarischer und diakonischer Arbeit gewirkt. Sie sind dadurch für die Volkskirche – nach deren Lösung vom Staat 1918 – in mancher Beziehung vorbildlich geworden, indem sie namentlich das Wesen der auf Jesus Christus gegründeten Gemeinschaft, der inneren Verbundenheit der Gläubigen, etwa im Geist der Herrnhuter Brüdergemeine, auch im kirchlichen Raum zur Geltung bringen. Indem der Independentismus der freien Gemeinden keine Abkehr von der theologischen Arbeit und der übrigen Christenheit bedeutet, bleiben sie in der Gegenwart des Heiligen Geistes, der seiner gesamten Gemeinde durch das Wort der Schrift die immer erneuernde Weisung gibt.

Literatur:

Ulrich Kunz, Viele Glieder – ein Leib, 1953
Gottfried Wilhelm Lehmann und die Entstehung einer deutschen Freikirche, 1939
Hans Luckey – J. G. Oncken und die Anfänge des deutschen Baptismus, 1958
Erich Geldbach, Christliche Versammlung und Heilsgeschichte, 1972
H. Lenhardt, Die Einheit der Kinder Gottes, 1977

7. Die Kirche in Nordamerika

Einwanderer aus Europa haben ihren Glauben in Amerika in festem Zusammenschluß wie in starker Ausbreitung bezeugt. Es ist darum eine fast unübersehbare Mannigfaltigkeit von Kirchen in ihren Bekenntnissen entstanden. *Charakteristisch ist es bis heute, daß es in Amerika keine Staatskirche, sondern nur Freikirchen gibt.* Dadurch ist ein ganz anderer Aufbau entstanden. Hier ist nicht einfach der Nachwuchs durch die Kindertaufe in Übung, sondern *der bewußte Eintritt in die Gemeinde mit dem Bekenntnis des Glaubens.* Die Mitarbeit der Laien, der Missionsgeist, der Religionsunterricht, der soziale Einsatz und die Opferbereitschaft jedes einzelnen, das alles kennzeichnet das amerikanische Christentum. Aber auch in den wichtigen Fragen des Volkes haben die Kirchen Großes geleistet, erinnert sei an die *Sklavenbefreiung* im Kampf der Nord- gegen die Südstaaten (1861–1865), an das allerdings nicht gelungene *Alkoholverbot* (um 1901).

Im 18. Jahrhundert war es besonders *George Whitefield,* der als Evangelist einen weitreichenden Einfluß gewann. Die Bekehrungspredigt ist das Kennzeichen seiner Verkündigung. Im Unterschied zu den Baptisten haben sich die *Methodisten am Ende des 19. Jahrhunderts mit der anglikanischen Episcopal Church auf einem Nationalkonzil* verbunden. Auch die *lutherischen Kirchen sind in Synoden* zusammengeschlossen.

In theologischer Beziehung sind große Gegensätze vorhanden. *Fundamentalistische Gemeinden* lehnen die textkritische Arbeit an der Bibel weithin ab. Liberale Strömungen betonen das *Social-Gospel* oft über Gebühr. Die *Rassenfrage* bleibt immer noch ein ungelöstes Problem. Dafür ist *Martin Luther-King* († 1968) Zeuge. Was wir den amerikanischen Kirchen in der Weltmission zu danken haben, muß im Zusammenhang mit der Ökumene erörtert werden. Unvergessen soll die von den *Quäkern* geleistete Hilfe nach den beiden Weltkriegen in den Hungerzeiten bleiben. Das *»soziale Credo«* des *Federal Council* (1932) mit 14 Punkten ist auch heute noch nicht verwirklicht.

Große öffentliche Aufmerksamkeit fand der Evangelist Billy Graham (Baptist) mit bis dahin nur selten erlebten Massenevangelisationen in aller Welt.

Literatur:

Adolf Keller, Amerikanisches Christentum heute, 1943
Williams Warren Sweet, Der Weg des Glaubens in den USA (deutsch 1951)

43. Kapitel

Ökumene

1. *Die evangelische Allianz*

1846 kamen in London Vertreter aus den verschiedensten Kirchen und Freikirchen unter Führung von *Thomas Chalmers* (1780–1847), dem Begründer der schottischen Freikirche, zusammen, um die *Evangelische Allianz* zu gründen. Sie ist ein erster ökumenischer Zusammenschluß. Der Unterschied zu der späteren ökumenischen Bewegung besteht darin, daß sich in der Allianz *nicht Kirchen, sondern Christen aus Kirchen und Freikirchen zusammenfanden.* Sie verstanden sich als eine Glaubens- und Gebetsgemeinschaft, die im Wort der Schrift und im Bekenntnis der Väter ihre geistliche Einheit erkannten. Es ergab sich daraus das gemeinsame Anliegen der Evangelisation, ohne daß die in den einzelnen Kirchen vorhandenen Aktionen vernachlässigt wurden. Die Allianz sollte nicht zur Superkirche werden. Am sichtbarsten kommt die Allianz in der ganzen Welt in der *Gebetswoche Anfang Januar* in die Öffentlichkeit. Hier werden die Anliegen des Reiches Gottes in Kirche und Volk zum Ausdruck gebracht.

2. *Ökumenische Sammlungen in Jugendbünden*

1855 trafen sich der ›*Christliche Verein Junger Männer*‹ (CVJM) mit starken Anregungen aus der amerikanischen Erweckung in Paris. Dort einte man sich auf Grund der Basis:

> »Der C.V.J.M. hat den Zweck, solche jungen Männer miteinander zu verbinden, die Jesus Christus nach der Heiligen Schrift als ihren Gott und Heiland anerkennen, in ihrem Glauben und Leben seine Jünger sein und gemeinsam danach trachten wollen, das Reich ihres Meisters unter den jungen Männern auszubreiten.«

Am Ende unseres Jahrhunderts sind es vier Millionen, die sich zu dieser Basis bekennen. Ein weiblicher Zweig trat ihnen zur Seite.

Zwei weitere Weltbünde entstanden im »*Jugendbund für entschiedenes Christentum*« (1894 E.C.) und im »*Christlichen Studentenweltbund*« (1895 C.S.V.). Der Geist der Erweckung war in ihren Anfängen sehr lebendig.

3. Weltbünde der Kirchen

1910 fand die erste *Weltmissionskonferenz* unter Leitung des amerikanischen Evangelisten *John Mott* in Edinburg statt, ein Meilenstein in der Missionsgeschichte mit der gewagten Parole: »*Evangelisation der Welt in dieser Generation*«.

1921 entstand der *Internationale Missionsrat*. Er führte die Missionsgesellschaften und nationalen Christenräte zum Studium und zu gemeinsamem Handeln zusammen.

1925 rief der schwedische Erzbischof *Nathan Söderblom* zur *Weltkonferenz für praktisches Christentum* nach Stockholm. Man beschränkte sich bewußt auf die sozialen und ethischen Fragen.

1927 fand in Lausanne die erste Weltkonferenz der »*Bewegung für Glauben und Kirchenverfassung*« *(Faith and Order)* statt. Man einte sich im Bekenntnis »Jesus unser Gott und Heiland«, später »Unser Herr und Heiland«.

1948: Der nächste Schritt war nach dem 2. Weltkrieg die Gründung des *Ökumenischen Rates der Kirchen* auf der *Weltkirchenkonferenz in Amsterdam* 1948. Die Sammlungen von Stockholm und Lausanne fanden sich zusammen. In *Genf* wurde die Zentrale eröffnet. Bis jetzt gehören ihr 293 Kirchen an. »Damit die Welt glaubt, daß du mich gesandt hast« (Joh. 17,21) reichen sich (die in ihrer Verfassung) sehr unterschiedlichen Kirchen die Hand, indem sie den »*Herrn Jesus Christus gemäß der Heiligen Schrift als Gott und Heiland bekennen und darum gemeinsam zu erfüllen trachten, wozu sie berufen sind, zur Ehre Gottes des Vaters, des Sohnes und des Heiligen Geistes*« (Basis des ÖRK seit 1961).

1961 kam es bei der dritten Vollversammlung des Ö.R.K. in *Neu Delhi* zum *Zusammenschluß mit dem Internationalen Missionsrat*. In den folgenden Jahren wurden viele asiatische, afrikanische und lateinamerikanische Kirchen sowie Kirchen aus dem pazifischen und karibischen Raum Mitglieder des Ö.R.K.

Bei den Vollversammlungen in *Uppsala* (1968) und *Nairobi* (1975) kamen die evangelistischen und sozialen Fragen in ihrem Spannungsverhältnis zum Ausdruck. Sie sind bis heute nicht gelöst.

So wurde der *Internationale Kongress für Weltmission* 1974 in Lausanne eine starke Herausforderung für die ökumenische Bewegung. Er fand unter Leitung von *Billy Graham* statt. In der sogen. »*Lausanner Verpflichtung*« ist die Überordnung der Evangelisation über die sozialen Fragen klar erkannt und doch zugleich die Verantwortung für die brennenden wirtschaftlichen und politischen Entwicklungen in Afrika, Asien und Südamerika von der Christusbotschaft aus ans Licht gestellt. Der Lausanner Kongress will aber nicht zu einer Gegenorganisation zum Ökumenischen Rat führen.

Literatur:

W. Jentsch, Handbuch der Jugendseelsorge, 1964–1973, 4 Bde.
M. Rouse u. F. Neill, Geschichte der ökumenischen Bewegung, 1954
W. A. Visser't Hooft, Die Welt war meine Gemeinde, 1972

44. Kapitel

Kirche unter dem Kreuz

1. *Armenien im Todeskampf*

Es hat in keinem Jahrhundert der Kirchengeschichte eine solche Zahl von Christenverfolgungen gegeben wie im zwanzigsten. Eine Reihe besonderer Anlässe sind der Grund. Sie alle aber zeigen, daß die Botschaft Jesu Christi das Ärgernis ist und bleibt.

War es die Antwort des Islam auf die Kreuzzüge mit ihren blutigen Unternehmungen, daß die Kurden und dann die Türken in ihrer Gesamtheit die christlichen Armenier zu vernichten suchten? 1895 und 1916 haben über eine Million dieses christlichen Volkes den Tod erlitten, sei es durch Hinrichtung oder Ausweisung, die zumeist das Ende in Hunger und Elend bedeutete. *Weil Deutschland mit der Türkei politisch verbunden war, wurden die Nachrichten über die Greueltaten der Öffentlichkeit nicht mitgeteilt.* Nur wenige Männer wie *J. Lepsius* und *E. Lohmann* wagten es, diese Verfolgungen bekannt zu geben und mit Hilfsaktionen zu beginnen.

2. *Rußlands Kirche im politischen Druck*

Tief verwurzelt ist in der russischen Seele die Kirche in ihrer orthodoxen Gestalt. Die Liturgie in den Kirchen, die Heiligenbilder (Ikonen) als Anbetungsstätte in den Häusern sind die charakteristischen Züge. Eng verbunden mit dem Zarenhaus war die Kirche, bis Lenin (1917) den Marxismus zur Herrschaft brachte. Der antichristliche Staat hat in den folgenden Jahrzehnten über den Zweiten Weltkrieg hinaus mit allen nur möglichen Mitteln versucht, die Kirche zum Erliegen zu bringen. Bis 1927 galt sein Kampf der orthodoxen Kirche; danach wurden auch die Baptisten und Evangeliumschristen verfolgt. Was dann unter Stalin an Verfolgung geschehen ist, kann kaum festgestellt werden.

Wenn auch heute eine gewisse Duldung eingetreten ist durch »Registrierung« erlaubter Gottesdienste und kirchlicher Gebäude, die Ausschaltung des Christentums aus dem öffentlichen Leben in Schule, Presse und Verkündigung hat doch das Ziel der endgültigen Beseitigung des Evangeliums. Und dennoch, das Bekenntnis »Christus ist auferstanden, er ist wahrhaftig auferstanden« wird zu Ostern von Millionen in den überfüllten Gottesdiensten bezeugt. Unter der Jugend, besonders auch der atheistisch erzogenen, werden Erweckungen gemeldet.

In besonderer Weise wurden die baltischen Länder vom kommunistischen Staat betroffen. Die deutschsprachige Bevölkerung hat schwer gelitten. Sie hat in Dorpat und Riga ein besonderes Zeugnis des Glaubens bis zum Martyrium abgelegt (Erschießung Professor *Traugott Hahns* 1919). Ihre Ausweisung aus dem Baltikum ist der schwerste Schlag, der diese lutherische Kirche treffen konnte.

3. Asien schaltet die Mission aus

1951 wies die Volksrepublik China die europäischen und amerikanischen Missionare wegen »imperialistischer Gesinnung« aus. Im Verborgenen und unter Verfolgungen haben sich dennoch kleine Christengemeinden behauptet. Watchman Nee, der 1972 im Arbeitslager umkam, steht für viele Ungenannte. Die Geschichte der Mission ist auch hier noch nicht zu Ende.

Literatur:

J. Lepsius, Der Todesgang des armenischen Volkes, 1927[3]

B. Suler, Die Gegenwartslage der Ostkirche, 1948

W. de Fries, S. J., Christentum in der Sowjetunion, 1950

Christen unter dem Kreuz (Information über die gegenwärtige Bedrohung der Kirche in zahlreichen Ländern der Welt), 1976

L. Neander, Russland I Kirchengeschichte RGG III B. V 1243 f.

Schluß

Es ist der Christenheit nicht verheißen, zu einer befriedigenden Weltgeltung zu gelangen. Der Islam ist heute im Vormarsch. Vor allem wird gegenwärtig bestritten, daß die Christusbotschaft den Anspruch erheben kann: »Es ist in keinem andern Heil, auch ist kein andrer Name unter dem Himmel den Menschen gegeben, durch das wir gerettet werden sollen« (Apg. 4,12).

Mitten in einer sich in rasender Eile vollziehenden Geschichte steht die Kirche Christi in der Spannung zwischen dem, was sich jetzt vollzieht und doch über sie hinausweist auf das Endziel hin. *Zwischen Glauben und Schauen, zwischen Knechtsgestalt und Herrlichkeit ist das Geheimnis der Kirche verborgen – bis daß er kommt!*

Der Jahrtausende geht
seinen stillen Gang,
Gemüter durchweht
die Geschlechter entlang,
in Gerichten wettert
zerstörenden Flugs,
jäh niederschmettert,
was üppig wuchs,
der Leben spendet,
Gedeihen und Frucht,
der Herzen wendet;
daß man dich sucht,
Verborgener, Offenbarer,
so nah und so fern,
du einiger, wahrer
Herr aller Herrn:
Hilf aus den Gedanken
ins Leben hinein,
ganz ohne Wanken
dein eigen zu sein.

Martin Kähler, 1906

Namenverzeichnis

Vom gleichen Verfasser:

Kirche im Wandel der Zeit

Band I: Von Paulus bis Luther
248 Seiten, Paperback

Vorangestellte Kapitel behandeln Aufgabe, Geschichte und Gliederung der Kirchengeschichte und stellen die zeitgeschichtlichen Bezüge her. Dann geht es um die dogmatischen und politischen Entwicklungen und Kämpfe der alten, frühmittelalterlichen und mittelalterlichen Kirche bis zu den Anfängen der Reformation. Die Entstehung des Kanons, der Glaubensbekenntnisse, der Ämter; Völkerwanderung und Ausbreitung des Christentums durch römische Militärstationen nördlich der Alpen; Auseinandersetzungen zwischen Ost- und Westrom, zwischen Philosophie und Glauben, die Fragen nach der Gottheit und Menschheit Jesu prägen die Geschichte der Kirche. Verwundert stellt der Leser fest, wie vieles sich wiederholt: der Einfluß der jeweils zeitgenössischen Philosophie auf die Glaubensaussagen der Theologie – die Auseinandersetzungen über das Geheimnis der Person Jesu – die Gefährdung durch das Streben nach Einfluß und Macht. Kirchengeschichte ist unsere Geschichte.